中国风俗图志

鲁西南卷

刘晓峰
李北山 总主编

王世会 绘 李北山 著

为民族风俗的传续留念
为中华文化的复兴存根

泰山出版社 ·济南·

出版说明

随着当代中国工业化和城市化进程的加快，人们的生活方式快速变迁，乡风民俗正迅速发生变异甚至消亡。对各地的乡风民俗的抢救性记录，成为当务之急。

乡风民俗作为人们生产生活过程中所形成的一种文化现象，因其非物质性，甚至非口头性，只能以文本、影像等形式加以记录保存，但都有其局限性。因此，泰山出版社另辟蹊径，以“图绘+文献”的形式整理、记录、保存中国各地的乡风民俗。

在中国，风俗画有着悠久的历史，是劳动人民热爱生活、记录生活而进行的艺术上的创造。从石器时代的岩画到汉代的画像砖，都以图绘的形式记录了人们的日常生活。到唐宋时期，风俗画的制作已蔚然成风，如北宋张择端的《清明上河图》、南宋李嵩的《货郎图》，不仅形象生动地展示了当时的风俗人情、衣冠服制等，还让画作本身成为艺术珍品。当代风俗画在传统风俗画的基础上，将中国画艺术和民俗主题进一步融合，其作品形式直观、鲜活，充满了艺术的魅力和民间的气息，以特有的艺术形式为我们呈现了正在加速消亡的乡风民俗。

泰山出版社历时四年推出《中国风俗图志》系列丛书，以图绘形式尽可能系统地整理、记录、保存中国各地的风俗，与文字记录、研究形成互补和互释，以“左图右史”的形式加以呈现。二者相辅相成，不仅描述“民俗是什么”，更探究“民俗为什么”；既希望让读者能够记住乡愁，也力图为中国的民俗学研究提供另一种文本。此次推出的《中国风俗图志》系列第一辑共11卷，分别为：“北京卷”“武汉卷”“关中卷”“杭州卷”“苏州卷”“常州卷”“石家庄卷”“吉林卷”“中山卷”“川西卷”及“鲁西南卷”。本卷为“鲁西南卷”，由王世会先生绘图并撰写图注文字，李北山教授撰稿。

为民族风俗的传续留念！为中华文化的复兴存根！这就是《中国风俗图志》这套大型丛书的目的。

总序

风俗和图画，是我们每个人从小就熟悉的两件事物。

以风俗说，人以群居，则事有相沿，浸浸自然成俗。习俗积久，其数必夥，自有聪明之士，兰心蕙目，笔墨志之。是故汉有风俗之书，梁有荆楚之记。以图画说，巧拙不论，凡人从小到大，皆有笔画彩涂的经历。而人最喜欢摹画者，当然是身边诸物，是自己觉得最有意思的生活细节。所以风俗入画，在中国早见于岩画、画像石与壁画之中。今天博物馆留存的中国历代画作，如《清明上河图》这样专以风俗为题材的亦多有。进一步说到文字与图的结合，同样历史久远。流传至今的《山海经》，就是为已经遗失的《山海图》写下的注释文字。而以图插于书中，则更为中西书肆业者共同热心做的事情。因为图文有相互参映之效，所以鲁迅称赞之“不但有趣，且亦有益”。但举目书林，像本套书这样大规模将图画与笔墨并举而为地方风俗图志者，可谓前所未有。《中国风俗图志》将艺术之美与文字之美紧密地结合在一起，擎优美文字介绍一地之风俗，嵌艺术彩墨展示一方之风化，诚可谓具有极高艺术价值，展示深湛审美意蕴，足以令人耳目一新。

总序

风俗就是我们的生活。每一个人从出生那一天起，就身处于某一地风俗之中，并不知不觉被此地风俗浸染，美之乐之。但是，我们所在的，是一个充满变化的世界。改革开放四十多年，中国的变化天翻地覆。一方面，是城市的巨变。北京，如大饼般一环一环摊开，成为拥有七环的巨大首都；深圳，由南方一个小小渔村变身成千万人生活的现代化城市；在我们注意不到的地方，都市在扩展，以亿万计的人口在涌进城市。另一方面，是农村的巨变。在我们不知不觉间，已经有很多个拥有几百年历史的村庄从这个世界消失。而依旧存在的村庄，也都已经不是旧日的面貌。

1924年，有一位名叫青木正儿的日本学者来到中国。时当中华民国成立刚十几年，社会上新文化运动狂飙突进，正是传统中国社会风俗日渐磨灭的年代。这位研究中国古代戏曲小说的学者走遍中国大江南北，像中国老百姓一样赶早市、逛戏园、进茶馆，漫步北京大小胡同，他发现中国依旧保留有许多古老的风俗。有感于中国社会变化之迅速，他列纲目，选对象，请画师，想为后世留下一部《中国风俗志》，可惜后来由于财力不足，只请中国画师刘延年画下了一百余幅描绘北京风俗的彩图。后有内田道夫教授博采众书，为这些图做了解说，这就是日本平凡社出版的《北京民俗图谱》。二十世纪六十年代老舍睹图，惊叹书中所画许多风俗已不可见。今天的中国，依然行驶在一条迅疾发展的高速路上，城市的扩张、生活空间的巨变，使许多旧日风俗变化甚至消失得无处追寻。风俗承载着我们成长的记忆，但遗憾的是，这些记忆在一天天地消失。时移世迁，令人无限叹惋。有幸的是，我们生活中，有这样一群学者，他们坚持着一笔一画地记录下了故乡点点滴滴的风俗；有这样一群画家，他们用画笔追寻乡土记忆，留下精彩纷呈的风俗图画；更有泰山出版社这样的“及时雨”，把这两群人的力量汇聚到一起。群贤毕力，就是为给亲爱的读者们呈现这套《中国风俗图志》。

神州赤县，江山代有奇文出；彩墨华章，且留胜迹待追寻。相信假以数年，《中国风俗图志》中所记所画，一定会成为留给未来的宝贵精神文化财富。

是为序。

刘晓峰
中国民俗学会副会长
清华大学人文学院历史系教授
2019年12月12日 清华园

目录

图录

图录

课外

对20世纪六七十年代出生的孩子来说，童年是最幸福的一段时光。他们既不像四五十年代人生活得那么艰苦，也不像现在的孩子有那么多课业负担，童年最美好的回忆差不多都在课外。当时，老师一般不安排课外作业，即使偶尔有一两回，孩子们也会把作业带到野地里去做，背靠石人石马，远看天上悠然而过的白云，背的课文便会记得很牢靠。轻风轻轻翻动书页，偶尔一只莽撞的小蚂蚱忽地蹦到作业本上，惊恐未定地瞪着眼睛与你对视，又增加了些许乡村的小情趣。课外也是孩子们娱乐的天堂，游泳、抓鱼、掏鸟窝、踢瓦、打仗、捉迷藏、唱儿歌，池塘边，山坡上，到处都是孩子们欢快的身影。

【儿歌】门链挂，哗啦啦，客来啦，杀鸡吧。那鸡说：我下蛋累得咯嗒嗒，杀我不如杀那鸭。那鸭说：我的腿短脖子长，杀我不如杀那羊。那羊说：我四条腿儿往前走，杀我不如杀那狗。那狗说：我看家累得喉咙哑，杀我不如杀那马。那马说：我拉起车来咕噜噜，杀我不如杀那猪。那猪说：我是天上黑老神，杀我不如杀那人。那人说：罢罢罢，我吃碗黄瓜走了吧。

第一章　“感时”与“化成”

第一节　“天人感应”与“文以化之”

一天，子路、曾皙、冉有、公西华陪孔子聊天。孔子说：“不要因为我年纪比你们大一点，你们就不敢说话，今天我们畅所欲言，想到哪儿就说到哪儿——你们老感叹没人赏识，如果有人赏识，你们愿做什么？”子路抢先发言，说他可治理一个千乘之国，三年时间让它国力强盛。孔子听罢，微微一笑。冉有认为他可以治理一个小国，用三年时间，使百姓富足，仅此而已。公西华认为自己可以做一个小小的赞礼人，负责宗庙祭祀的工作。到了曾皙，他正在鼓瑟，一曲既罢，只听瑟声渐息，然后铿然一声停住。他站起来说：“我和他们三个的想法不一样啊！”孔子说：“那有啥？畅所欲言嘛。”曾皙说：“我希望在暮春三月，换上春装，和五六个成年、六七位少年，到沂河里游泳，在雩台上吹风，然后唱着歌回家。”孔子激动地点赞：“知己啊！”

“四子侍坐”的故事见诸各种经典，让我们看到一个可爱的孔子。他和曾皙一样，喜欢在春天里闲逛。我们暂且不必探究春游背后那些政治清明、人性闲适的大意义，只看春游本身。在那个时代，春游已是一种风俗。

这种春游的风俗可以追溯到更久远的年代。《诗经》中的许多诗篇都记载了那个年代人们春游的情形，比如《国风·郑风》里有首诗这样吟唱：“出其东门，有女如云。”出了郑城东门，满眼都是花枝招展郊游的女子。《诗经·郑风·溱洧》还为我们描绘了这样一幅动人的画面：冬去春来，冰河解冻，河水涨满。姑娘、小伙都手持香草，四处漫游。姑娘说：“我们去河边看看啊？”小伙有点木讷，回答：“去过了……”姑娘歪头盯着他，不说话，小伙忽然醒悟：“不过还可以再去走走啊。”春天的野外，到处都是踏青的人，两情相悦的年轻人互赠芍药，寄情定终身。

“中春之月，令会男女。”（《周礼·地官司徒·媒氏》）在周代，春天郊游已成为一种官方的规定，促进男女自由恋爱。在这一时节，“奔者不禁”，允许男女幽会。据传那个时代最伟大的一次“野合”是一个15岁的小姑娘和一个65岁的老头。小姑娘叫颜征在，老头叫叔梁纥。小姑娘生下了一个孩子，这孩子刚出生时头顶是凹下去的，像尼丘山一样，所以就给他取名叫丘。他就是孔子。

东汉蔡邕曾说：“《论语》：‘莫春者，春服既成，冠者五六人，童子六七人，浴乎沂，风乎舞雩，咏而归。’自上及下，古有此礼。今三月上巳，祓禊于水滨，盖出于此。”春游之俗自古流传，到汉代已经法定为上巳节，“是月上巳，官民皆絜于东流水上”（《后汉书·礼仪志上》）。三国魏以前多以三月第一个巳日为“上巳”，魏以后上巳节固定在三月三日，被称为“祓禊”，或濯于水滨（薛君《韩诗章句》），或秉火求福（杜笃《祓禊赋》），郊游、洗濯、嬉戏、驱邪、祈福甚至野合的风俗还在，“以季春月大会于饶乐水上，饮宴毕，然后配合”（《后汉书·乌桓鲜卑列传》）。中国历史上最著名的一次春游发生在会稽郡山阴县（今浙江绍兴）西南的兰亭，王羲之写下了震古烁今的《兰亭集序》，并在士大夫阶层形成雅集的传统。

中国历代，或上巳或清明，春游之俗绵延几千年。杜甫诗云：“三月三日天气新，长安水边多丽人。”唐代仍有“倾都人物，于江头禊饮踏青”（陈元靓《岁时广记》）的胜景。宋代每逢春来，东京郊外“四野如市，往往就芳树之下，或园囿之间，罗列杯盘，互相劝酬。都城之歌儿舞女，遍满园亭。抵暮而归……”（孟元老《东京梦华录》）明人郊游，“岁清明，桃柳当候，岸草遍矣。都人踏青高梁桥，舆者则褰，骑者则驰，蹇驱徒步。既有挈携，至则棚席幕青，毡地藉草，骄妓勤优，和剧争巧”（刘侗、于奕正《帝京景物略》）。清人则“提壶挈榼坐平沙，恣意春游到日斜”（钱琦《台湾竹枝词》）。清明时节，人们不仅去踏青，而且要祭祖。

直到今天，在济宁地区，除清明踏青之外，人们还会在正月十六“走百灵”，“走出门庭，心灵手灵”，女人们走出家门，并到孔庙等宗庙中烧香许愿。在孟子故里邹城一带，正月十六这一天为孟庙一年一度的庙会。男男女女都穿红戴绿，熙熙攘攘地去赶会，百姓称之为“走百病”，意在祈求全年幸福。人们到孟庙，都要用手摸摸驮碑石兽赑屃的脑袋和屁股，有民谣曰：

十六摸摸乌龟头，全年高兴不发愁。
十六摸摸乌龟腚，全年消灾不生病。

菏泽一带，正月十六一大早要“跑百病”，家家户户，倾巢而出。不仅人跑，有牛的牵着牛跑，有羊的牵着羊跑，而且要围着水井转三圈，并向井里扔块坷垃；然后，将正月初一插在门上的侧柏枝子拿下来，燃着了烤火，边烤边说：“烤烤脚，脚不痛，烤烤腚，不生病。”有的还要点一把艾草，再点上三根香，给小孩、老人灸腰带，边灸边念叨：“年下的香，端午的艾，正月十五灸腰带，灸得小孩不生病，灸得老人病不害。”灸完腰带还可以拿着在自己的门枕、梁头上来回摩擦几下，说：“正月十六天不亮，灸门枕，灸门框，金子银子往家扛，正月十六灸梁头，金子银子往家流。”

我们很难界定“走百病”是否还属于春游习俗的演化和流变，但它无疑是另一种形式的春游。这种风俗不仅存在于孔孟之乡及菏泽一带，在山东其他地方以及北京、天津、河北等地，也都已盛行几百年。在明代，正月十六日夜，妇女群游，祈免灾咎，前令一人持香辟人，名曰“走百病”。凡有桥处，三五相率以过，取“厄度”之意（沈榜《宛署杂记》）。这是万历年间沈榜任顺天府宛平县令时记录的北京近郊的风俗，是对“走百病”最早的记载。“走百病”起于何时已不可考，虽然固定在正月十六和过年连起来，但依然是春游，年味渐远，早春伊始，走出家门，祈免灾咎。明弘治年间进士周用写有《走百病》诗：“都城灯市由来盛，大家小家同节令。诸姨新妇及小姑，相约梳妆走百病。”孔孟之乡的“走百病”习俗除了人与自然的交会，更多了一些孔孟文化的浸染。

无论踏青还是“走百病”，无论春暖花开还是春寒料峭，都要在春天走出家门，投入自然的怀抱，感知时节，祛病祈福。无论这些风俗如何演变，都拥有同一种基因。一种中国人特有的文化密码将它们紧密连接在一起。这个密码就是“感时”——这是一种生活化的“天人感应”，是人对自然的感知和适应，感知时序变迁，为适应自然环境，从而形成的独特生活风俗。“感时”之本质是人对生命的自我观照，反映的是人对人与自然关系的认知。这是中国文化中的一个重要概念，是中国人对“天人合一”生命哲学的践行。

感时还在于人视天地四时为一种准绳。度量天地自然阴、阳二气的规则制度有六种：“天为绳，地为准，春为规，夏为衡，秋为矩，冬为权。”（《淮南子·时则训》）“绳”是用来度量万物曲直的，“准”是用来衡量万物平正的，“规”是用来衡量万物圆曲的，“衡”是用来度量万物均衡的，“矩”是用来度量万物方正的，“权”是用来衡量万物权变的。这其实就是“人法地，地法天，天法道，道法自然”（《道德经》第二十五章）的道理在民间生活中的反映，这种哲学既是对自然规律的客观认知，也意味着敬畏和信仰，更意味着秩序。

“天人感应”是人的一种本能，人是自然的一部分，本来与天地万物为一体，本能中就会与自然万物同类相通、相互感应。文人会感时抒怀，会“岁忽忽兮惟暮，余感时兮凄怆”（王逸《九思·哀岁》），会浩叹“春花秋月何时了”（李煜《虞美人》），会时时想到“春有百花秋有月，夏有凉风冬有雪”（无门禅师《春歌》），会“不效艾符趋习俗，但祈蒲酒话升平”（殷尧藩《端午日》），会“举头望明月，低头思故乡”（李白《静夜思》），会“独在异乡为异客，每逢佳节倍思亲”（王维《九月九日忆山东兄弟》）……而在民间，天人交感表现在人们在所居之地、在不同的季节、在节日里，去感知时节的变化，一如春游踏青。但他们所感的不仅是时节。第二十五章时节之外，还有天、地及整个自然。朱熹曾发挥程颐“君子顺时”的观念，认为“顺时”即要达到“如影之随形”的程度。“夏葛冬裘，饥食渴饮，岂有一毫人为加乎其间哉！随时而已。时至自从，而自不可须臾离也。”学者若不能认识到这一点，则“时食而饮，时葛而裘，毫厘之差，其应皆忒，则将以何为道哉？”[1]文人的“感时”是单向的，但普通大众的“感时”是双向的，一切自然环境因素同时在塑造着他们的生命，影响着他们的生活。

“感时”之外，是“文化”，是文以化之，是“观乎人文，以化成天下”（《易·贲卦·象传》）。如《礼记·学记》所言：“发虑宪，求善良，足以谀闻，不足以动众。就贤体远，足以动众，未足以化民。君子如欲化民成俗，其必由学乎！”化民成俗除却教化之意，更重要的是一地的人文历史对族群的潜移默化的影响。就像春游，从《诗经》所歌咏时代的“奔者不禁”之游，到汉晋时代的祓禊之祷，到雅集，到祭祖，到祈福，有一个从男欢女爱的人性本能到观照生命本身和尊重文化传统的演变，不断有人文历史的影响和叠加。文化之本质是人对生命的自我追求，反映的是人对自我的认知（人的价值观），反映的是人对人与世界关系的认知。

从“感时”与“化成”的角度来看待生活风俗，可知一个地方的乡风民俗就是地域文化在日常生活中的显现——也就是在自然地理环境和人文历史环境这个时空坐标系下的显现。如吉尔兹之论：“文化的语法不仅仅是以语言认知写成的，是以神话、宗教、艺术、民俗、律法乃至天文历法、丧葬典仪等文化文本和文化话语写成的。”[2]

作为在民众日常生活中创造、享用和传承的文化现象，民俗文化具有群体性、地域性、整体性和互释性等多种特征。所以，尽管在今天的地方社会空间中，原本作为整体的民俗文化已经在不同程度上被碎片化，但我们应该尽可能地将它们放到一定时空的社会生活和文化传承的场域当中，做出相互联系的理解与认知。[3]从这一角度看，风俗所展现的是对生命的观照和对文化的投射，这种展现又反过来成为文化的一部分。因此，风俗不是遗产，而是生活；风俗不是一成不变的，而是不断进化的；风俗不是一种人文景观，而是一种文化生态。

第二节　鲁西南

鲁西南通常指菏泽、济宁、枣庄和聊城南部等文化风俗趋于一致的地区，是山东人文地理中一个约定俗成的概念，就像山东人所说的“胶东”的概念一样。

“鲁西南”之称谓最早出现于抗日战争时期中国共产党在菏泽曹县建立的鲁西南地委。当时的鲁西南以曹县为中心，大体上包括：山东的曹县、定陶区、菏泽城区的西部与南部，当时属于河北的东明以及长垣东部，河南的兰考、民权、商丘等与曹县接壤的部分地区，也就是包括现在菏泽市的全部地区以及济宁的一小部分、河南省的一小部分。中华人民共和国成立之初，“鲁西南”的概念扩大，除了以前的鲁西南地区，增加了运西地区（大运河以西，以郓城为中心）、湖西地区（微山湖以西，以单县为中心），既属于地理划分中的华北平原即黄淮海平原，也属于广义上的中原地区，也就是以河洛地区为中心的黄河中下游与淮河上游以北地区。

今天通常所说的广义上的“鲁西南”地区（狭义上的鲁西南指菏泽市）指地处山东西南部的济宁与菏泽、枣庄三地。这一区域在古代大部分属于春秋战国时期鲁国的地域。尤其是济宁的曲阜，又是儒家文化的发源地。随着孔孟学说的形成，礼仪之邦的形象逐步在鲁西南地区树立起来，其乡风民俗也以“礼”为核心，崇礼重教，讲究仁义，在漫长的中国历史中一直处于重要地位。“风近邹鲁”成为全国各地评价乡风民俗的标准。鲁西南是山东唯一的苏、鲁、豫、皖四省交界的地区，这一地区的乡风民俗呈现出多文化融合的特点。这一区域在地理位置、气候环境及人文历史等方面皆相近，鲁西南也因此成为一个独特的人文地理概念。这一带的乡俗又在很多方面与更大范围内的华北平原的乡俗类同。

根据山东师范大学地理系地域分区、用地区域划分课题组的《山东省地域分区、用地区域划分专题研究》（1991），按照经济区域分类，可将山东划分为六个经济区，鲁西南是六个经济区之一。④根据《山东省志·自然地理志》中有关综合区划的内容，山东分为三个综合的地理一级区，即鲁西北区、鲁东南区和鲁东区，并在一级区划基础上进行二级区划，每个一级区又划分出三个二级亚区，共形成九个亚区⑤。从中可以看出，鲁西平原亚区的全部和鲁南山前平原亚区的部分共同构成了广义上的鲁西南地区。尽管鲁西南没有作为一种综合地理区划而单独存在，但其构成恰恰表明了其自然地理特点和经济特点，而这是风俗形成的重要因素。

1855年铜瓦厢决口改道是黄河历史上距今最近的一次大改道，它结束了长达700年的黄河南流夺淮入海的局面。改道后的黄河流经山东菏泽、聊城、泰安、德州、济南、滨州、东营7个市，遗留下曾经纵贯黄淮平原、全长700多公里的明清黄河故道。这段故道是宋末金初黄河夺淮入海后逐步演变而来，包括郑州惠济区至开封兰考东坝头的黄河现行河道和兰考以下经开封、商丘（河南）、菏泽（山东）、宿州（安徽）、徐州、宿迁、淮安、盐城（江苏）等4省9市27县（区）入海的黄河故道。在山东省区域内，南边的黄河故道与东边的运河（连同南四湖）及北边的黄河共同构成了一个三角地⑥，形成一个扇面（俗称“簸箕口”），这正是我们通常所称的“鲁西南”。

在自然地理方面，鲁西南地处黄河下游冲积平原，拥有黄河、淮河、济水、泗水、汶水以及运河等水系及微山湖区，主要包括鲁西南平原、沿湖低洼地及湖东山前平原。地形东高西低，自然环境受到较大影响。这一地区的气候特点是：年均气温较高，夏季炎热，无霜期较长，年雨量适中，但过于集中在夏季，常有夏涝、秋旱相继出现，是山东全省的重涝区。农业生产以平原旱地耕作的方式为主，夹杂有水田，盛产小麦、玉米、稻谷、地瓜、棉花、花生、果品、瓜菜、畜产品和渔湖产品等。

自然地理对鲁西南风俗的影响主要体现在三个方面：黄河对生产生活方式的影响，京杭大运河对市井及商业文化的影响，微山湖独特的湖区文化的影响。鲁西南又处鲁豫苏皖四省交汇处，不同地域文化的交融对其风俗也产生了重要影响。

在人文历史方面，传说远古时期的“三皇五帝”都在此留下活动踪迹。这一地区有着众多的原始文化遗址，已发掘的遗址涉及北辛、大汶口、龙山等文化类型，时间上基本延续衔接，构成了完整序列。鲁西南有古九州之一的兖州和鲁国故地曲阜，是东方文明的重要发祥地之一。春秋战国时期，被后世尊称为“至圣先师”“万世师表”的儒家学派创始人孔子诞生于曲阜，其学说的继承者、儒家的重要代表人物“亚圣”孟子诞生于邹城。中国儒家思想文化由此滥觞，对中国社会历史的发展产生了极其重要的影响，对世界文化也产生了重大而深远的影响。这一地区除孔、孟、颜、曾等儒家文化之外，还有墨家、兵家，可谓群星璀璨。由是观之，鲁西南正处于中华文明“两圈一带”的交汇处。“两圈”即齐鲁文化圈和中原文化圈，“一带”即黄河文化带。鲁西南的梁山还是《水浒传》故事的发源地。《水浒传》又名《忠义水浒传》，简称《水浒》，是中国四大名著之一，被称为汉语文学中最具备史诗特征的作品之一。《水浒传》作为中国历史上最早用白话文写成的章回小说之一，流传极广，脍炙人口，尤其在当地多以口头故事的形式代代相传，对当地的乡风民俗影响深远。

人文历史对鲁西南风俗的影响主要表现为儒家文化的影响，此外，水浒文化、中原文化、移民等文化的交融和累积对该地风俗的形成与演变也发挥着重要作用。

注释

①朱熹：《晦庵先生朱文公文集》卷三十九《答范伯崇书》。

②［美］克利福德·吉尔兹：《地方性知识：阐释人类学论文集》，王海龙、张家瑄译，中央编译出版社，2000。

③刘铁梁：《“标志性文化统领式”民俗志的理论与实践》，《北京师范大学学报社会科学版》2005年第6期。

④张祖陆主编：《山东地理》，北京师范大学出版社，2014，第139页。

⑤张祖陆主编：《山东地理》，北京师范大学出版社，2014，第143页。

⑥中国地理百科丛书编委会：《鲁西南平原》，世界图书出版公司、南方日报出版社，2015，第9页。

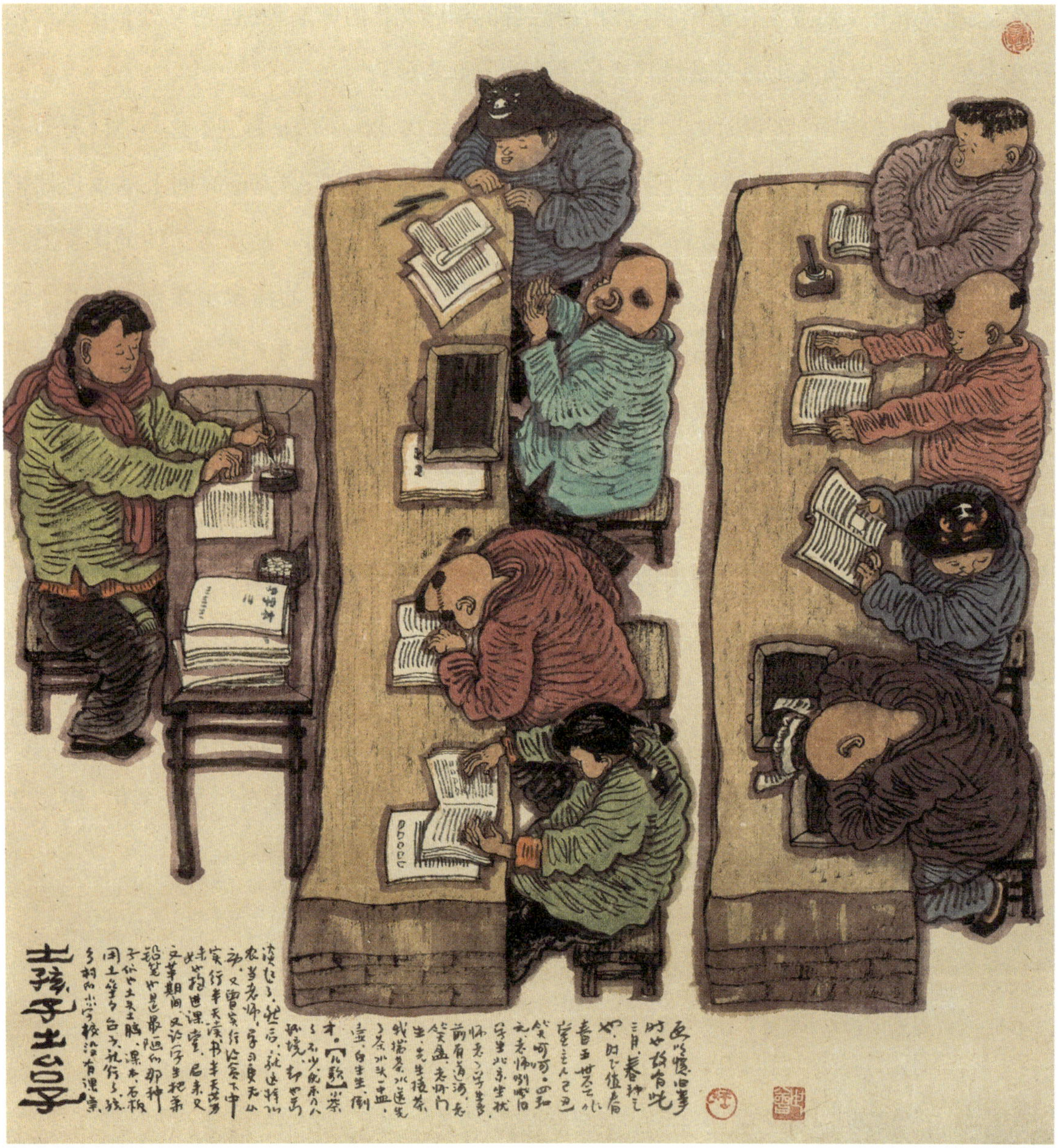

土孩子　土台子

旧时，乡村学校可真说不上好，两间土房子，几条土台子，几个土孩子，外加一个完小毕业的乡村老师，就是一个学校了。孩子们在老师的带领下，念几篇课文，算几道算术题，能读读信、记记账，家长便很高兴了。后来，政府又号召半耕半读，大孩子可以带弟妹来上课，课堂里终日乱哄哄的。再后来，正式教师都回了老家吃工分，上学就去附近的学校。当时年轻人的最大理想是当兵、当工人。

【儿歌】小茶壶，白生生，倒了茶水头一盅，我端茶水敬先生，先生咧嘴笑盈盈。先生门前一道河，先生老了学生多，学生北京做状元，先生咧嘴笑呵呵。

第二章　历史视野中的乡风民俗

第一节　堌堆与槐树：先民与移民

一、公元前602年：百姓

公元前602年是有记载以来黄河第一次改道的时间。[①]故道中的灾难伴随洪水退去，鄫国[②]以南的茫茫湿地和浩瀚湖泊变成大面积的滩涂，成为可耕作的肥田沃土。这一时期，南方诸国趁势北上，抢占黄淮滩涂。鄫国弱小，无力阻止，只能依附强大的鲁国。此时，鲁国执掌国政的是季孙行父（季文子）。为维护鲁国利益和季孙氏费邑封地不受侵犯，他派鲁国军队、奴隶南下，占据今兰陵，建立次室邑。同时，在鲁国、鄫国井田上耕作的奴隶也纷纷南下谋生，到泇水、泗水中下游的湖泊滩涂开垦“王土”。一时间滩涂上的私田大量增加，奴隶们成了自由人。公元前594年，鲁国推翻井田制而推行“初税亩”制度。《穀梁传·宣公十五年》载，“初者，始也，古者什一，藉而不税……初税亩者，非公之去公田而履亩，十取一也，以公之与民为已悉矣”。也就是说，田税既取之于公——籍田，也取于民——私田。原来私田之收成全归自己，现在也要按亩纳税。从此以后，不论“公田”“私田”，一律按田亩实数纳税。推行“初税亩”，就须有自耕农以家庭为单位登记纳税的姓氏。“百姓”从此成为“农民”的别称。

黄河，农耕，百姓的生存与生活，民族的繁衍与生息，自此被定格在公元前602年这个特殊的年份上。

据地质资料分析，上古黄河之水经常无道横流，所以出现了女娲治水、大禹治水等神话传说。黄河下游北到天津北，南到淮阳南，纵横千余里，在东方25万平方公里的土地上，随处可见其水道，从而造就了华北和黄淮岗丘平原，并形成了鲁西南一带岗丘布野、河沟纵横、林木茂密、湖盆相连的平原沼泽岗丘地貌。先民们就在这片神奇的土地上繁衍生息。仅《禹

教子图

早些年，乡村生活并不富裕，但父母对孩子的读书抓得很紧，大人们的教子方式大多不甚讲究，遇上调皮捣蛋的毛头小子，劈头盖脸地打上一顿也是常有的事。

【儿歌】金针花，黄又黄，我跟哥哥上学堂；座位上，四下看，看见前街的二狗蛋；座位下，东西瞧，瞧见前街的三黄毛；从小光腚一起玩，这回上学一起来；一起来，不忘玩，气得老师跺讲台，气得爹娘抡铲鞋，吓得小子溜河崖。

贡》《左传》就记载了菏泽、雷泽、大野泽、孟渚泽四泽和济水、濮水、沮水、澭水、菏水、汳水、黄水、洮水、句水、黄沟水十水，谓之“四泽十水”。考古发掘发现，在距今7000年左右，就有先民在鲁西南这片土地上生活。在距今4000年左右，出现了第一次文明的大繁荣。这从龙山文化骤然兴起的考古发现中可以得到印证。菏泽境内有1处北辛遗址、10处大汶口文化遗址，却有近300处龙山文化遗址，而且岳石、商、周等不同年代文化在几乎所有遗址上都有发现，反映出先民在这些遗址上连续生存三四千年的实际情况。这些遗址分布在“四泽十水”的岸边，反映了先民依水而居的状况。

黄河是中华民族的摇篮，黄河下游漫流四溢，真正哺育先民的是它的支流。济水是黄河的支流，从河南荥阳出黄河，东流过封丘、定陶、巨野、梁山、长清、济南，东流入海，其两岸散布着上古先民生活遗址。濮水、沮水、澭水、汳水、黄水、菏水又是济水的支流。[③]因此说济水是这片土地上哺育先民的河流。《史记·封禅书》说，中国“名山五，大川祠二……水曰济，曰淮”。[④]“济”就是济水，古人祭祀济水，可见其于先民繁衍生息的重要意义。

先民们的遗存依然存在于今天，存在于百姓的日常生活中。“四泽十水”岸边的这些遗址，又被称为堌堆。

二、堌堆：生活的层累

堌堆是鲁西南特有的文化景观，也是重要的风俗景观。堌堆既是几千年来上古先民生活、聚居的遗存，也是先民们世世代代与大自然进行不屈不挠斗争的结果。它们的存在又深刻影响着鲁西南人祖祖辈辈的生活方式和思维习惯，形成了独特的文化和风俗。生活已经前进，历史难以复原，正如吉尔兹所言：“在阐释中不可能重铸别人的精神世界或经历别人的经历，而只能通过别人在构筑其世界和阐释现实时所用的概念和符号去理解他们”。[⑤]堌堆作为一种历史遗存，就是一种有形的概念和符号。

“堌堆”是鲁西南特有的称谓，并不见诸辞典。在鲁西南的方言中，“堌堆”就是“土丘”，即大土堆。迄今已发现约400处鲁西堌堆遗址，仅菏泽市就有184处堌堆，以“堌堆”命名的村庄有100多个，占全市“堌堆”的2/3。菏泽堌堆主要集中在东南部的成武县、中部的牡丹区、定陶区和巨野县一带。其中比较著名的有牡丹区安邱堌堆、曹县安陵堌堆、郓城县肖

挖野菜

旧时，鲁西南一带的农田产量很低，缺粮是长期困扰乡民的一个大问题，因此，挖野菜便成了乡村解决缺粮的一种方法。因为挖野菜劳动量不大，孩子们便成了这项劳动的主角。如果大人们也出来挖野菜，那就是灾年到了。笔者小时候常吃掺有野菜的窝头饼子，感觉那口味还是很不错的。在时隔几十年的今天，挖野菜反而成了生活殷实家庭的一种消遣了。

【儿歌】荠荠芽，不开花，俺上山坡挖一掐，洗一洗，刷一刷，滴点香油拌葱花，拿张白饼卷上吃，一吃一塞牙，一吃一嘴麻。

堌堆、东明县窦堌堆、定陶县官堌堆、鄄城县历山堌堆等。菏泽堌堆数量之多、分布之广、布点之密，在全国是独一无二的。已进行考古发掘的堌堆多出土有石刀、石斧、石锥、石镰、蚌刀、骨锥，还出土有陶鬲、陶杯、陶碗、其他陶器残片以及大量的鹿角、鱼骨、鱼刺、蚌壳等。济宁12县、市、区皆分布有堌堆遗址，共计66处。而且在每一个堌堆上，一般都能采集到龙山文化、商、周以及汉代的遗物，有的堌堆甚至存有细石器（旧石器时代至新石器时代过渡时期）、大汶口、龙山、岳石、商、周、汉代等各个时代的遗物。20世纪50年代，绝大多数堌堆还面积硕大，高数米乃至十几米不等。半个世纪以来，人们或取堌堆黑土作肥料或筑路、烧窑，破坏了大部分堌堆。

堌堆的形成与黄河息息相关。自古以来，黄河为下游流域带来无休止的水患，但黄河尤其是其支流，又为先民们带来了土质疏松、易于耕作的土地以及近水而居的便利，哺育了我们的先民。先民们择水而居，在此繁衍生息的同时不得不世代与水患斗争。岑仲勉先生考证：自河南孟津县以东，东北至黄河入海口画一条线，东南至淮、泗入海口画一条线，古黄河便经常在这一扇面形地带来回滚动，或北或南，菏泽都居要冲，甚至黄河固定为今之河道，菏泽仍处在这一三角洲的中间地带。明代顾一柔《山居赘论》载："大河之流……自孟津向东，由北道以趋于海，则澶、滑其必出之道；由南道以趋于海，则曹、单其必经之地。……要以北不出漳、卫，南不出长、淮，中间数千里，皆其纵横糜烂之区矣。"在鲁西南一带，早先有"落河村"一说。所谓"落河村"，即受洪水冲击，整个村庄被冲垮吞噬，落入河道之中，从此消失。与之俱来的，就是流离失所、投亲靠友、外出乞食甚至骨肉分离，这便成为许多落河村人一辈子难以磨灭的痛苦回忆。考古研究认为，每次洪水到来，人们被迫离开旧居，洪水退后，他们又回到原来的地方，在旧址上重建家园。居住地因此不断被抬高，千百年来，渐渐形成了这些高达数米、形若山丘的"堌堆"。时至今日，反复垫台盖房还是黄河滩区人的苦痛回忆。黄河沙大，水退沙不退，平地积沙，越积越高，为避水患，只能不断加高房台。这与黄河在下游成为悬河是一个道理。在受访的近百位黄河滩区居民中，平均每户居民一辈子建房4—5次，最多的一户达到9次，许多居民因此陷入"三年攒钱，三年垫台，三年盖房，三年还账"的苦难循环之中。[⑥]

由这些堌堆可联想到大禹治水的传说，"昔尧遭洪水，居民水中高土，故曰九州"[⑦]。《说文解字》关于"州"字的解释是："水中可居者……"[⑧]这些土丘中的红陶、灰陶、黑陶、

关老爷打仗

以前，关老爷打仗是乡村孩子常玩的一种游戏。这种游戏分为两班，一班三人或二人均可，三人时两人搭手作马，一人骑上扮关老爷，二人一班时干脆一人跨在另一个的脖子上，手挥一根长秫秸，两班毛小子咋咋呼呼，冲冲撞撞搅闹成一团。如一班人的“关老爷”倒地或“马”散了架，则为输。双方调整人员，抖擞精神，再混战在一起。玩这种游戏，打破手、崴伤脚是常事。

【儿歌】骑马颠颠，一蹦两窜，谁敢来战，挨我一鞭；骑马嗒嗒，战带一扎，谁敢来碰，打你发愣；骑马嗖嗖，一挥两甩，闹上一晌，回家挨嚷。

石器、骨器等遗物佐证了它们确实是先民的聚落点，是祖先们躲避洪水、繁衍生息的神圣土址。

譬如，在发掘青邱堌堆遗址[⑨]时，在堌堆下发现4块清代农田，耕作方向一致，沟垄和犁铧层较清晰，曾为旱田，种植小麦和粟黍类作物；发现了1处汉代墓地；还发现了一批商周祭祀坑、窖穴和水井，祭祀坑用牲包括马、牛、猪、狗和人，其中有明确的斩首痕迹。此外，发现1处龙山文化居住区，现存土坯墙房址9座，呈圆形或圆角方形，布局紧密有序，户外活动空间有垫土行为的痕迹。龙山文化房址的发现意味着，至少在4000多年前，已经有先民在青邱堌堆繁衍生息。青邱堌堆呈现出年代序列完整的堌堆切片：生土以上，文化层堆积从龙山文化、岳石文化、商文化、周文化至汉文化依次叠加，再向上直接叠压着较晚的清代耕土层，然后是1855年及之后黄河泛滥形成的淤积层，最上面是近现代扰土层和现代耕土。青邱堌堆遗址是迄今菏泽堌堆发掘中唯一自龙山文化至清代中期年代序列完整揭露的遗址。

考古人员认为，青邱堌堆形成过程复杂。龙山文化时期，菏泽有可能存在大型平地聚落址；商周特别是晚商时期聚落堆积速度骤然加快，可能与黄河下游泛滥有关。此期，堆积速度加快，窖穴增多，人为垫土活动频繁，祭祀行为增加，且以罕见的生产资料如马、牛等作为牺牲，可见居民对洪水灾害有预判、应对和调整的措施。菏泽地方志中有关“清邱”记载甚多。据《曹南文献录·古迹考》，宣公十二年，晋人、宋人、卫人、曹人同盟于清邱。《菏泽县志》载：“清邱山在城西南三十里，春秋时，晋、宋盟于清邱，即此。”

再如葵堌堆。春秋时期，齐桓公多次召集诸侯会盟，其中最盛大的一次，是公元前651年齐桓公在葵丘大会诸侯。这标志着齐桓公的霸业达到顶峰，齐桓公成为中原的首位霸主，史称“葵丘会盟”。葵丘会盟遗址就坐落于鄄城县旧城镇葵堌堆村村西，留存明嘉靖年间建造的塔院寺一座，占地5000平方米。经文物部门勘探，葵堌堆遗址地表3米以下为文化层，包含龙山时代、商、周和汉四个时期的遗存。塔院寺内存有明正统十二年（1447）重修塔院寺庙碑一通、汉白玉柱础两尊以及陶片、砖塑若干。2015年6月，葵堌堆遗址[⑩]被山东省人民政府列为第五批省级文物保护单位。

打弹弓

孩子们爱玩弹弓，图的就是刺激，远远的一个对象，人够不着，竿够不到，弹弓却能一弹中的，这让年少好动的孩子们怎能不着迷？弹弓由胶皮条、弹兜和用树枝或粗铁丝做成的架组成。胶皮条弹性越好，弹弓便越属上乘，用医生听诊器的胶管做成的弹弓更是孩子们求之不得的宝物。

【儿歌】小弹弓，皮条做，一走一哆嗦。用它射鸟，哧楞；用它射鱼，扑通；用它射鸭，扑啦啦；用它射小羊，小羊咩咩头直扬；用它射黄牛，黄牛哞哞摇摆头；一不小心射着爹，扔掉弹弓成罗锅。

三、1369年：大移民

问我祖先何处来，山西洪洞大槐树；
祖先故居叫什么，大槐树下老鸹窝。

清光绪末年，山西人景大启在山东曹州府（今山东菏泽）任职典史；任满后，他时任长山县（今山东邹平）知县的同乡刘子林，聘他做了幕僚；宣统末年辞官回乡，任洪洞县商务总理。景大启在山东任职期间，当地人民听说他是洪洞县人，都像远嫁的女儿见了娘家人一般，格外亲热，有些人还翻出族谱给他看，说祖上本也是洪洞县人。景大启很受感动。他回乡后，于1913年，和刘子林募资修复洪洞县古大槐树遗址，在大槐树旁建起了碑亭，还有牌坊。牌坊横额两面刻有4首怀古诗，其中一首云："迁民往事忆当年，拄杖穿云窗夕烟。嘉木扶疏堪纪念，犹留经塔耸巍然。"景大启还编辑了一本《山西洪洞古大槐树志》，开启了大槐树移民研究的先河。

嘉祥县有大庙李村，位于县城北4.3公里。据1933年版《李氏家谱》载：始祖合兴世居山西洪洞县，明朝洪武二年（1369）奉诏迁此立村。后建规模较大的奶奶庙，故取村名为"大庙李"。这是元末明初山西移民历史在山东民间记载的一个缩影。

六十年移民，六百年悲情。一颗普通的老树，连接了亿万中国人的家园信仰。

移民文化对一地的风俗有着巨大的影响。鲁西南一带与山西洪洞县有着时间无法隔断的牵连。在百姓的口中，这一牵连就是"山西洪洞县大槐树"。明代移民事件成为中国移民史乃至中国历史上影响深远的事件。这次移民在战乱和灾荒（尤以黄河水患为要）的多重影响下发生。

战乱。山东省元代时属中书省，明代置山东布政使司，辖六府，十五属州，八十九县（《明史·地理志》）。元末社会矛盾日益激化，元政府连年对外用兵，对内实行民族压迫，加之黄淮流域水灾不断，饥荒频增，民不聊生，终于激起连绵十余年的红巾军起义。元政府予以残暴的镇压，对农民军所据之地，多是"拔其地、屠其城"（《元史·顺帝本纪》），争域夺地的殊死之战时有发生，使河南、山东、河北、皖北等中原地区"道路皆榛塞，人烟断绝"（《明太祖实录》卷二十九），豫、鲁、苏北、皖北之民十亡七八，出现了流民"死者已满路，生者与鬼邻"（《归田类稿·哀流民操》）的悲惨局面。冀、鲁、豫、皖诸地深受其害，几成无人之地。

推铁环

以前，农村孩子的玩具少得可怜，就是一些石子、沙包、鸡毛毽子、木制刀枪、火柴手枪什么的。冬春季节最常见的一种锻炼方式就是推铁环。铁环的制作非常简单，用一根铅笔粗细的钢筋弯成一个圆圈，接头处一焊，便是一个铁环。然后用一根铁条弯成把手，推着铁环到处游走。也有用箍木筒的铁圈当铁环的，还有更讲究的，即在大铁环上套上几个小铁圈，一推起来，“哗哗啦啦”地响，煞是威风。就是这些古朴的器材、简单的健身方式，使孩子们的身体都特别健康，跑起来像一头头小鹿，精神头十足，很少有生病的。

【儿歌】小铁环，圆又圆，我推铁环去校园，见了老师立个正，老师对我把脸绷；小铁环，哗哗啦，我推铁环去姨家，见了老姨问个好，老姨不让我乱跑；小铁环，溜溜转，我推铁环找二蛋，二蛋见我扮鬼脸，吓我出了一身汗。

灾荒。元朝末年除兵乱之外，水患、旱蝗、瘟疫等带来的大灾荒接连不断。黄河、淮河多次决口，使中原之地“漂没田庐无算，死亡百姓无数，村庄城邑多成荒墟”。元朝末年，雨旱灾频繁，山东19次、河南17次、河北15次、两淮地区8次（《元史·五行志》），造成“漂没民庐，溺死者众”（《元史·顺帝本纪》），“种不入土，人相食”（《元史·五行志》）。据史书记载，至正十九年发生蝗灾，冀、鲁、豫大饥，通州民间五杀其子而食之。保定路孽生盈道，军士掠孱弱以食。山东之孟津及河南之新安、渑池也出现了“民食蝗，人相食”（《元史·五行志》）的惨状。同时，危害极大的瘟疫又多次流行于河南、山东、河北、陕西以及南方诸省。

据《明太祖实录》可知，明朝建立后，各地官吏纷纷向明政府告具各地荒凉情形，中原地区处处是“人力不至，久致荒芜”“积骸成丘，居民鲜少”“多是无人之地”（顾炎武《日知录》卷十），“累年租税不入”。朱元璋意识到“丧乱之后，中原草莽，人民稀少，所谓田野辟，户口增，此正中原之急务”，于是做出了“移民屯田，开垦荒地”的战略决策，一场大规模的历经50余年的移民高潮就此开始。明朝洪武年间，开始大量移民，农业生产刚刚有所恢复，但又发生了“靖难之役”[11]，四年的战争又加剧了中原地区的荒凉局面，因此又有永乐迁民之举。

在中原战乱时，山西相对安定，风调雨顺，连年丰收，人口稠密。明政府便大量从山西往外地迁民，凡“丁多田少”及“有丁无田”之家，都在迁移之列。《明实录》中有洪武、永乐两朝数次向鲁西地区移民的记载。据当代学者考证，明初全国移入人口最多的是山东、河南、北平三地，而鲁西则是山东移民最多的地区。[12]

从洪武初年至永乐十五年，50余年间组织了18次大规模的移民活动。山东地区是移民的重点地区，洪武、永乐朝往山东的移民较多。在《明史》《明实录》记载的18次移民中，往山东地区的移民记载有：洪武二十一年八月，洪武二十五年十二月，永乐元年八月，永乐五年五月，共4次大批移民。但大量的家谱、碑文及地方志记载以永乐朝为多。迁往东昌府、济南府、兖州府、莱州府、德州府的最多。据叶涛《移民·山东人·山东民俗》调查，在鲁西南一带，大约半数以上的村庄是明代建立的。

陈克启、庞广雷在所撰《梁山村庄与姓氏》一文中说，有明一代凡276年，梁山境域共建村602个，占全县697个村庄的86.37%。据定陶区地名办公室调查：定陶区有村庄1050个，其中有386个村庄的居民祖先是明朝时由洪洞迁移来的，另18个是元、清时期由洪洞县迁来的。曹县地名办郝秀玉在《明初晋民东迁与曹县移民建村考》中说：“据地名普查资料统计，

砸元宝

孩子们用旧课本、旧作业本的纸折成一个个的方形纸玩具，名字叫“元宝”。几个小朋友聚在一起，一人一个放在硬地上，大家轮流去砸。砸的时候用自己的元宝尽量砸翻别人的元宝，砸翻了属于自己，没砸翻则让别人去砸。有时一个小朋友可赢得好多“元宝”。当年，多数孩子的书包里都有这种“元宝”。

【儿歌】叠元宝，用红纸，小三见了把眼挤，扔在地上当“老宝”，谁想赢它俺不许；叠元宝，纸发蓝，又砸又摔不值钱，手里拿他七八个，输光丢净心不烦。

曹县共有自然村2776个，系明代移民建村者竟达1606个，占总数的57. 9%；现行的31个乡镇驻地，明代移民建村的即有18个，占乡镇总数的57%；资料同时表明，移民时期多在明朝洪武至永乐年间，移民地点大多来自山西洪洞。”据《郓城县地名志》统计，郓城县共有自然村1388个，其中明朝建村966个，有279个直接迁自山西洪洞县。据嘉祥县地名办公室调查，全县70%的自然村均为明洪武、永乐年间由山西洪洞县迁来定居的。

移民文化的影响是多方面的。山西民俗影响到了山东人民，如鲁西南人多喜面食尤其是各类面条类食品，寒食节不生火做饭，清明节插柳，等等。民间传说寒食是为了纪念春秋时被焚于绵山的介子推。介子推是山西人，所以冷食习俗早先在山西省流行。清明时节（或三月三），山东部分地区有蒸面燕的习俗。面燕，又称“千推燕”，顾名思义和介子推有关。冷食、面燕、柳条等节俗本来是山西之俗。民间还有“走起路来背抄手，小拇趾甲是两个”的说法。小趾指甲是两个，说的是脚的小拇趾甲盖儿上有一道竖纹，乍一看像是两个趾甲。山东人喜欢背手走路的习惯据说就是洪洞大移民影响的痕迹。民间传说中有这样的解释：移民过程中，官兵为防止移民逃跑，就把他们反绑起来，然后用一根长绳连接起来，押解着上路。移民的手臂长时间反捆行路，久而形成了习惯。而这种习惯又在后代中相传下去。山东民俗方言中的“解手”亦源于此：移民被反捆双手，长途跋涉，需要小便时，只好向官兵报告，“解开手，要小便”。久之简化为“解手”，就是需要大小便的意思。

鲁西南地区流行较广、影响较大的传统戏曲剧种枣梆就脱胎于山西的上党梆子。鲁西南人自古称山西人为“山西爪（zhǎo）子”。清代西厓的《谈徵》云：“今山西人有爪子之称。”《汉语方言大词典》记载，山西人除了“老西儿”的绰号，还有一个“爪子”的称号。在很多地方，“爪”用来形容口音，带有山西口音为“爪”。山东邹平一带会说：“这人说话真爪。”山东郯城则用“爪”指西边人的口音。山东寿光则用“爪”指外地口音。“出去半个月，口音就爪起来了。”后来山东民间还专门创造了读音相同的“偺”字来调侃山西人。《山东省志·方言志》指出，山东西部地区居民至今仍自称为山西洪洞县人。大量移民必然对方言产生深刻影响。山东东区方言与中北区及西南区差别较大，除历史原因之外，当与大量移民有密切关系。

在乡村，很多农家门前都习惯种植一棵槐树，因为民间俗语说：“门前一棵槐，不挣自己来。”“门前一棵槐，招宝又进财。”“门前一棵槐，财源滚滚来。”不一而足，植槐之风俗由何时起已不可考，但祖祖辈辈如此，或与“问我祖先在何处，山西洪洞大槐树”不无关系。

抽皮皮纽

冬季，孩子们爱玩抽皮皮纽的游戏，取一硬木，砍削成馒头状，然后取几根布条，拴在一根细木棍上。玩时先将布条在皮皮纽上缠几圈，放在地上猛一甩，皮皮纽便旋转起来，接着用布条抽打，皮皮纽便连续地转个不停。在冰上抽皮皮纽最好，在硬地上也可以。

【儿歌】我削皮皮纽，你拴布衬条，我抽团团转，你抽捞不着，滑我俩跟头，跌你三个跤，磕破我鼻子，碰破你额角，爹娘看见了，打俺一马勺。

第二节　黄河与运河：农业与商业

一、1855年：改道

1855年9月，山东巡抚崇恩向朝廷奏报："近日水势叠长，滔滔下注，由寿张、东阿、阳谷等县联界之张秋镇、阿城一带穿过运河，漫入大清河，水势异常汹涌，运河两岸堤埝间段漫塌，大清河之水有高过崖岸丈余者，菏濮以下，寿东以上尽遭淹没。其他如东平、汶上、平阴、茌平、长清、肥城、齐河、历城、济阳、齐东、惠民、滨州、蒲台、利津等州县，凡系运河及大清河所经之地均被波及。兼因六月下旬七月初旬连日大雨如注，各路山坡沟渠诸水应有运河及大清河消纳者，俱因外水顶托，内水无路宣泄，故虽距河较远之处，亦莫不有泛滥之虞。"⑬此时，据黄河改道已经一个月。又半月后，他在另一份奏报中进一步统计说："黄水由曹濮归大清河入海，历经五府二十余州县。"⑭按照当时的建制，山东省被划为10府，其中鲁西南西北诸府均沦为灾区。

1855年8月，黄河在河南兰阳（今兰考）北岸铜瓦厢决口。河水先流向西北，后折转东北，夺山东大清河入渤海。铜瓦厢以东数百里的黄河河道自此断流，原本穿苏北汇入黄海的大河迅即化为遗迹。河决之后，黄水将口门刷宽达23—26米，一夜之间，黄水北泻，豫、鲁、直三省的许多地区顿被殃及。忙于应对太平军的清政府采取"暂行缓堵"的态度，增加了这场灾难的广度和深度。在随后的20年间，黄河在铜瓦厢到山东阳谷张秋镇一带频繁移动，黄水浩瀚奔腾，水面横宽数十里甚至数百余里不等，所到之处，遍地泽国，"泛滥所至，一片汪洋。远近村落，半露树梢屋脊，即渐有涸出者，亦俱稀泥嫩滩，人马不能驻足"⑮。在晚清的奏折、上谕中，黄河决口后类似"淹毙人口甚重""居民村庄，尽被水淹"等记载屡见不鲜。

1855年对清政府来说是一个生死攸关的年份，太平天国在南京建立政权，控制了长江流域的大片地区，其北伐军一度打到北京附近，使清政府已无暇他顾。清政府对黄河的泛滥只能"深堪悯恻"。清廷在9月6日的上谕中，特别强调堵口的困难，主张暂行缓堵。此后，改道与复道之争在朝内此起彼伏。但随着时间的推移，黄河南行恢复故道的可能性越来越

打“尔”

村上的儿童最爱玩打“尔”的游戏，一些地方叫打“尜”，是一种中间大、两头尖的玩具。打“尔”的小朋友分成两班，用丁“尔”的方法决出谁先打。“尔”放在“城”里，用尔棍一砸“尔”的尖头，“尔”便飞起来，然后用尔棍拦腰一甩，“尔”便呼啸着飞出很远。另一班小朋友跟着去捡“尔”，并使劲往“城”里扔，扔得进“城”，打“尔”的权利便转交给了这一班小朋友，否则仍由原班小朋友打。打“尔”的规则有多种，有单打、连打、练狗蛋、胯下打等，其中练狗蛋可以连续多次击打“尔”，有的甚至一气打出一里多地，拾“尔”的小朋友们最恼这种打法，因为他们无法一次或最多两次把“尔”扔回“城”里。

【儿歌】四孬蛋，去打“尔”，回回去打回回起；四憨子，练狗蛋，一气练到东河岸；四黑子，去拾“尔”，一气跑了二三里；四妮子，去画“城”，四边画的一码平；几个小子光打“尔”，忘了上学喊立起。

小，清政府只得认可黄河北行的事实。直到1884年，清政府顺着黄河的流向，在原有民埝的基础上，陆续修建了黄河两岸大堤，形成如今的河道。山东巡抚周馥在晚年曾回忆他在山东治河的情形："叠逢异涨，淫雨不止，东西报险不已。请部款则驳斥不与，搜于司道各库则罗掘已空。购运秸石，缓不济急，驱遣弁兵，溽暑泥泞之中，疾病相属，盖心力交瘁、寝食俱忘矣。"[16]

就在清廷重臣频频上书，为治理黄河而心力交瘁之时，在山东民间，悲惨的黄泛区百姓则在传唱这样的歌谣："富走南，穷进京，死逼梁山下关东。""种庄田，真是难，大人小孩真可怜！慌慌忙忙一整年，这种税，那样捐，不管旱，不管淹，辛苦度日好心酸，两眼不住泪涟涟。告青天，少要钱，让俺老少活几年！"从统计资料来看，晚清山东黄河行水共57年，有38年发生溢决，占行水年的67%，其中光绪九年至光绪十二年分别决溢达52次、40次、23次、19次。[17]如此惨烈的灾害完全由一个省来承受，这在黄河变迁史上也是罕见的。据山东巡抚崇恩统计，1855年黄河改道，灾情达十分（即颗粒无收）的有1821个村庄，灾情达九分的有1388个村庄，灾情达八分的有2177个村庄，灾情达七分的有1001个村庄，灾情达六分的有774个村庄，六分以下的不计。也就是说，灾情在六分以上的村庄即达7161个。咸丰年间，山东是我国人口密度最高的省份之一，如果每个村庄按200户人家、每户5口人统计，那么，山东省受灾六分以上的重灾区的难民将逾700万人[18]。山东沿黄数百万民众在死亡线上苦苦挣扎，"居无一椽之覆，食无一宿之储""毙于饥犹毙于水"[19]。他们为了生存，或流离他乡，或沦为"盗贼"，直接开启了山东人"闯关东"的大迁徙，并酿成了咸丰、同治年间屡扑屡起的山东民变。

如果我们将1855年的黄河改道放在近代史的背景中加以审视，就会发现民族命运的历史性大转折。鸦片战争惨败，太平天国军势如破竹，清政府内外交困，国运日衰，国难与河患同作。改道之前，黄河分别在1841年、1842年、1843年、1851年发生了4次大的溃决。就这4次黄河溃决的原因而言，除特大洪水外（1843年洪水被认为有历史调查以来的最大洪水），主要是下游河道淤垫即河道管理不善。魏源在1842年就建议用人工的方式使黄河改道北流。其理由是："由今之河，无变今之道，虽神禹不能为功。使南河尚有一线之可治，十余岁之不决，尚可迁延日月。今则无岁不溃，无药可治，人力纵不改，河亦必自改之。"[20]这不仅是对黄河，更像是对当时中国的一个预言。但此时的晚清政府已经无暇他顾，魏源之言很快得到验证。所谓家国者，就是老百姓的命运和国家、民族的命运紧密关联，我们透过人民的命运和

转悠悠

在靠近山区的地方，不少村子在街头放置一个石头打制成的石墩，中间錾一个深约33厘米的窝，上安一个可以旋转的木架，让孩子们旋转着游戏，称“转悠悠”。这种设施可锻炼、培养孩子们的勇气和协作精神，很受孩子们的欢迎。但转悠悠玩不好也很危险，大人们一般都会在旁看着孩子们玩耍，舍不得让孩子们尽情地疯玩。

【儿歌】转、转、转悠悠，一下子摔了俩跟头，爬起来，拍拍土，抓住悠杆再悠悠，一悠悠到天晌午，奶奶喊我喝糊涂，一喝喝了三大碗，压得悠杆直忽闪。

生活方式可以看到历史。

元末明初之前，黄河塑造了这块土地；经历元末明初的战乱和水患，山西移民为这片土地注入了新的血液，尤其是运河的兴盛，为这块土地带来了长达400多年的繁荣——黄河文化与运河文化共同塑造了这块土地。1855年只是一个历史转折点，经此变故，这块土地又被重塑，在铜瓦厢决口之前，山东经济最发达的地方是大运河沿线的德州、临清、聊城、济宁、枣庄。黄河的改道直接让德州、临清、聊城变成了黄泛区，济宁以北的河段因洪水侵扰而完全阻塞，无法通行，直接导致漕运衰落。京杭大运河带来的绵延几百年的商业繁华在短短几十年间没落消失。

自此，这一地区一直在承受着严重的环境恶化带来的影响。中国大部分人口最稠密的地区往往是最繁华的地区，但已经变得一穷二白的黄运地区是一个例外。从19世纪40年代到1949年，这一地区的人口没有大的增长，但黄河和运河留给它的基因保存在这块土地上，我们能从百姓的日常生活中、从他们的言行举止中、从他们的公序良俗中看到这块土地曾经的历史，看到它曾经的苦难和辉煌，看到现在，看到未来。

二、农与商

大河文明社会的生产方式都具备同一个特点，那就是马克思所说的“亚细亚生产方式”。

19世纪中叶，马克思在《〈政治经济学批判〉序言》中总结人类历史发展一般进程时指出：“大体说来，亚细亚的、古代的、封建的和现代资产阶级的生产方式可以看作是经济的社会形态演进的几个时代。”[21]马克思根据弗朗斯瓦·贝尔尼埃在《莫卧儿帝国游记》中的材料，得出结论：“不存在土地私有制，的确是了解东方天国的一把钥匙。这是东方全部政治史和宗教史的基础。”[22]他所指的“东方”是印度、中国、俄国、埃及、波斯、土耳其等。这种生产方式是随着东方大河谷地统一管理水利灌溉事业之需要而产生的。它将生活在大河流域内分散的人们尽可能组织起来，集中人力、物力，统一指挥管理，分工协作，以治理水患和引水灌溉。否则，仅凭少数几个部落的人们是无能为力的。在东方，由于文明程度太低，幅员太大，不能产生自愿的联合，因而需要中央集权的政府进行干预。所以亚洲的一切政府都不能不执行一种经济职能，即举办公共工程的职能。[23]国内学者对亚细亚生产方式的特征的认识

踢毽子

踢毽子是华北乡村孩子爱玩的游戏，毽子都用公鸡的红羽毛扎成，下缀上两个清钱，用脚一踢，上下翻飞，好看又好玩。女孩踢毽子分前踢、后踢、翻花踢，以弯腿踢最为好看。男孩子显得较笨，大都只会直腿踢，女孩笑称扛子腿，不屑与男孩比赛。

【儿歌】踢毽子，辫子甩，蝴蝶见了翅膀摆；踢毽子，踢个花，小妮拍手笑哈哈，一不小心摔个跤，头上起个大红包。踢起毽子忘吃饭，奶奶端碗村头转，光踢毽子忘上学，老师敲响大铜锣。

大体上可以概括为如下几个方面：土地国有制、农村公社、自然经济和中央专制。其实，中国在春秋战国时便突破了亚细亚生产方式。“废封建，开阡陌”“井田制”等一些措施确立了土地私有制，土地自由买卖得到了承认。但是专制主义保留了下来，且影响深远。关于专制与政府的存在，恩格斯认为由于单个公社或个体的孤立性，基于它们彼此发生联系的需要以及管理灌溉渠道、交通工具等公共工程的需要，便产生了高居于各个小公社之上的君主专制政府或者说中央集权的政府。他说，在这种情况下，那些通过劳动而实际占有的公共条件，如在亚细亚各民族中起过非常重要作用的灌溉渠道以及交通工具等等，就表现为更高的统一体，即高居于各小公社之上的专制政府的事业。[24]就黄河流域的农业历史而言，对黄河水患的治理就是这个“更高的统一体”存在的决定性因素。对社会和风俗而言，这种“亚细亚生产方式”中自给自足的自然经济社会特征起着决定性的作用。“亚细亚生产方式”造就了社会形态的超稳定结构。

在自给自足的自然经济所造就的这种超稳定的社会结构中，农业又包含有畜牧业、手工业和商业的成分，是一个高度集合的产业。

人与土地关系密切，男耕女织，日出而作，日落而息。人们追求的是“衣食足而知荣辱”，甚至继承制度也是土地耕种权的继承。因此中国人自古讲求多子多福，其根本原因在于土地耕种需要更多的劳动力。人被限制在土地上，特别容易认同安土重迁的观念，“安土重迁，黎民之性；骨肉相附，人情所愿也”（《汉书·元帝纪》），反映了中国文化中以“家”为中心的生活观念。当然安土重迁不是不外出，而是有分工。女子基本不外出，至少不鼓励其外出；男子可以有外面的事业，但也有“父母在，不远游，游必有方”《论语·里仁》的考虑。其“方”不外乎三种：入仕、行军、从商。

中国自古以来重农轻商。大商人出身的吕不韦不仅从政，还强调重农抑商。《吕氏春秋·上农》中的一段话解释了为什么：

> 古先圣王之所以导其民者，先务于农。民农非徒为地利也，贵其志也。民农则朴，朴则易用，易用则边境安，主位尊。民农则重，重则少私义，少私义则公法立，力专一。民农则其产复，其产复则重徙，重徙则死其处而无二虑。舍本而事末则不令，不令则不可以守，不可以战。民舍本而事末，则其产约，其产约则轻迁徙，轻迁徙，则国家有患，皆有远志，无有居心。民舍本而事末则好智，好智则多诈，多诈则巧法令，以是为非，以非为是。

踢瓦

乡村女孩多爱玩踢瓦的游戏，她们在平整的场地上画一个大大的“用”字形“城”，一头再补上一个半圆。然后，取一个圆形瓦片，投放进第一格里，单腿把瓦踢出来，然后再把瓦投进第二格，再踢出来，直到每格都踢一遍，不越格，不压线，便是过关。最后，再背对“城”向最远处的半圆中投瓦，如正好投中，则获得从头至尾再踢一遍的权利，如出了差错，则必须把瓦让给其他孩子踢。

【儿歌】三妮踢瓦，弯腰伸爪，一脚踢空，摔个愣怔；二妮踢“城”，光想谝能，一能就摔，摔得吱歪；大妮投瓦，一步跳俩，大辫一甩，把脚闪崴。

古代有“工贾食官”的传统，如孟子所说，“古之为市也，以其所有易其所无者，有司者治之耳”（《孟子·公孙丑下》）。因此，工匠贾人多近于官奴，身份很低贱。而工贾之事也是鄙事、贱事，贵族既不愿参与，大概也不能参与。但在一定的历史阶段，无论是被迫还是社会转型的促使，从商也会形成一种风气。比如吕不韦所处的战国时期即如此。

战国时期，自由买卖的土地私有制度已经确立，大量农民因土地兼并失去本业或不胜地主商人的剥削，自愿放弃本业（农业），一起向工商业求生计，所谓“从贫求富，农不如工，工不如商”《史记·货殖列传》，所谓耕田之利十倍，珠玉之利（商业）百倍，周国人（东周）风俗，不爱做官吏，专心做工商；鲁国人喜欢讲儒学，后来风俗改变，经商谋利比周国人更迫切。到战国末年，大商人吕不韦终于进入秦国的政权。

经商致富后还是要千方百计地获取功名，成为“士”的一员，这是中国自古“万般皆下品，唯有读书高”观念的体现。但这种情况在明清之际得到改观，商人的地位提升，商人对自我“士绅”的定位取代了对“官员”的终极追求。土地是相对最稳定的形式，而地主阶级也是维护政治制度和正统意识的社会基础。同时，由于缺乏禁止社会身份流动的硬性规定，“士绅—商人”之间的角色转换在明清时期更为普遍。卜正民指出，自明朝中叶以来，随着社会财富的增长以及印刷业、图书销售业的发展，越来越多的人有机会读书备考。由于录取名额的限定与急剧增长的应试者数目对比悬殊，很多士绅家族的成员灵活地实行了更为切实的生涯规划，诸如从事货殖、采取文化与社会参与的形式、维持家族的学术地位等。[25]我国古代经济重心由北向南迁移经历了一个发展过程。秦汉时期，经济重心在关中地区；魏晋南北朝时，经济重心在关中和中原地区、淮河流域，但长江流域的经济重要性与之接近。隋唐前期，全国经济繁荣，安史之乱后，经济重心开始南移，到南宋时江南经济超过北方，完成南移。明清时期，江南经济不仅是农业经济中心，也是工商业中心。明清时期，运河是商业繁荣的一个重要原因。著名济宁籍士大夫杨洵（1592年进士）在为《济宁州志》撰写的序言中谈及永乐年间会通河的疏浚修复对济宁崛起起到的关键作用：“济自是商舶流通，文物浸盛，而汶、泗诸水得交汇，萦绕其间，灵气秀钟，人文蔚起，即概诸究属莫敢望焉。”[26]这段话道出了济宁作为“运河之都”的商业繁荣情景和对文化的重大推动力。

自1500年后，整个世界格局发生巨大变化，特别是工业革命之后，海上贸易呈现出全球化方向，一个世界贸易网络开始建立，国际市场雏形初具，白银扮演了世界货币的角色。一方面

背锅锅

以前，孩子们常玩“背锅锅”的游戏，两个小孩子背对背，你背我一下，我背你一下，十分好玩。乡村的体育设施差，但孩子们的乐趣显得更浓。

【儿歌】我背你，你背我，漱洋糖，吃长果，观龙灯，看焰火，戴花帽，挂金锁，背起罗锅去外国。

是海上贸易的繁荣。西班牙、英国、荷兰等国家带来大量银币向中国换取丝绸、瓷器、茶叶，从而导致16—18世纪之间（长达280年）白银大规模流入中国。据历史学家估算，从明朝到19世纪30年代，中国对西方国家贸易的白银入超达5亿两以上[27]，而根据学者巴雷特提供的数据，即从1493—1800年，全世界约85%的白银都产自美洲，那么世界白银产量的43%—57%可能都留在了中国。[28]另一方面，明中叶以后出现的商帮和江南市镇群落造就了国内商业的繁荣，其中运河漕运起着巨大的作用。商人阶层的社会地位得到实质性提高，商人被列入史籍，录入族谱、传记等人数远非前代可比。新的经济血液或多或少地冲击着传统中国的经济、政治与社会格局。甚至包括儒家意识形态在这一过程中也出现不同程度的变迁。邱濬、赵南星、黄宗羲等思想家已经形成“工商皆本”的思想。[29]

作为运河流域的鲁西地带，迎来了持续400多年的商业繁荣。明永乐年间会通河凿成，废弃海运，漕粮全部改由大运河北上京师，导致了山东经济区内部不同分区之命运的更替：以临清、兖州等城市为中心的鲁西经济区迅速崛起，而登州和莱州则迅速衰落了。[30]黄河改道夺大清河入海，大清河即古济水，为盐运往来通津，亦曰“盐河”[31]，既无水患，且饶水利。人们之所以称之为“盐河”，盖当时大清河入海口铁门关在利津城东北35公里处，曾是明清两代繁华的水旱码头和盐运要地。大清河水运联结山东沿海盐场和京杭大运河河道。《武定府志》载：蛎浦朝宗，济水达于千里；铁门锁浪，沧海长于百川。大清河内接大运河、会通河，连接内地各省；外连诸海，北达天津、营口，东至朝鲜，南通闽粤，加之丰富的海盐产量，如此战略要地、膏腴之乡，从来为兵家所重，历代统治者焉有不控之理。1855年的黄河改道改变了这一切。

黄河改道与运河的贯通无时不在影响着当地的实际地理与人文图景。明、清两代，曹县西北、西之桃源、魏湾，东南之青堌、大义、望鲁、刘口，东北之冉堌、普连都是货物集散地……回民自元、明年间迁入曹县后，在城关及沿河码头经营屠宰、饮食业等小本生意。当地人多经营酿酒、饮食、旅店、印染等行业。[32]在几百年前，明代的海禁政策与大运河的全面修通将离济宁并不遥远的曹州纳入黄运区。运河船只南北行走，曹州与其他鲁西地区都曾在“黄运”的繁华流动中，参与了国家的经世方略。曹县商业在明、清两代甚为繁荣。当时黄河过境，支流经县城，又有驿路（称作“官道”）南北穿过，商贾辐辏，百货汇集。清咸丰五年（1855）黄河北徙后，商业萧条……

摸“霸”

乡村孩子爱在树上捉迷藏，俗称“摸霸”。游戏时选出一个小朋友，蒙上眼睛，唤作“眼”，其他小朋友都在树枝上藏起来，尽量不让“眼”给抓住。“眼”为了寻找目标，可以大声喊：“张家庄，李家庄，谁不霸，长个疮。”其他小朋友便会忙不迭地高声应道：“霸！”。“眼”便可循声摸去，直到抓住一个小朋友，把当“眼”的任务卸给他，游戏又重新开始。在游戏当中，有的小朋友专门摇晃树枝吓唬当“眼”的小朋友，有的故意在“眼”的身旁晃来荡去，引诱“眼”东抓一把、西抓一把。

【儿歌】二狗蛋，去摸霸，树枝带刺把腿剐，奶奶嚷，爹娘骂，骂得狗蛋头耷拉，奶奶抓来一把灰，按吧按吧就好啦，喜得狗蛋龇牙啦，穿上一个花裤衩，上树任你摸去吧。

会通河开通以前，山东运河区域的社会经济发展水平与整个华北地区基本相当；进入明清，由于京杭运河的穿境以及漕运的兴盛，经济迅速崛起，使这一区域成为山东省乃至中国北方的经济文化发达地区。这种领先的地位大约持续了400年。

重农主义讲求重实际、求稳定的文化心态，信奉“一分耕耘，一分收获”，安土重迁，崇尚权威，保守因循，由此催生了以家族为本位的集体主义，例如崇祖祭祖、敬鬼神、重人事、社会自治与自卫、生产与生活的互助、经营宗族产业等。

明清运河带来的商业繁荣开始从根本上改变社会对商业的偏见和鄙视。商人开始成为士绅群体中的重要部分，他们展现出的勤俭致富、乐善好施、注重诚信（声誉）、重视文化及子女教育等都对社会风气产生了巨大的影响。

黄河和运河对中华文明的绵延产生了重大影响。黄河带来了甜美的乳汁，也带来了无尽的灾难，人们在几千年的时间里，承载着不变的苦难，种着同样的庄稼，过着相同的生活；运河带来了远方不同的货品，带来了不同的人、不同的语言、不同的观念，他们来了又离开，留下不同的痕迹。在黄河和运河的双重影响下，重农和重商的风气同样在这块土地上蔓延。相同与不同在这块土地上相遇，不变与嬗变在这块土地上交融，观念、风气彼此交融，重塑了这块土地上人们的生活方式。

三、“大王”信仰

“敬大王”是运河沿线地区特别是黄淮流域一带的古老风俗。著名民俗学家山曼研究认为，至迟从明、清两代起，黄河水神的形象在官方和民间有着很大的差别。在官方，以皇帝的一统天下比拟水域神灵的一统天下，便以无处不在的龙王为黄河神，立碑撰文，留下了不少记录，这就使一些只翻书本的人彻底相信了“江河湖海各处水神多为龙王所占据”的结论；在民间，人们根据历史传说，普遍崇信多由治水有功的官员和河兵转变为河神的大王与将军……在历史上，河伯作为黄河的水神，曾经兴旺了好长时间。河伯之后，陈平做黄河神的事情虽见于文字记载，终不明其具体情形，在民间又不曾留下什么传说，只能留待有心人做细心搜求之后再做研究。龙王是以无处不在的水神身份在黄河中出现的，但他到底不能算是黄河的专神。真正为黄河岸边人们所崇信的河神，明清以来主要是官封民信的大王、将军，

打“瞎驴”

早些年，农村孩子没有多少玩具，小朋友聚在一起常玩的一个游戏就是“打瞎驴”。一个小朋友被蒙上双眼，就成了“瞎驴”，他要东摸西摸地去抓其他小朋友，其他小朋友便乘机对“瞎驴”推推搡搡，嘻嘻哈哈瞎闹一气。说到“打瞎驴”这个游戏的名称，便知道这源于磨道里蒙上眼拉磨的毛驴，真是形象极了，而且乡土味十足。蒙眼的小朋友抓住其他人后，“瞎驴”的任务才能交出去。

【儿歌】小三妮，当“瞎驴”，转了一圈抓把泥；二小子，蒙上眼，东抓西挠乱了点；“瞎驴”打个滚，抱住了二小的腿；“瞎驴”撒个欢，搂住三妮不松开；瞎驴跌一跤，抱住大姐的粗牛腰。

还有下层百姓根据自己的想象创造的其他民间神。

大王，在民间又有“黄河大王”“河大王”“大王爷”等称呼，他们有的由治河的官员转化而来，有的从民间传说而来，有的像是当年官方出于政治需要编造的故事人物，后来流入民间进一步被神化。值得注意的是，这些神大多在明清之际兴起，而当时京杭大运河是南北漕运的通道，运河与黄河关系密切，所以黄河水神也常常就是运河的水神。[33]

清人周馥在所著《河防杂著》“水府诸神礼典记”中列80多位水神，其中既有黄河河神，也有运河水神。清人朱寿镛《敕封大王将军纪略》（1881）记载了与黄河和运河有关的6位大王、64位将军。其中“大王”主要有金龙四大王（南宋末年谢绪）、宋大王（明初工部尚书宋礼）、白大王（明初汶上老人白英）、黄大王（明末河南偃师人黄守才）、朱大王（清顺治年间东河河道总督朱之锡）、栗大王（清道光年间河南山东河道总督栗毓美），“将军”则主要有陈九龙将军、杨四将军、王将军、党将军等。朱寿镛所写的序言中有这样一段话：“河神古称冯夷，谓祖轩辕，家华阴。及汉武所祀，唐宗所封，囗乎远已。自宋以来，大王、将军代兴，赫声濯灵，震耀耳目，其姓氏事迹，荛夫老兵类能道之。”我们从这里可以看出，大王、将军本是“荛夫老兵”口传的水神，到清末才经河官们整理见载于书。除官方所记大王和将军外，民间祭祀的运河水神还有张大王、马大王、七老爷（护国随粮王）等。台儿庄、微山湖、骆马湖在内的泇河沿线地区主要祭祀的是金龙四大王。

金龙四大王即宋末忠臣谢绪，钱塘县北孝女里（今浙江杭州市余杭区良渚镇安溪村）人。因其排行第四，生前隐居于金龙山，故后世追谥他为“金龙四大王”。宋亡后，谢绪四方奔走，联络抗元，但因大势已去，再难挽回，于是整衣北拜，投苕溪自尽。史载谢绪忠愤不舒，壮志未酬，尸体竟逆流而上。元至正二十七年（1367），朱元璋与蛮子海牙战于吕梁洪，谢绪的英灵曾骑白马率潮水助阵，遂被封为水神。因其具有护漕、捍患的功能，多显灵于漕运和河工危难之时，故不断得到明清官方的加封。

据记载，台儿庄的船民祭祀金龙四大王，每月初一、十五便在从桅杆往前的船头部分摆供敬祭，以供心神相通。供品是整鸡、整猪（一般用一个猪头、四个猪蹄、一个猪尾巴代替）、一条大鲤鱼、水果和点心若干、白酒、黄表纸、香烛。在进行跪拜仪式时，要先将红公鸡在船头杀死，让鸡血沿船头一直流到河水中。流在船头的鸡血不许清洗，可以消灾辟邪；然后上香、磕头、烧黄表纸，用酒围着黄表纸划上一个圆圈，再把点心、水果掰下少许扔到

荡秋千

以前，乡村小学里体育器材不全，热爱教育的教师们便自己动手做成秋千架，让孩子们嬉戏。在一些地方，孩子们清明节时也自己在门梁上做秋千。欢闹的村童，和煦的春风，伴着吱吱作响的秋千架，一派温馨的田园风情。

【儿歌】春风里，打秋千，大妮子，红衣衫，二妮子，绿镶边，三妮子，黄色的褂子紫垫肩。一悠蝴蝶来做伴，二悠花眉绕头转，三悠彩云眼前飘，四悠秋千绳要断。

燃烧的黄表纸中，这叫作“破供”；然后祷告、许愿。这是台儿庄运河上船民祭祀金龙四大王的传统仪式。“船头浇酒祀神龙，手掷金钱撒水中”的诗句便是祭祀金龙四大王的写照。六月时发水也要请大王。请大王时很奇妙：大王就在下来洪水的水头上，四条腿，脚呈五爪，有尾巴，全身灰白，33厘米多长，头上有一个煞白的“王”字；请之前要准备好托盘，铺上黄表纸，等水头来到船头，大王就会自动爬到托盘上，一动不动；然后，用玻璃罩罩上，请进九龙庙，摆供、烧香、磕头，祈求大王保佑平安，过后，大王就会自动消失。[34]

“白大王”白英是明初著名的民间水利专家。永乐年间，他辅佐宋礼治理大运河。他根据会通河的地势水情，提出“白英之策”，以汶水作水源，筑堤引水，西注运河地势最高的南旺，然后向南北分流。其中六分北流到临清，接通卫河，中间设水闸17座；四分南流至济宁，下达淮泗，解决了会通河水源不足的难题。宋礼采纳了他的建议，历时9年，完成了开掘汶上南旺分水坝这一水利工程。此世人所谓“六分北流朝天子，四分南流运皇粮”，保证了明清500余年间南北航运畅通无阻，真可谓天地之奇观，古今之要会。工程告竣后，白英随宋礼进京复命，因劳累过度，行至德州桑园时不幸去世，时年56岁。白英死后，明清历代为他建庙立祠，广颂业绩。明正德七年（1512），追封其为“功漕神”，建祠于南旺。清雍正帝、光绪帝都曾追封过他。乾隆皇帝曾为其题词赞曰：“地脊原来南北分，老人能识果超群。”白英的“引汶济运”是重开会通河的关键工程，会通河的通航又使整条京杭大运河进入漕运的最盛时期。于今，会通河已被黄河泥沙淹没，汶上南旺水分处的重要闸坝、白英庙、明水楼、分水龙王庙等建筑也大都毁于“文革”时期，河神祭祀也已远离人们的生活，但白英的故事、有关白英的神话传说世世代代流传下来，成为当地风俗的重要组成部分。

斗拐

斗拐，乡村儿童常玩的一种游戏。斗时盘起一条腿，用另一条腿蹦，两个或三个孩子一起玩，多个孩子玩也可，相互冲撞，如果哪一个小朋友摔倒或盘着的腿着地，便是输。这种游戏冬天玩较好，穿着厚厚的棉衣，蹦蹦跳跳地热出一身大汗，原先冻得瑟瑟发抖的身子一会便热得要脱棉衣了。

【儿歌】斗拐斗拐，把腿闪崴，先生一打，痛得头甩；斗拐斗拐，蹲腚呆脸，蹲烂茶壶，压破饭碗；斗拐斗拐，又蹦又跺，忘了念书，不愿写楷。

第三节　中原与齐鲁：刚健与厚德

一、华夏与东夷

山东阳谷一带的民间流传着许多关于蚩尤冢来历的神话传说，其中一则传说云：有一年，黄河发洪水，众人都到堌堆（蚩尤冢）上躲避。这时又下起倾盆大雨，眼看黄河水就要淹没这块高地时，天空一道金光闪过，随着一声炸雷，空中传来一声断喝："大胆风雨小神，竟敢侵占我的圣地，淹我陵墓，还不快快退去。"只见风停雨住，洪水迅速退去。当晚，众人梦见喝退洪水的就是九黎之君蚩尤氏。众人感谢蚩尤救命恩德，故捐资盖起大庙，塑其金身，虔诚供奉，祈求风调雨顺。[35]

不仅在阳谷，在鲁西南的汶上、巨野、梁山一带也有很多关于蚩尤的传说。这一带都有"民常十月祀蚩尤"的风俗。

蚩尤是上古时期黄河下游的东夷部族的领袖。

从距今一万多年的中石器时代起，直接取之于自然的攫取性经济方式开始向生产性经济方式转化，黄河流域成为文化的发展中心。燧人氏、伏羲氏、神农氏创造发明了人工取火技术、原始畜牧业和原始农业，拉开了华夏文明发展的序幕。

沿黄河发源的巴颜喀拉山顺河蜿蜒而下万里，便是华夏文明版图上著名的海（黄海、渤海）岱（泰山）文化区。

海岱文化以山东为主要区域，自成系列，与北辛文化（距今约7500—6200年）、大汶口文化（距今约6200—4600年）、山东龙山文化（距今约4600—4000年）一脉相承。这一区域因黄河而兴，也因黄河而成为"孤岛"。中科院周昆叔研究认为，距今6000年乃至4000年，黄河古渡口孟津以东的华北平原是黄河横溢泛滥流淌的地带，到处是泽洼河道水泊地。鲁西南地域及山东半岛地域同今天的河南省地域被水泽阻隔，成为东部"孤岛"。所居东夷各部创造的史前山东文化也被称为"东夷文化"。据说，当时"夷有九种"，而以"风夷"为首。最早见于古书的是太皞（即伏羲氏），为"九夷"部落联盟首领，教人渔猎，始作八卦。接着发

掏鸟窝

鲁西南地区老式的屋顶多是用秫秸搭成，秫秸柞子便是天然的屋檐，这屋檐下便是麻雀做窝的理想之地。乡村的孩子们一见飞来飞去的老麻雀，掏鸟窝的手便开始发痒。他们爬上梯子，像轻巧的灵猫，在老鸟的责骂声中，把小手伸进了鸟巢，有时收获几个鸟蛋，有时收获几只雏鸟，有时空空如也。如果掏到一些鸟蛋，会对着阳光照一照，如果没有血丝，说明没有孵化，或许会烧着吃、煮着吃；如果是长翅的幼鸟，就会放在笼中养着；如果是没睁眼的“光腚仁”，则是养不活的，就原样放回巢中，并不伤害他们，因为老人们常讲：杀雏杀降会遭天谴，将来不会得好报应。

【儿歌】老喳子，喳喳叫，我搬梯子你知道；我掏你的小鸟窝，你叨我的眉眼角；我摸你的光腚仁，你叨我的光头皮；我把小鸟捧在手，你喳喳叫着不让走；我把小鸟带回家，你飞来飞去扑拉拉；我把小鸟放回窝，老喳子光挠我的胳肢窝。

展起来的是少皞氏，其部落联盟首领为蚩尤。黄河流窜阻隔了东夷（蚩尤）与华夏（炎黄）部族，治水把东、西部联为一体。进入山东的炎帝与蚩尤部族发生战争，战败的炎帝求助于黄帝，黄、炎两个部族结合起来，在涿鹿摆开战场，同蚩尤厮杀。这一场“涿鹿之战”使华夏和东夷真正实现了融合，确立了中华文明的根基。

东夷部族是我国上古时期的重要民族。考古学者称黄河下游山东一带为“海岱地区”。目前，“海岱地区的考古学文化序列比较清晰，从早到晚依次是后李文化、北辛文化、大汶口文化、山东龙山文化和岳石文化，应是不同时期的东夷文化”[36]。东夷文化起始于后李文化，经北辛文化时期的初步发展，在大汶口文化、龙山文化一直到岳石文化前期达到最为繁荣的阶段，至岳石文化后期由西向东逐渐为殷商文化所取代。这在鲁西南的堌堆考古中已经被证实。

在五帝至夏商周时期，东夷与中原华夏族时而冲突，时而联合，最终走向融合，是中华民族的两大源头之一。蚩尤作为传说中东夷部族的首领，学界对蚩尤的身份颇有争议，但是对他是中华民族三祖之一的新定位几乎达成了共识。蚩尤不仅仅是苗族的先祖，而且与汉民族的形成也有重要的渊源。早在1995年9月“全国首届涿鹿炎、黄、蚩三祖文化学术研讨会”上，许多学者都认为炎帝、黄帝、蚩尤是中华民族形成之初的三位始祖，他们代表的三个部落集团之间的战争促进了部落集团之间文化的融合，是民族融合的催化剂，具有推动中华民族形成的积极作用，蚩尤和炎帝、黄帝一样，在中华民族历史上占有重要地位。[37]

《尚书·吕刑》云：“若古有训，蚩尤惟始作乱……苗民弗用灵，制以刑。”这部极早的典籍实际上非常清楚地说明了蚩尤是苗民之君。而且，蚩尤在古书中的形象也不全是负面形象。黄帝得蚩尤而明乎天道，遂置以为六相之首。蚩尤还是一位善于铸造兵器、威震四方、为人民除暴安良的仁义首领。制服蚩尤，“（黄）帝因使之主兵，以制八方。蚩尤没后，天下复扰乱。黄帝遂画蚩尤形象，以威天下。天下咸谓蚩尤不死，八方万邦皆为弭服”。[38]

据诸多史书提供的信息，在“涿鹿之战”后，蚩尤领导的九黎部落被分解为三个部分，其中一部分民众被迫迁徙，离开了他们世代居住的黄河中下游平原，被迫往西南方向迁徙。《国语·楚语》注曰：“九黎，黎氏九人。”蚩尤是九黎部落的首领，已无争议。苗族、彝族、瑶族与九黎部落之间有深刻的渊源关系，因此在苗族、彝族、瑶族人民心目中，蚩尤就是他们的祖先（始祖）。一部分九黎民众留在山东、山西，另一部分被俘为奴。苗族古歌中的重要

扣鸟

冬天雪后，村童们爱将一个条筐扣在雪地里，用一短棍撑起来，短棍上拴一根细绳，远远地扯出去，筐下放一把粮食，专等鸟儿来吃。当鸟进入筐下时，孩子们将细绳一拉，鸟儿便扣在了筐内。从筐下捉来的小鸟任怎么精心喂养，绝对活不过10天。孩子们面对死去的鸟儿，心里也非常难过。

【儿歌】小麻雀，叫喳喳，一飞飞到姐姐家。大姐关，二姐栓，三姐杀来四姐煎，五姐六姐放油盐，七姐八姐围锅转，端到十妹脸跟前。姐妹十个一齐吃，恣尔咂得真香甜。

一部分就是关于“迁徙”的。在苗族地区，现在仍有大量崇拜蚩尤的风俗在族内传承，如黔东南苗族地区在丧礼中，要将死者的头巾、腰带、脚巾等焚烧，烧时巫师唱的《焚巾曲》歌词的主要内容之一就是“招魂”，反复吟唱祖先的老家原在黄水之滨，说明与黄河流域特别是山东一带有关，唱词中的“祖先的地方真好，土地平洋洋，平坦如天上，像那高高的蓝天，地方无限宽，一眼望不到边，两眼望不到边，再望宽无限”，显然是他们对平原历史记忆的再现。[39]

以历史的发展看待海岱文化的发展，其实，炎黄与蚩尤的涿鹿之战是中华文明初始期各地域、各支系文化的一次大冲撞、大融合，在古代没有信息传播媒介的情况下，迁徙和争战都是文化交融的手段。正是这场战争使得黄河流域中下游的两种文化合而为一，甚至使长江流域的良渚文化也融进中原文化中，使汇集多种文化精华而成的中原文化成为中华早期文明的中心。因此，考古界认为海岱文化区是中华民族最早、最重要的摇篮之一，东夷文化是中华文化的重要源头之一。这次文化大融合奠定了中华文明的走向。有了这次融合，才有其后商族在这片土地上的崛起。

商是起源于东方的民族。王国维认为商丘确为昭明相土之故地，始以地名为国号，继以为有天下之号，其后虽不常厥居，而王都所在，仍称“大邑商”。[40]王国维先生《说商》中认为商人是发祥于东方之民族。之后，徐中舒、郭沫若、丁山等先生从其说，认为商先祖曾居于山东一带，逐渐向西发展，最终灭夏，建立商王朝。无论从文献记载还是从图腾崇拜的角度研究，都无法否定商人起源于东方的说法。[41]在中原文化和齐鲁文化交汇之前，商部族已经把鲁西南地域和中原紧紧地联结在一起了。

二、中原与齐鲁

刘大哥讲话理太偏
谁说女子享清闲
男子打仗到边关
女子纺织在家园
白天去种地夜晚来纺棉
不分昼夜辛勤把活干

放鸟

春天到来，燕儿回家了。孩子们会乘老燕孵小燕时，捡出一支乳燕自己养起来。这自己养的小燕很听话，让飞便飞，让停便停，让钻笼便钻笼，可以形影不离地跟着小主人。孩子们爱这燕儿如同心肝，舍不得让燕儿受一点委屈。

【儿歌】小燕子，白肚皮，我喂小燕一口食；小燕给我飞个花，我给小燕把毛刷；小燕挠挠我手心，我给小燕哼个曲；小燕围我吱吱叫，我给小燕吹口哨；小燕小燕我的伴，我俩同吃一碗饭。

将士们才有这吃和穿
你要不相信那就往这身上看
咱们的鞋和袜还有衣和衫
千针万线都是她们连呐
有许多女英雄也把功劳建
为国杀敌是代代出英贤
这女子们哪一点儿不如儿男[42]

谈论中原文化及其精神的论著可谓汗牛充栋。从三皇神话到五帝传说，从尧舜禹之禅让到夏商周之世袭，从夏朝之国家肇始到北宋之文化巅峰，3000多年间，中原一直是中国的政治、经济和文化中心，先后有200多位帝王建都或迁都于此，几度形成政治文明的巅峰与辉煌。中国八大古都中，构成中原主体的河南就有开封、洛阳、安阳、郑州四个。中原地区的民俗集中体现在饮食、服饰、日常起居、生产活动、礼仪、信仰、节令、集会等各个方面，以强大的文化辐射和传播力对中国其他各地的风俗都产生了重要影响。西周时期在中原形成的婚仪“六礼”逐步演化为提亲、定礼、迎娶等固定婚俗，并延续至今。与生产生活密切相关的岁时风俗，如春节祭灶、守岁、吃饺子、拜年，正月十五闹元宵，三月祭祖扫墓，五月端午节插艾叶，七月七观星，八月中秋赏月，九月重阳登高等，大多起源于中原，并通行全国。探究一地之文化内核，或可从其文化形式之一中观之，于中原文化而言，豫剧无疑是最具代表性的戏剧形式。

说到豫剧，就不能不说豫剧大师常香玉。她9岁学戏，10岁登台，13岁主演六部西厢，名满开封，原唱豫西调，后在演出中逐渐融合豫东、祥福各调，并吸收曲剧、山西梆子、河北梆子、京剧等一些唱腔，别创新腔。

常派唱腔所体现的豫剧的特点，就是字正腔圆、运气酣畅、韵味醇厚，如果用一个词来形容，大概就是“刚健”，不仅唱腔刚健，几乎所有代表性的曲目的故事中都善于塑造人物之刚健性格。“红（《红娘》）、白（《白蛇传》）、花（《花木兰》）”是常香玉的代表作。其代表作还有闻名遐迩的杨家将系列《五世请缨》《破洪州》等。这些作品几乎都是以女性为主角的。她们用阴柔之美的外表塑造了极具感染力的阳刚之气。这种刚健中有忠有孝有义，有家国情怀，也有侠骨柔肠。豫剧之“刚健”是中原文化之“刚健”，体现了中华民族在不断与苦难做斗争过程中自强不息的精神。

套嘟嘹

鲁西南地区把蝉叫作“嘟嘹”，套嘟嘹是小孩子们的游戏，他们取一长竿，上拴一根马尾巴上的毛，系成一个活扣，人静静地站在树下，将套轻轻套在蝉上，蝉发觉异常，展翅欲逃，却正好将活扣紧紧地套在了自己身上。

【儿歌】小嘟嘹，吱吱叫，吵得俺奶奶睡不着觉，吵得俺爷爷心怪躁，烦得俺爷爷光吹烟袋哨。小嘟嘹，你别叫，小心俺的马尾套，套你的翅子套你的爪，看你还能叫不叫。

如果用“刚健”来形容中原文化，那么齐鲁文化的精神内核则是“厚德”，是仁与礼。

戏剧源于语言，豫剧源于中原官话。由于山东省东西十分狭长，所以东部沿海地区的方言与西部内陆地区有着极大的差异。山东方言被划分为三个不同的官话区：冀鲁官话、胶辽官话和中原官话。中国社会科学院语言研究所研究员贺巍在2005年第2期《方言》杂志中发表《中原官话分区（稿）》[43]，重新划分了中原官话分区：

中原官话在八个官话区的方言中分布范围最大。从行政区域说，从东到西纵跨河南、山东、安徽、江苏、河北、山西、陕西、甘肃、宁夏、新疆、青海11个省区，东西长3000多公里，南北宽600多公里，呈带状蜿蜒于我国的中部。如果以一县市作为一个调查点，分布在这个地区的中原官话共有387个县市。各省区所占的点数如下。

（1）河南　107　山东　31　河北　2　安徽　26　江苏　10

（2）陕西　72　山西　27　甘肃　49　新疆　44　青海　13　宁夏　6

从以上数字可以看出，中原官话主要集中在河南、山东、安徽、山西、陕西、甘肃等省，新疆、青海等地的中原官话和移民有关。其他各省是中原官话的边缘地带。

豫东与鲁西南相接，不仅同属于中原官话区，口音相近，而且风俗趋同。豫东文化区在经济方面，好稼穑，重储藏，辅以商业，崇尚自给自足；在政治文化方面，礼贤崇道，尊儒尚仁；在学术思想方面，道家、儒家、纵横家、兵家等兼包并容；在民风方面，祭祖祀神，忠孝信义。豫东地区的风俗与鲁西南地区接近。例如两个地区都有“六月初一过小年”的说法，人们把这天当作庆祝丰收、祀求丰年的节日。这时，刚刚收完麦子，人们一则庆祝丰收，一则祈求秋季风调雨顺、五谷丰登。摆上供桌，放上馒头、油条、水果等上等贡品，焚香燃炮，还要到关爷庙前祭财神爷。其实民间的庆祝是一种对生活节律的自我调适，既是庆祝，也是祈祷，更是农忙之后的休闲和改善生活，既是对时节的感应，也是对生命的自我观照。

三、齐与鲁

巨野县城西南的大李庄村北有一处2000多年的堌堆——齐鲁会盟台。据《春秋》记载，鲁庄公三十年（前664），齐鲁两国会盟于大野泽以西济水之南筑台。当时，齐、鲁两国都是东方大国。鲁国虽以头等王国就封，但由于东有齐国、西有郑宋等强国的包围，始终未能

拉拉秧

冬春季节，孩子爱玩一种叫“拉拉秧”的游戏，两个孩子脚对脚坐地，另一个孩子唱着歌谣从脚上跳过去，坐地的孩子把一只脚叠在另一只脚上，让那个孩子再跳，直到四只脚都叠在一起，不管那孩子跳过跳不过，都交换位置从头再跳。孩子们十分喜欢这个游戏，一跳就是半晌。

【儿歌】一步拉拉秧，二步喝面汤，三步调韭菜，四步高起来。

强大起来。大野之地地处鲁宋之郊，经常受到宋国的侵扰。为确保边界安全，鲁国就派使臣到齐国去游说，表示愿与齐国结盟。齐国感到如果鲁国被削弱或者灭亡，也会危及自身的安全，就表示愿与鲁国联合起来，结成友好邻邦，反对郑、宋两国的霸权。于是两国就商定在鲁国西境大野之地会盟。两国国君商定：为使两国世世代代友好相处，自定约之日起，将此台命名为齐鲁会盟台，由鲁国派兵驻守。盟台上建烽火台，在烽火台上堆置柴草畜粪，遇到紧急情况，及时点燃，白昼浓烟冲天，夜间火光映野。各地驿站看到警报，就能及时传报齐国，齐国闻讯，就要发兵相助。据《兖州府志·古迹志》载，此台为春秋齐鲁交兵会盟之地，在巨野西南五里，至今高台尚存。元以前，此台崇数仞，广可蔽二亩。元末明初，由于黄河决口，再加雨水冲刷，台面逐渐缩小，现仅存半亩多，高约3米许。1979年，巨野县政府加强对古遗址的保护，在此立石碑一通。齐鲁会盟台又称“西王台”，相传为“康王赵构阅兵处”。据《巨野县志》载，宋钦宗靖康二年，康王如济州，韩世忠领所部劝进。金人纵兵逼之，人心畏惧。世忠据西王台血战，金人少却。翌日，酋帅复率众数万人至。时世忠部下仅千余人，单骑突入，斩其酋长，金兵大溃。

一方水土养一方人。思想启蒙对地域人群性格的形成是决定性的，探讨齐与鲁，须追溯到文明之初。3000多年以前，中国历史上的两个著名人物为齐鲁大地注入了最初的精神因子。这两个人，是姜子牙和周公旦。

公元前11世纪，西周立国分封，姜尚功居首位，周公次之，故“封尚父于营丘，曰齐。封弟周公旦于曲阜，曰鲁”（《史记·周本纪》）。齐国封地，东至海滨，西到黄河，南至穆陵（今山东沂水县北），北至无棣（今山东无棣县北）。夫齐，东有琅邪、即墨之饶，南有泰山之固，西有黄河之限，北有渤海之利；地方千里，持戟百万。齐国重在自然形胜，有鱼盐之利；而鲁国，王以周公有勋劳于天下，故加鲁以四等之上兼二十四附庸，地方七百里（《帝王世纪·周》）。其范围大抵南至今江苏、山东交界处，西到今山东郓城、巨野、成武、单县，东至今沂水以东，北至泰山及汶水之北，以泰山山脉及汶水北岸与齐为界，当时是仅次于齐的“超级大国”。这里人文资源特别深厚，曲阜古称“少昊之墟”，据说上古时炎帝、黄帝和少昊都曾在这里定都，以“礼仪之邦”著称于世。齐、鲁接壤，“股肱周室，夹辅成王”《国语·晋语四》，一起成为拱卫周王室的坚固的东方屏障。

周公旦，姓姬，名旦，亦称叔旦，周文王的第四子，周武王的同母弟，是西周初期杰出的

捉小鸡

捉小鸡是最常见的儿童游戏，孩子们相互扯着衣服的后襟，连成长长的一串，这就是他们称的“鸡”，最前面的孩子当“老母鸡”，另有一个或几个孩子当“老鹰”，专去捉“小鸡”。老鹰一次一次向“小鸡”发起进攻，“老母鸡”拼命护着不让抓，但最后，“小鸡”一个个都被抓走，只剩“老母鸡”一个。玩的时候，老鹰一方的孩子们要喊：鸡鸡翎，扛大刀，恁的小鸡尽俺挑。“老母鸡”回道：挑谁呢？老鹰一方答：挑二妮。然后猛扑上来，便抓二妮，于是，双方你争我抢、你抓我躲，嬉闹成一团。

【儿歌】鸡鸡翎，扛大刀，恁的小鸡尽俺挑。挑谁呢？挑二妮。二妮不许挑，俺就挑二羔。二羔不许挑，俺就挑二包。左边挑，右边挑，捉不来二羔和二包，母鸡头子净耍孬。

政治家、军事家和思想家。相传他制礼作乐，建立典章制度。其言论见于《尚书》诸篇，被尊为儒学奠基人，是孔子最崇敬的古代圣人。孔子曾说："甚矣，吾衰也！久矣，吾不复梦见周公。"（《论语·述而》）周公旦曾对将要袭其爵而到鲁国封地居住的儿子伯禽说："我是文王之子、武王之弟、成王之叔父，论身份地位，在国中是很高的了。但是我时刻注意勤奋俭朴，谦诚待士，唯恐失去天下的贤人。你到鲁国去，千万不要骄狂无忌。"伯禽到鲁地后，推行重农抑商的周文化。在3000多年后的今天，周公旦对伯禽的教诲依然流淌在山东人的血脉里：淳朴，谦虚、谨慎，实干、任劳任怨，中庸、低调、讲礼数，甚或保守、循规蹈矩，等等。

而姜尚带给齐国的则是一个完全不同的精神世界。

姜尚即姜子牙，姜姓，吕氏，名尚，一名望，字子牙，尊称太公望，中国古代影响久远的杰出韬略家、军事家与政治家。姜尚作为西周的最高军事统帅、齐国的缔造者、齐文化的创始人，中国历代典籍都公认他的历史地位，甚至儒、道、法、兵、纵横诸家皆追他为本家人物，尊称他为"百家宗师"。这似乎可以解释为什么他留给齐国的精神基因是开明开放、兼容并蓄的。而且这似乎与他的经历也不无关系，据说他年轻的时候干过宰牛、卖肉的屠夫，也开过酒馆卖过酒。他从实践中获得了宝贵的经验，提出了理财治国、富民足民的发展经济的主张。

太公治国，确立了"因其俗，简其礼，通商工之业，便鱼盐之利"（《史记·齐太公世家》）的治国方针。《六韬·文韬·六守》载，太公曰："人君有六守三宝。""六守"，即"仁、义、忠、信、勇、谋"。"三宝"，即"大农、大工、大商"。太公又曰："农一其乡则谷足，工一其乡则器足，商一其乡则货足。三宝各安其处，民乃不虑。无乱其乡，无乱其族。臣无富于君，都无大于国。六守长则群昌；三宝完则国安。"姜太公深知农、工、商三业对国计民生的重要意义。国无农、无食不稳，国无工、无器不富，国无商、无货不活，故要农、工、商并重，协调发展，使人民有业可从、衣食饱暖、器具足用，使财货流通、财政充裕。姜太公还在"三宝并重""本末并利""上下俱足""广开财源"的基础上，提出了他的金融货币政策。其财政经济政策和金融管理制度不仅使周朝在经济管理、经济监督、赋税收纳、货物保藏等方面建立了完整严密的管理体系、管理制度，促进了经济发展、市场繁荣，而且为齐国的强大、为齐桓公实现"九合诸侯，一匡天下"（《史记·齐太公世家》）的霸业奠定了基础。正是在这个基础上，管仲在300年后，迎来了齐桓公的霸业和中国历史上第一个真正的商业高峰。齐

顶牛

两个小朋友头抵着头，互不相让，非得让一个小朋友认输不可，一场顶牛顶下来，头皮都抵红了。两个孩子商定，下午“再抵一次”。

【儿歌】小二小三去放羊，两个光头怪刺痒，脑袋瓜儿抵起来，咱与小羊比短长。小二退倒水沟里，小三败倒草堆旁，喝口水儿喘口气，摸着头皮晒太阳。

国的经济发展和强大积淀并非姜尚留下的最宝贵的遗产，他留给历史的最宝贵的财富是他的思想，是他开创的尊贤尚功、务实开放、兼容并蓄、义利并重的浩荡民风和人文思想。

自齐、鲁立国，齐、鲁文化就在姜尚和周公旦这两个杰出人物的思想启蒙下萌芽、生长，两种文化在各自独立的成长历程中，亦有碰撞、交锋与融合。数百年后，诸子并出，成为影响中国文化的最重大事件。孔子创立的“儒学”后来成为封建思想文化的主流思想。当时，齐国再次以其开放的胸怀，建稷下学宫，汇集天下诸子、“百家争鸣”于齐，促成了中国历史上第一次真正的思想大激荡、大融合。

稷下学宫中最有名的两个人是孔子之后两个最著名的儒学大师——孟子和荀子。尽管他们的先师孔子曾经在齐国过得并不愉快，但他们不同。孟子率数十辆车和数百名弟子及仆从周游列国，两度游齐。一次在齐威王时，留齐至少达三年之久；齐宣王时，再度游齐，为客卿，受上大夫之禄，留齐10余年。他的到来使鲁学与齐学开始了富有伟大意义的融汇，亦促进了儒学的发展。

孟子之后，15岁的荀况从赵国来齐游学，虽一度去燕、去楚，但后来均返回齐国，至齐襄王时三为祭酒，是学界的领袖。荀况继承了齐学的传统。荀子学说的特点是突出实用性和综合性，既立足于儒学，又吸收道、法、名、墨等理论，因此被人视为儒家的“异端”。他吸收了孔子、晏婴的礼治思想和孟子的民本思想，并突出发展了朴素的唯物主义思想，完成了齐学对儒学的融合，完成了对新社会秩序统治模式的设计，成为先秦文化的集大成者和“百家争鸣”的总结性人物。在儒学方面，荀子继承了“仁、义、礼、智、信”的核心思想，对孔子的思想多有发挥。对孟子的义利观、性善论，他持反对意见，并提出自己的“性恶论”，为其礼法理论提供依据。在社会政治理论方面，荀子提倡礼法并用，提出“新礼治学说”。这也是他作为儒家学者能独树一帜的一个重要原因。在统一天下的问题上，他主张“王道”，反对“霸道”。在哲学方面，他吸收了老子“道法自然”的思想，吸收了法家积极作为的态度以及墨家注重实践的认识方法，结合儒家天时、地利、人和的思想，形成了一套积极进取的外向的、注重经验和实践的唯物主义认识论。他是先秦杰出的唯物主义思想家。

用历史的眼光看，这次由上而下推动的思想融合在齐鲁文化吸纳其他文化的过程中起到了重要的作用。自此，新的儒学成为齐鲁文化的核心，为齐鲁人文性格的形成注入了新的精神基因。从孟、荀之学不难看出，儒学至此还是一个开放的系统，能够博采众长，因此获得了

放风筝

阳春三月，孩子们开始缠着大人们给扎风筝。大人寻来竹蔑、宣纸，找来颜料，扎成各种好看又飞得高的风筝，让孩子们去放。孩子们用麻线卷成一个线团，将风筝拴好并高高地放到天上去。孩子们的好心情也随着风筝飞进了飘着悠悠白云的蓝天里。

【儿歌】放个风筝蝴蝶，带俺上天拜佛；放个风筝蜈蚣，带俺上天扑棱；放个风筝八仙，带俺上天撒欢；放个风筝仙女，带俺上天亲嘴。

极大的发展，实现了儒学的齐鲁化。荀子还在其著作中第一次将“齐鲁”并称，说明当时齐鲁文化的交流和融合已经大大推进。到战国末年，随着民族融合和人文同化的基本完成，齐、鲁两国文化也逐渐融为一体，形成了一个统一的文化圈，由统一的文化圈形成了“齐鲁”的地域概念。由上可见，在齐鲁文化乃至中华文明进程中，以孔子为代表的儒家思想的影响最为深远。

第四节　孔孟与水浒：崇文与尚武

一、孔孟之道

如果说在地理、气候等自然环境因素的影响下，人们对生命的自我观照更多的是反映生存的忧虑和希冀，反映的是人与天的关系，是人的世界观，是人作为自然的一部分而产生的一种本能，是人相对于自然的一种定义和定位；那么在族群、文化、历史、教化等人文历史因素的影响下，人们对生命的自我观照则更多地体现出一种对精神世界的观照，是一种灵魂的追求和文化的认同感，反映的是人与人的关系，是人的价值观，是人作为社会的一部分而产生的一种本能，是人相对于社会的一种定义和定位。

鲁西南地区2000多年来深受孔孟文化的滋养、浸染。陈寅恪曾指出：“两千年来华夏民族所受儒家学说之影响最深最巨者，实在制度法律公私生活之方面。”不论制度法律，单就人生方面而言，“己欲立而立人，己欲达而达人”“己所不欲，勿施于人”“老吾老以及人之老，幼吾幼以及人之幼”等仁爱精神，“学而时习之，不亦乐乎”“学而不厌，诲人不倦”“发

拜罗圈

以前，孩子们喜欢玩“拜罗圈”的游戏。游戏者多为女孩，三人以上参与游戏。游戏时，游戏者手牵手围成一个圆圈，嘴里唱道：“拜，拜，拜罗圈，马家的闺女才十三；红大袄，绿镶边，遇着马圈往里钻。”当唱到“钻”字时，手不松开，领头的一人带动众人从与自己相邻近的一位游戏者的腋下空档处钻过。由于手松不开，众人都钻过后，便成了面朝外的圆圈。之后，仍唱“拜罗圈”，唱完后又钻回来。如此反复多次，直到尽兴。

【儿歌】拜、拜、拜罗圈，马家的闺女才十三；红大袄，绿镶边，遇着马圈往里钻。

愤忘食，乐以忘忧，不知老之将至”等好学精神，“四海之内皆兄弟”“和为贵”等等，这些处世原则，在提升精神、培育人格方面都起着巨大作用，至今仍是全人类宝贵的文化遗产。自汉代董仲舒提出“罢黜百家，独尊儒术”以后，历代统治者大多以儒家思想作为教化民众的主要手段，尤其是隋唐科举制兴起以后，儒家的“经”“典”成为士子进入仕途的必修课业。2000多年来，中国始终存在儒、道、释三种主要文化势力，但在政治伦理和民众教化层面上，儒家思想独占鳌头。而在鲁西南地区，孔孟之道更是广为流传。孔子创立儒学，倡导平民教育，变“学在官府”为“有教无类”，“以乡三物教万民而宾兴之：一曰六德，知、仁、圣、义、忠、和；二曰六行，孝、友、睦、姻、任、恤；三曰六艺，礼、乐、射、御、书、数”（《周礼·地官司徒》）。孔子以诗、书、礼、乐教，弟子三千，身通六艺者七十二人。包括孔门十哲（德行：颜回，闵损，冉耕，冉雍；言语：宰予，端木赐；政事：冉求，仲由；文学：言偃，卜商）在内的大部分人都出于孔孟之乡及周边地区。

冉雍（前522—？），字仲弓，今菏泽市牡丹区冉贤集人。他与冉耕（伯牛）、冉求（子有）皆在孔门十哲之列，世称“一门三贤”，被当地人称为“三冉”。孔子对其评价很高，曾称“雍也可使南面”，临终时孔子在弟子们面前夸奖冉雍说：“贤哉雍也，过人远也。”孔子死后，冉雍恐失圣道之传，他与闵子诸贤把孔子平时的言行记录收集起来，整理成《论语》一书，为传承发扬儒家思想做出了突出贡献。

在单县，宓子贱治理单父的传说至今是孔子时代留给这个地方的文化遗产。宓子贱来单父上任前，先去拜访孔子。孔子告诉他：“不要因为别人的意见与自己相反就拒绝，轻易拒绝就会出现蔽塞；也不要轻易许诺，轻易许诺容易丧失操守。”宓子贱治理单父，把教化民众放在首位。齐国进攻鲁国，从单父之境经过。单父的百姓向宓子贱请求说：“田野里麦子已经熟了，齐国的兵将要到了。种麦的人来不及收割，请把城里的人都放出去抢收小麦，谁收了是谁的。这样就可以给城里增加粮食，又不至于资敌。”百姓数次请求，宓子贱都没有采纳。后来齐国军队进攻鲁国把麦子都抢走了。鲁国的季孙听说此事后很生气，派人责备宓子贱说：“老百姓寒天种、热天耘的粮食却吃不到嘴里，多么可悲啊！你不知道就算了，很多人提醒你，你都不听，你不是为老百姓办事的。”宓子贱蹙着眉头说：“今年没有麦子，明年还可以种，假若让不种田的人轻易收取麦子，就会助长其不劳而获的思想，甚至盼望以后再有贼寇到来。单父一季的麦子，鲁国收获了也强不了多少，损失了也不至于削弱国力。若使民众产生了不劳而获的心态，这个创伤甚至数代都不能息止。”宓子贱治理单父，十分注重选用人才。他以对待父亲之礼对待老人，以对待自己子女的心肠对待百姓的孩子，抚恤孤寡……他向孔子汇报说：“我把他们当父亲看待的有三个人，当兄长看待的有五个人，当朋友看待的有十一个人。有五个比我贤能的人，我尊他们为师。”孔子高兴地说：“尧舜治理天下，努力寻求贤能辅佐……可惜你治理的是一个小城。”宓子贱在单父三年，选贤任能，德入民心，常常身不下堂，鸣琴唱和，史称“鸣琴而治”。

这样的文化影响渐成崇文重教的风俗，历千百年而不辍。鲁国成为当时的文化中心。其后的孟子是鲁国公族孟孙氏的后裔，与鲁国又有一种血缘关系。孟子葬母于鲁，曾在鲁守丧三年。他又是子思门人的弟子，系统接受儒学教育，始而设教，继而周游，终而归老。孔子去世后，“鲁世世相传以岁时奉祠孔子冢，而诸儒亦讲礼乡饮大射于孔子冢”（《史记·孔子世家》）。自董仲舒提出“独尊儒术”之后，孔孟之乡成为宗庙所在，历代皇帝宣示封圣，祭孔尊儒，更进一步强化了其教化之功。

明朝正德、嘉靖年间，汶上先后出了四位尚书，分别是正德年间的兵部尚书路迎、户部尚书王杲和嘉靖年间的吏部尚书吴越、公部尚书郭朝宾。当时大奸臣严嵩弄权，在朝中多次安插江西同乡私党，他籍官员为保乌纱帽，多阿谀奉承。唯公部尚书郭朝宾不肯买账。一日，严嵩得意地对郭朝宾说：“满朝文武半江西。”郭朝宾轻蔑一笑，立刻回答道：“小县不大四尚书！”严嵩无言以对。

汶上同样有“仁义胡同”的传说——同样的故事在各地转移到不同的人身上上演，这是民间文学的“本地化”生存模式。在汶上，这个故事就转移到当时的兵部尚书路迎身上。路迎在迁升兵部尚书后，族人认为光宗耀祖，应重修家宅。动工时，主事人依势向东边胡同扩出了一墙。事也凑巧，胡同东边正在筹备修葺关帝庙，也想向西扩出一墙。这样一来，本来很窄的胡同就无法通行了。附近居民见状，请求双方各让出一墙之地。路家人觉得有路尚书撑腰，自然不肯。修庙的主事也不示弱，说：“路家官大也大不过关二爷！”于是双方发生了争执。路家人连夜驰书进京，请求路迎向修庙的主事施加压力。路迎看完家书，淡然一笑，当即提笔回信，并嘱咐家人一定要按信行事。家人收到回信如获至宝，急忙打开读：“千里家书为一墙，让上一墙又何妨？万里长城今还在，不见当年秦始皇。”这个故事同时反映出另一个地域特点——运河促进了商业的兴盛，使得主要由晋商倡导的“关老爷”崇拜大行其道。

二、礼仪之邦

孔孟之道就这样随着两千多年的漫长历史而融入当地百姓的一言一行之中，影响了他们的生活习惯和社会风俗。其中三点影响显著。

一曰礼仪，主要是孔孟文化对乡风民俗中伦理观念的影响。“道之以德，齐之以礼。”（《论语·为政》）礼在儒家思想中占据着重要地位，既是仁的外在表现，又是伦理规范的行为准则。春秋时期，鲁秉周礼，有“周礼尽在鲁”之说。“礼”渗透到百姓生活之中就是礼貌、礼节、礼仪。礼貌是态度和外表，是彬彬有礼、毕恭毕敬，是待人以诚、待人以礼；礼节是行为和规范，是握手、鞠躬，是长幼有序、尊老爱幼；礼仪是仪式，是从寒暄问候到敬天祭祖、从节日礼拜到婚丧嫁娶的一切程式。孔孟之乡有“礼多人不怪”的说法，哪怕是繁文缛节，也不能失礼。

二曰孝悌，主要是孔孟文化对乡风民俗中宗族观念的影响。儒家思想中的“仁”与“义”在百姓生活中对应着“孝”和“悌”，也就是孝敬父母、友爱兄弟。百善孝为先，“孝”是儒家伦理思想的核心，是千百年来中国社会维系家庭关系的道德准则。山东人具有一套非常特殊的家庭价值体系，在鲁西南地区尤为突出，其核心是“孝”。人们家庭观念强烈，讲究“父母在，不远游”，这便是一种“孝”的观念。“悌”延展到家族关系，成为宗族观念的核心。

三曰崇文，主要是孔孟文化对乡风民俗中价值观念的影响。“万般皆下品，唯有读书高”，这种观念源于儒家的深刻影响。所谓四民，士农工商，读书出仕是最高的追求。孔子首开私学之风，推崇“有教无类”。及至“孟母三迁”，亦可见当时重教传统已形成。这成就了曾经“至今齐鲁遗风在，十万人家尽读书”的盛景。历史上曲阜曾经有八大书院，吸引八方学子前来朝学。

山东被称为“礼仪之邦”，礼仪、孝悌于鲁西南尤为重要。譬如除夕，曲阜百姓最重要的事是敬天祭祖。除夕晚上须在正堂设祭，桌上摆祖先牌位，一般供上三代的祖先。也有地方悬挂“老的轴”，也就是书有列祖列宗姓名、辈分的谱系图轴，悬挂于长子家。及子时，饺子出锅，先用来祭拜，先敬天地、诸神仙，再拜祖先。之后，开始在正堂祖先之前给家中尊长磕头。让家中辈分最高的男女老人坐在八仙桌两侧的椅子上受礼。由长子领头，重新给祖宗磕四个头，起来作揖时要说：“给俺爹磕头！”再跪下磕一个头，再站起来作揖，说道：“给俺娘磕头！”这样，老大磕完头，老二、老三、老四等再依次拜祖先、给爹娘磕头。还要给兄嫂磕头。儿子辈磕完，孙子辈接着磕；男人磕完，女家庭成员们接着各按辈分顺序给尊长磕。磕头时都要先向祖宗牌位磕四个头，起来作揖时，嘴里要说出为哪位尊长磕头，之后再跪下，一个一个地磕，最小的孩子磕头最多……为长辈磕完头，长辈要给未成年的孩子们赏磕头钱，叫“代岁钱”或“压岁钱”。祭拜完天地祖先和吃完年夜饭之后，人们开始互相拜年。先从本家族亲缘关系最近、最尊者开始，逐户到他们家中磕头，然后到近邻、街坊、乡里家中磕头拜年，如此。我们从这些民俗中可见“邹鲁之风”之一斑。“邹鲁之风”即讲究仁义，大行礼仪，重视教育。在孟子晚年时，“邹鲁之风”已成，“其在《诗》《书》《礼》《乐》者，邹鲁之士缙绅先生，多能明之”（《庄子·天下》）。后世“邹鲁之风”成为评价一地乡教是否正统的标准。

“麒麟传说”[44]可视为是孔子文化影响的民间传播方式。“麒麟传说”主要流传在嘉祥县、巨野县及其周边地区，2000多年流传不辍，由传说衍化成为一种吉祥文化。麒麟是古代传说中的祥瑞神兽，是国泰民安、吉祥和谐的象征。古书说它音中钟吕，行中规矩，游必择地，祥而后处。不履生虫，不践生草，不群居，不侣行，不罹罗网。“麒麟传说”将麒麟与孔子紧密地联系在一起。传说孔子的母亲颜氏怀胎十月，路经尼山的时候，忽然感觉腹痛似要分娩。这时，天空一阵轰鸣，一个独角麒麟驮着一个白胖小儿，乘五彩祥云从天而降。此时，瑞气纷呈，满天红光，独角麒麟撞进颜氏的怀中，孔子随之诞生。其实，“麒麟传说”始于春秋“西狩获麟”的故事。《春秋》载哀公十四年春，“西狩获麟”的事情。《左传》《公羊传》《穀梁传》《史记》等书均有相关记载。《左传》载：“十四年，春，西狩于大野，叔孙氏之车子钼商获麟，以为不祥，以赐虞人。仲尼观之，曰：‘麟也。’然后取之。”传说孔子见麟死，涕泪俱下，咏了一首《获麟歌》：“唐虞世兮麟凤游，今非其时来何求，麟兮麟兮我心忧。”叹“吾道穷矣”，自此绝笔，《春秋》至“获麟”而止。不久，孔子离世。除故事传说之外，巨野、嘉祥等地还有诸多遗存。贾昌亭在《“西狩获麟”应在巨野》[45]一文中说，元明清时期的《曹州府志》《曹南文献录》《巨野县志》以及相关古碑刻皆记载了“西狩获麟”的故事，其内容与诸古籍相同；且在巨野县行政区划、建置中，于获麟之处先后设有“获麟乡”“获麟堡”“获麟集”，并建有“麒麟寺”“麟游桥”。“麟渡古流”为巨野“八景”之一。

三、水浒遗风

又是一年春意浓。

这几日，梁山上也没甚事。李逵闲得难受。宋江就给他放了三天假。李逵把山上的酒都喝光了，还没喝够。饮兴难酬，醉魂依旧。他便下山去，到杏花庄开酒店的老王林处讨酒喝。就听他唱：

可正是清明时候，却言风雨替花愁。和风渐起，暮雨初收。俺则见杨柳半藏沽酒市，桃花深映钓鱼舟。更和这碧粼粼春水波纹绉，有往来社燕，远近沙鸥。

自言道：

人道我梁山泊无有景致，俺打那厮的嘴。

到了杏花庄，听老王林说他的女儿满堂春竟被宋江、鲁智深抢走，并有红绢腰巾为证。李逵闻知，勃然大怒，回山砍倒杏黄旗、大闹忠义堂，指斥宋江、鲁智深玷辱梁山名誉。后三人同去酒店对质，方知是歹徒宋刚、鲁智恩冒充宋江、鲁智深作恶。李逵深悔莽撞，负荆请罪，并协同鲁智深擒获歹徒，将功补过。

这故事中的李逵并不是我们所熟知的那个李逵，那个李逵头脑简单、性格暴躁，何尝有这等敏感心思和铁汉柔情！这里的李逵出自康进之的《李逵负荆》，是元代前期杂剧中的名作。李逵是元代“水浒戏”中最重要的角色之一，半数以上的“水浒戏”是以他为主人公的。“《水浒传》不是青天白日里从半空中掉下来的，《水浒传》乃是从南宋初年（十二世纪初年）到明朝中叶（十五世纪末年）这四百年的‘梁山泊故事’的结晶。”（胡适《〈水浒传〉考证》）胡适所说的“梁山泊故事”就是“水浒戏”。水浒故事在民间尤其是在故事发生地——鲁西南的梁山、郓城一带，在民间艺人的说唱中传唱了几百年才成《水浒传》。这种民间的传唱于鲁西南一带至今尤盛。

世代相传，耳濡目染，鲁西南民间颇具水浒遗风。

鲁西南方言中有很多歇后语都来自水浒故事，这些歇后语会在他们的日常拉呱中自然流出，成为方言的一个特点。例如：“梁山泊的朋友——不打不成交”“林冲上梁山——逼出来的”“林冲买宝刀——哪知是计”“武松打兔子——英雄无用武之地”“武松卖刺猬——

人强货扎手”“武大郎贩甲鱼——什么人卖什么货”“武大郎放风筝——出手不高”，等等。《水浒传》有“林教头风雪山神庙”一节，那林冲把花枪挑了酒葫芦，出得草料场的草厅，信步投东，雪地里踏着碎琼乱玉，迤逦背着北风而行。“那雪正下得紧。”——一个“紧”字，金圣叹评价“境界全出”，鲁迅认为“富有神韵”。殊不知这“紧”字正是鲁西南方言中的字词。方言中说“滴点儿”是说开始下雨了，“住点儿”是说雨停了，“雾细”是说毛毛雨，“下紧了”就是说雨雪下得很大。水浒文化的影响当然不只体现在方言俚语中，更多的是对地域文化的影响。其重要影响有二：一为忠义，一为尚武。

忠义讲的是忠心和义气，主要是水浒文化对乡风民俗中社会观念的影响。其根源可以追溯到孔孟文化之“义”，主要讲兄弟之情，但水浒文化将这种兄弟之情延展到非血缘关系之中，这便在家庭、宗族之外，确立了另一种社会组织形式——帮会，诚如梁山泊聚义。水浒故事中最常见的人与人的关系是“结义”，就是结拜、拜把子、拜仁兄弟。结拜之风一度盛行于鲁西南之地，民间的结拜方式有换帖、饮血酒、八拜之交等，很复杂。这种忠义最终延展到整个社会中，体现出来的是诚信重义，是轻利好客、讲义气、好结交朋友，所谓“四海之内皆兄弟也”。这种民风既有古齐国“开放”“任侠”遗风的影响，也有运河带来的文化交融的影响，更有梁山好汉“耿直豪爽，行侠仗义”的影响。

尚武主要是水浒文化对乡风民俗中生命观念的影响。水浒故事以鲁西南的梁山和郓城两县为中心展开。梁山是水泊梁山所在，是水浒故事的发生地，俗话说“水浒一百单八将，七十二位在郓城”，宋江、晁盖等均是郓城人，郓城因此被称为“中国好汉之乡”。两地乃至整个鲁西南自古都以尚武、豪爽侠义出名。梁山西临黄河，东连京杭大运河，北濒东平湖，南近菏泽，是著名的武术之乡，习武之风盛行，素有“喝了梁山水，就会伸伸胳膊踢踢腿”之说。

南宋末年，观城（时属濮州，今山东鄄城县旧城）人李志常从师于道教全真道北七真之一的丘处机，并将随其师赴西域谒见成吉思汗的路途见闻撰成《长春真人西游记》。李志常使道教系统的武术流派在菏泽得以流传。明嘉靖年间，佛教信徒梁山法兴寺主持西竺禅师在梁山郓城一带广授少林拳法，曾亲率僧兵3000余众开赴胶东支援戚继光的抗倭斗争。

民间会党活动也是武术传授的渠道之一。如起源于宋代的白莲教，清朝时期的义和拳、大刀会等。他们大都以设拳场、练习拳术为活动方式。现在鲁西南地区流传最广的梅花拳

（亦称“花拳”）实际上是义和拳的一个支派，至今仍在流传。

武举应试获功名也是促进武术传授普及的重要因素。曹州一带打拳习武的人多，获得功名的人也多于其他州府。据清乾隆《曹州府志》记载，仅清雍正至乾隆前期，境内取得武进士功名的就有13人，武举人数更多。清光绪年间，曹县张白庄人张均平倡办武学，其子2人进京科选时，同时金榜题名，分别晋升“蓝宝石顶”武义都尉（正三品官）和“珊瑚顶”武功将军（从二品），皇帝钦封“御前双佳卫府”，名噪一方，成为乡人效仿的楷模。由此可见旧时曹州一带武学之兴盛。

民间至今多有各种自发的武术比赛。特别是农闲时节，武术爱好者携带长短器械，汇聚一起，切磋技艺。当地有句俗话“拳打卧牛之地”，意即能卧一头牛的平地就可开展武术活动，故而对练武场地的要求并不严格，天暖时在场院田间，天冷时于闲屋地窖，随时可见习武者矫健的身姿。春节时，人们会把新春联和门神张贴在门上。曲阜一带，过年贴门神。门神分武门神和文门神两种。武门神是贴在外大门上的，中国传统的门是两扇，武门神也是两位，叫“神荼”“郁垒”，传说是古代降妖伏魔的煞神，后来又演绎为唐朝的秦琼和尉迟敬德两位武将的形象。文门神贴在堂屋和厢房的门上，一般是“招财进宝”“五子登科”之类的彩画。

注　释

①当时黄河从今河南滑县向北，经过河北巨鹿后转向东北，至天津出海；这次改道从滑县附近向东，至河南濮阳西转而北上，经山东夏津后转向东北，经沧州以北出海。

②鄫国（缯国），为源自夏代少康次子曲烈的封国，因始封地名为“鄫”而得国名；历夏、商、周，存世时间约2000年，于鲁襄公六年（前567）灭于莒。鄫国从建至灭，曾多次迁国。始封地名为今河南省方城县北，终地位于今山东省临沂市兰陵县向城镇境内。

③郦道元注，杨守敬等疏：《水经注疏》，江苏古籍出版社，1989。

④司马迁：《史记》，中华书局，1982，第1377页。

⑤［美］克利福德·吉尔兹：《地方性知识：阐释人类学论文集》，王海龙、张家瑄译，中央编译出版社，2000。

⑥余孝忠、孙志平、邓卫华、林嵬：《世纪“大改道”——为了186万黄河滩区居民的美好生活》，新华社2017年12月10日。

⑦许慎：《说文解字》，上海古籍出版社，1983。

⑧许慎：《说文解字》，上海古籍出版社，1983。

⑨青邱堌堆遗址的面积大致是4万平方米，是菏泽堌堆遗址中较大的遗址，2013年被列为山东省第四批省级文物保护单位，它与冤句故城、龙王庙、八亩台、曹堌堆、窦堌堆等遗址连成一片。真正的发掘从2018年3月份开

始。虽然堌堆历史悠久、数量多，但事实上，菏泽因地处黄泛区，淤积厚，埋藏深，考古发掘难度系数很大。菏泽堌堆遗址的试掘工作始于1954年，其后最重要的考古发掘是1984年北京大学邹衡带队进行的安邱堌堆遗址发掘。此后的数十年间，只有配合基建的零星抢救性发掘。直到2014年，山东省考古研究院在定陶十里铺北发掘，才重新启动菏泽区域堌堆遗址的主动考古工作。

⑩公元前651年，齐桓公会盟诸侯于葵丘。关于葵丘的确切地址，考古界有鄄城葵堌堆、牡丹区清邱堌堆、东明五霸冈，以及河南兰考、民权几种说法。此取鄄城葵堌堆之说。

⑪明太祖朱元璋死后，建文帝继位，为了巩固中央集权，采取了“削藩”措施，燕王朱棣以入京诛奸为名，从北京进取南京，过河北、河南、山东、皖北、淮北等地，与政府军反复拉锯作战，进行了四年的战争，这就是中原地区盛传的“燕王扫北”，史称“靖难之役”。根据《明史》记载，燕军在战争中，抢掠屠杀甚为严重，如燕军掠真定，顺德、广平、大名。在真定“斩首三万级”，白沟河仗，燕王乘纵火奋击，斩首数万，溺死者10余万人。当时北方地区的老百姓也自行组织武装，拒抗燕王军队。朱棣胜利后，对忠于建文帝的军队和百姓杀无遗漏，据河北、山东等地一些族谱的记载，燕兵所至，村城成墟。山东临清市寨村光绪四十年所写《李氏族谱》载，盖燕王靖难兵起，在建文时南北构兵，南兵大军追袭，则南兵自南而北，北兵胜大军犯阙则自北而南，想尔时，或杀，或刮，或逃，东西六七百里，南北近千里，几为丘墟焉。因此，“靖难之役”加剧了中原地区的荒凉之势，成为永乐移民的又一原因。

⑫林金树：《台湾学者徐泓论明初的人口迁徙》，《中国史研究动态》1987年第6期。

⑬李冉：《命脉》，新华出版社，2014。

⑭武同举编：《再续行水金鉴》卷九十二。

⑮武同举编：《再续行水金鉴》卷九十二。

⑯民国《周悫慎公文集》。

⑰山东黄河河务局编：《山东黄河大事记（1946—2005）》，黄河水利出版社，2006，第361—371页。

⑱李文海等：《中国近代十大灾荒》，上海人民出版社，1994，第44页。

⑲民国《再续行水金鉴》卷115，第3009页。

⑳魏源：《魏源集》（上），中华书局，1976，第371页。

㉑马克思、恩格斯：《马克思恩格斯选集》（第2卷），人民出版社，1995，第33页。

㉒马克思、恩格斯：《马克思恩格斯全集》（第28卷），人民出版社，1998，第260—263页。

㉓马克思、恩格斯：《马克思恩格斯全集》（第12卷），人民出版社，1998，第140页。

㉔马克思、恩格斯：《马克思恩格斯全集》（第46卷），人民出版社，1998，第473—474页。

㉕参见Timothy Brook, *The Confusions of Pleasure: Commerce and Culture in Ming China*(Berkeley, LosAngeles and London: University of California Press, 1998), pp.129-132.

㉖廖有恒修，杨通睿纂：康熙《济宁州志》卷首“旧序”，康熙十二年（1673）刻本。

㉗庄国土：《16—18世纪白银流入中国数量估算》，《中国钱币》1995年第3期，第8页。

㉘Barrett, Ward."*World Bullion Flows, 1450~1800*", in *Rise of the Merchant Empires:Long-Distance Trade in the Early Morden World, 1350~1750*, edited by James D.Tracy(Cambrige:

Cambidge University Press, 1990), pp.224-254.

㉙吴晗、费孝通等:《皇权与绅权》,天津人民出版社,1988,第24页。

㉚许檀:《明清时期山东商品经济的发展》,中国社会科学出版社,1998,第26页。

㉛乾隆《济阳县志》卷四《河道》。

㉜山东省曹县地方志编纂委员会编:《曹县志》,中华书局,2000,第265页。

㉝山曼:《流动的传统:一条大河的文化印迹》,浙江人民出版社,1999,第205页。

㉞高建军:《山东运河民俗》,济南出版社,2006。

㉟许广录:《蚩尤喝退风雨二神》,《聊城晚报》2008年11月21日。

㊱魏继印:《从夏、夷、商三族关系看夏文化》,《中原文化研究》2017年第3期。

㊲潘定智:《从苗族民间传承文化看蚩尤与苗族文化精神》,《贵州民族学院学报(哲学社会科学版)》1996年第4期。

㊳《艺文类聚》卷十一引《龙鱼河图》。

㊴王宪昭:《蚩尤神话的传承与价值取向》《社会科学家》2015年第1期。

㊵王国维:《观堂集林·说商》,中华书局,1984,第516—517页。

㊶李玉洁:《从〈清华简·尹至〉质疑"商族源于西方说"》,《中原文化研究》2017年第1期。

㊷豫剧《花木兰》唱段。

㊸贺巍:《中原官话分区》(稿),《方言》2005年第2期。

㊹入选第二批国家级非物质文化遗产名录。

㊺贾昌亭:《"西狩获麟"应在巨野》,《齐鲁晚报》2008年7月24日。

护河堤

黄河到下游已是悬河，高出地面十几米，每当汛期便让人惊恐不安。因此，每到汛期，修筑防汛护堤便成了黄河两岸百姓的头等大事。黄河两岸的群众动员起来，准备好车辆、抬筐、秫秸、柳枝、铁丝、绳子、石头、水泥，严阵以待。滩区的驻民人心惶惶，忙着把老人孩子、牲口粮食转移到大堤以外。此时的黄河堤上，人头攒动，红旗招展，一番大战来临的势头。防汛外，还要出河工。旧时，尚无大型工程机械，挖河工地便自然成了河工的海洋，大家车拉肩挑，口号此起彼伏，工地上红旗飘扬，窝棚连成一片。鲁西南地区的水利工程很多，如黄河复堤、运河疏浚、淮河深挖，再加上地方的黄水灌区、提水工程、洼地排涝，动不动就动员几十万或上百万民工齐上阵。其中的挖河活儿最难干，泥泞一片，河堤又高又陡，一挑泥死沉死沉，一车土四五个人拉不动，但大家依旧干劲冲天。

【民谣】甩开胳膊挺直腰，脚步站稳好登高，哼呦；你也拉，我也抬，抬了河土垫河，哼呦；河修得高又宽，挡住河水归流湾，哼呦；头号抬筐可劲装，抬上大堤放当央，排着筐头不要慌，哼呦。

【又一首】社社红旗展，村村连成片，早起三点半，一天三送饭；推着星星走，赶着日头转；活着干，死了算，脚磨破，手磨烂，坚决完成大会战。

第三章　农事之本

第一节　黄河：稼穑中国

一、大河文明

黄河是我国第二大河，《山海经》《禹贡》《水经注》等书皆称其为“河”。因其中游流经广大的黄土高原地区，这里的无定河、沁河、渭河等支流挟带大量泥沙汇入，使河水呈黄色，故名“黄河”。它流经青海、四川、甘肃、宁夏、内蒙古、陕西、山西、河南、山东9个省区，注入渤海。其主要支流有湟水、洮河、清水河、无定河、延河、北洛河、泾河、渭河、汾河、沁河、伊河、洛河、大汶河等34条。流域面积约为752000平方千米，周围居住1亿多人口。

黄河流域能够成为华夏文明的发源地，同黄河流域古代适于人类生活和生产的优越地理环境紧密相关。据考古学研究，远在3000多年前的殷商时代，黄河中下游地区是很温暖的。当时的安阳人种水稻，是从阳历三月开始，比现在大约早一个月。一块武丁时代的甲骨文上记载着人们曾猎获一头大象的事情。因此科学家们推断，3000年前的黄河流域同今日的长江流域一样温暖湿润。上古时期，生产工具极为简陋，人们同自然作斗争的能力很低，对自然界的依赖程度更强，因此环境条件十分重要。

据古地理学研究发现，这一地区属中纬度暖温带季风气候环境，第四纪以来没有受到大陆冰川的直接侵袭。中亚的干燥气候对本地影响也不深，因此保留了第三纪植物区系的许多植物，形成本区植物种属繁多的特点。这对古人类的生活也是极为有利的。

特别是黄河中下游地区为广阔的黄土地带。这种土壤质地均一，结构疏松多孔，既利于简陋农具的耕耘，又利于作物根系的深入。土层毛细管发达，孔隙率达50%以上，持水性好，抗旱抗涝能力强。尤其是土壤中含有丰富的钙、磷、钾等矿物质，其中碳酸钙含量达8%—19%，含其他矿物成分不下50种。这些对农业的发展极为有利。

渡黄河

黄河流经平原，浊黄的水仍然汹涌澎湃，尤其是汛期时，黄河浪怒吼着翻卷直下，具有摄人心魄的力量。河内的木渡船大而坚固，渡车也渡骡马牲畜。当年刘伯承、邓小平率10万大军挺进大别山区，就是在梁山一带乘木船渡过的黄河。现在的京九铁路大桥就建在当年刘邓渡河处。沧海桑田，世事变迁，令人感慨。

【民谣】黄河水，万里长，吼吼叫着下东洋。黄脸一呆风沙扬，脾气一发淹汴梁，身子一滚灌淮扬，黄河让人愁断肠。

黄河中下游地区的农作物种类繁多。如小麦、玉米、棉花、豌豆、蚕豆、胡萝卜、洋梨、核桃、杏、葡萄、亚麻、甜菜、茄子等早已在这里栽种，而花生、番茄、苹果、甘薯、烟草等则是明代以后才输入我国的，水稻是从我国南方逐步向北移栽的。①

黄河下游河段流经鲁西南地区，因泥沙沉积而成为悬河，在带来便利的水利条件的同时，也因多次决堤、改道、凌汛而对当地的生产生活造成重大影响。

为了发展生产、消除水患，从远古时代起，人们就开始利用黄河，并不断对黄河进行治理。周定王五年（前602），黄河发生第一次决口，以后水患灾害相继发生，决口改道频率加快。据黄河水利委员会对有关历史资料的统计，1949年以前，黄河决口泛滥达1593次，平均每1.16年就有一次②，也就是一般所说的“三年两决”。根据水利水电科学研究院记录在案的黄河决口、改道情况统计，在公元前602—1938年的2541年中，黄河共决口、改道1024次，大规模的改道有26次，其中重大的改道、迁徙有7次。上述千余次决口、泛滥在不同时段的发生频率方面具有明显的规律性。③

正是黄河造就了华北平原。华北平原在黄河下游，西起太行山和豫西山地，东起渤海、黄海和山东丘陵，北起燕山，西南至桐柏山和大别山，东南至苏皖北部，与长江下游平原相连。面积约30万平方千米，是我国第二大平原。主要由黄河、淮河、海河、滦河冲积而成。地势低平，大部分海拔在50米以下。黄河下游天然堤横贯平原中部，分平原为南、北两部：以南称“黄淮平原”，以北称“海河平原”。鲁西南平原正是两大平原交界地。自周定王五年（前602）以来，黄河下游大改道26次。根据历史文献记载，其中流路涉及菏泽的有12次。北宋咸平三年（1000）至金明昌五年（1196），黄河决口6次，在菏泽一带南北摆动近200年之久，致使境内河湖不断淤积。1855年黄河改道遗留下的旧河床形成了经东明、曹县、单县3县，全长140公里、总面积达24万公顷的黄河故道。光绪元年（1875），山东巡抚丁宝桢创修南岸障东堤，才使黄河受两岸堤防束范并形成现河道。黄河菏泽段属于宽河道，历史上形成了大面积的滩地，众多的居民世世代代生活在黄河滩上。

先秦时期，随着铁器的普遍使用、牛耕的推广，耕地面积迅速扩大，加之境内众多水系湖泽的灌溉之利，经济快速发展。尤其是东周平王以后，“周室衰微，诸侯强并弱，齐楚秦晋始大，政由方伯”（《史记·周本纪》），菏泽正式成为天下诸侯商业贸易的中心。司马迁至陶地考察后认为陶地为“天下之中，诸侯四通，货物所交易也”（《史记·货殖列传》）。

砸坷垃

黄河沿岸的平原由黄河淤泥冲积而成，黏性很大，种麦时翻起的垡子地土坷垃又硬又大，不用木榔头砸碎，根本没法下种。因此，每张犁、耙的后面，都会有老人、妇女、儿童举着榔头跟着砸坷垃，这成了鲁西南一带独具特色的农业生产景观。

【儿歌】收完豆，搂完叶，犁起地来晒半月，地里成了坷垃窝。东洼里，坷垃多，枣木榔头砸成末；西洼里，坷垃硬，枣木榔头砸不动；北洼里，坷垃大，榆木榔头砸十下；南洼里，坷垃软，榔头一砸成个扁。东西南北都砸遍，磨得俺茧子连成片。成了片，俺不怨，为的是明年吃白面。

陶地属于济水流域，菏水的开凿使得南北不同水道系统连接起来，战国时代鸿沟的开凿使得陶地的水路交通更加便利。发达的陆路和水路交通使陶地成为四方贸易的枢纽。当时，陶地陆路东通鲁都曲阜、齐都临淄，西通卫郑及中原各国，南通楚国，北通燕赵。在今天的定陶一带，仍有关于陶朱公范蠡的传说。在传说中，范蠡事越王勾践二十余年，成就越王霸业后急流勇退，与西施隐姓埋名、泛舟五湖。范蠡第三次迁徙来到定陶，操计然之术以治产，十九年间，三致千金，被称为“陶朱公”。范蠡在商业活动中洞察物价的变化，探求市场规律，总结自己的实践经验，提出了平粜、平籴、积著之理的经商原则，对后世产生了很大影响，被尊为商业鼻祖，被民间尊为财神。

西汉著名农学家氾胜之系氾水（今山东曹县）人。汉成帝时任议郎、劝农使者，曾在三辅（关中平原）教民种田，后迁御史。他总结黄河流域的农业生产经验，创造了精耕细作的区田法，另外还创造了溲种法、穗选法、嫁接法等。其所著《氾胜之书》共2卷18篇，是中国历史上第一部农业科学著作。这与当时鲁西南一带农业发达不无关系。

战国末期到西汉初年，菏泽历经战乱。西汉初年，设置薄县、冤句、蒙县、成阳、句阳、鄄城、定陶、单父、成武、都关等24县，人口达百余万，是人口最多、最稠密的地区之一。这充分说明当时政府对菏泽的重视和菏泽自身的重要性，也证明了菏泽社会经济的发展水平。

隋唐时期，特别是唐朝，鲁西南是山东重要的粮食生产供应基地。郓州在山东十四州中据第四位，拥有雄厚的经济实力，为山东三大纺织业中心之一，是鲁西南商业集散地。这种发展一直持续到宋元时期，统治者注重治理黄河水患和兴修水利，使大量荒地得到开垦。鲁西南因此成为重要的粮食、酒类、中药和丝绸产地，定陶等地也因此成为当时北方的重要商业中心。

元、明、清时期，由于黄河泛滥频繁，鲁西南一带的农业经济遭到巨大破坏，但运河的漕运又为其带来400多年的繁荣。1855年黄河改道，灾害最甚者其实是农业。黄河洪水及其携带的泥沙破坏了山东平原地区的自然面貌，毁坏了植被，使水系紊乱、河湖淤积，削弱了泄洪能力，在平地上留下了大片沙地、沙丘和岗地、洼地，恶化了当地的气候环境。“民变”与“闯关东”成为当时百姓活下去的两个出路。1855年，黄河改道夺大清河自利津入海，自此形成了以垦利区渔洼为顶点、面积2000多平方公里的现代黄河三角洲。新淤地草深林密、土地肥沃，自民国初年便有因洪水酿灾而失地的流民前来开荒种地，进而成为民国政府新的移民

犁地

鲁西南一带耕作历史悠久，当地的主要粮食作物是小麦和玉米，主要经济作物是棉花、花生等。当地百姓一般称农业生产为“种庄稼”。种庄稼的第一道活便是犁地。地犁得好，庄稼才能种得好，粮食才能收得多。20世纪六七十年代，双轮双铧犁取代了老式的木犁，成为主要的犁具，它犁的地平整、均匀，也较深。掌犁的把式对技术要求很高，责任也很重大，拐弯抹角的时候也需要很大的体力。春耕之外，更多的是秋后犁地，以便种植小麦。

【民谣】春到数九九，耕牛遍地走；牛鞭叭叭响，新犁缠新柳；精耕深且匀，土松如面篓；五谷种下地，秋来酿好酒。

点，曾专门设立“滨（州）蒲（台）利（津）沾（化）广（饶）淤荒设治筹备处”，将灾区人民迁到黄河口开垦荒地，让灾民自谋生路。1935年，黄河在山东省鄄城董庄决口，淹及山东菏泽、郓城等15县，灾民达250万人。鲁西南地区向黄河口大量移民，大都分布于利津、沾化和垦利一带，至今还保留有鲜明的鲁西南特色。

1949年以来，黄河下游1800公里长的大堤每年都维护培修，保证了黄河若干年的安全行洪。修防汛护堤是黄河两岸百姓的头等大事，尤其是在20世纪下半叶，更成为一种独特的时代记忆。

几千年来，黄河为人们带来了千里沃野和便利的水利，影响着他们的庄稼、他们的农具和牲畜，使他们形成了种种生活风俗；但水患又成为一代代人挥之不去的噩梦，与干旱相比，黄河水患具有毁灭性，具备一种强大的不可抗力。因此，鲁西南一带的民俗与古老的黄河紧密相连，独具特色。黄河在一定程度上主导了当地的农业生产方式和风俗。人们既要与自然共存，又要与自然抗争，正是这种不可预知的来自自然的不安全感，决定了人们骨子里对生存的忧虑和对生命自身的终极关怀。

二、农事与农具

长沮和桀溺两人正一起耕作，孔子经过，让子路去问渡口所在。长沮问子路说：“那个驾车的是谁？”子路说：“是孔丘。”长沮说：“是鲁国的孔丘吗？”子路说：“是的。”长沮说：“他该知道渡口在哪儿。”子路只好又去问桀溺。桀溺说：“你是谁？”子路说：“是仲由。”桀溺说：“你是孔丘的学生？”子路回答说：“是的。”桀溺说：“社会纷乱如洪水弥漫，天下皆如此，谁能改变得了呢？你与其跟着孔丘那种逃避坏人的人，还不如跟着我们这些躲避乱世的人呢？”一边说一边不停地往种子上盖土（“耰而不辍”），很忙的样子。子路回来把这些告诉孔子。孔子怅然若失，叹息道：“我们既然无法隐居跟鸟兽同群，不与世人共处而又与谁共处呢？若天下有道的话，我就可以不参与对社会的变革了。”

我们通过《论语》里的这个故事知道那个时代有一种叫“耰”的农具。“耰”是一种用来碎土的工具，是一种木榔头，头和柄都是木质的，在先秦文献中也叫作“椎”。它的出现和开始使用自然是在春秋末年以前，并且可能是以前很久。这样猜测的理由是黄河流域的气候

耙地

播种前需要耙地，耙地一般都用三头牛，把式都是技术精良的好手。耙地须四遍，第一遍直行，第二遍斜行，第三遍横行，第四遍又直行，然后再围地边绕行一周，谓之收边。四遍耙完，地便被整得土细松软、条纹优美好看。一场透雨之后，便可适时播种了。

【儿歌】槐木耙，砸耙钉，爷爷耙地在家东；大黄牛，鼻子宽，一天耙地十亩三；牛绠套，粗又长，慢走慢行不用忙；皮鞭子，响声脆，拉耙一天可真累。

干旱，耕开的土容易结成坚块，必须破碎了才好种植。这是人们在生产中适应自然的智慧发明。在鲁西南一带，这种工具、这个耕种的工序到今天还一直保存着，俗称“砸坷垃”。

《诗经》里还提到“铚”[④]，这是镰的较早的名称。《说文解字》：“铚，获禾短镰也。”金属镰的更广泛使用应该是在普遍用铁以后。农具尤其是铁制农具的应用，是乡土中国的文明基础。铁制农具在战国时期开始大量出现并逐渐普及，进而最终将石制农具和青铜农具从生产领域中排斥出去，使生产工具发生了第一次革命性变革，成为中国两千多年农业文明的重要标志。

《管子·轻重乙篇》云：“一农之事，必有一耜、一铫、一镰、一鎒、一椎、一铚。”《管子·海王篇》说：“耕者必有一耒、一耜、一铫。”这些都反映了农具的应用情况。鲁西南一带耕作历史悠久，主要粮食作物是小麦和玉米，主要经济作物是棉花、花生等。当地百姓一般称农业生产为“种庄稼”。种庄稼主要是小麦种植，涉及这样三个主要步骤。

犁地。种庄稼的第一道活便是犁地，地犁得好，庄稼便能种得好，粮食才能收得多。犁是一种耕地的农具，由位于一根横梁端部的厚重的刃构成，通常将刃系在一组牵引它的牲畜或机动车上，也有用人力来驱动的，用来破碎土块并耕出槽沟从而为播种做好准备。犁是以翻土为主要功能并有松土、碎土作用的土壤耕作机械，主要有铧式犁、圆盘犁、旋转犁等类型。中国的犁是由耒耜发展演变而成的。最初可能仍名“耒耜”。用牛牵拉耒耜以后，才渐渐使犁与耒耜分开，有了“犁”的专名。商朝之前即已出现犁，甲骨文已有明文记载。早期的犁，形制简陋。西周晚期至春秋时期出现铁犁，开始用牛拉犁耕田。西汉出现了直辕犁，只有犁头和扶手。而缺少耕牛的地区则普遍使用“踏犁”。魏晋南北朝时期，农业生产已经全面进入牛拉犁耕的阶段，以“耕—耙—耱”为体系的精耕细作技术越来越成熟，直辕犁结构已经相当完善，应用更加广泛。至隋唐时代，犁的构造有较大的改进，出现了曲辕犁。除犁头扶手外，还多了犁壁、犁箭、犁评等。据陆龟蒙《耒耜经》记载，当时的犁由11个用木和金属制作的零件组成，可以控制调节犁耕的深度，长约7.6米，十分庞大，必须双牛才能牵挽。其后，中国的犁都是在曲辕犁的基础上进行技术改造，直到20世纪中期在全国各地的农业生产中还广泛应用。20世纪六七十年代，双轮双铧犁取代了老式的木犁，成为主要的犁具，它犁的地平整、均匀，也较深。掌犁的把式要有很高的技术，责任也很重大，拐弯抹角的地方需要很大的体力。春耕之外，更多的是秋后犁地，以便种植小麦。

耩地

鲁西南地区多种植小麦，耩地是小麦播种的重要工序。耩地的耧有三腿、两腿之分，又有豁耧、轧耧之别，豁耧耩旱地，轧耧专耩低洼地。耩地把式的技术很关键，撒种量的多少、耩的深浅直接影响苗的密度和出苗率，关系到来年的收成。因此，年轻人都不大敢当扶耧手，年龄稍大、技术精良的好把式才敢担当此任。牵牲口的称“帮牲口”，也称“帮耧”，牲口走得快与慢、趟子走得是否直全在帮耧人的掌握之中。如技术不佳，帮耧的东游西走，麦垄儿弯弯曲曲，会让人们笑话的。

【儿歌】摇耧哗啦啦，三天耩一洼，摇耧叮叮当，两天耩一方：摇耧慢慢走，种子撒一斗，摇耧慌张张，明年喝白汤；帮耧一条线，明年吃白面，帮耧净起弯，吃饼少个边；帮耧走得快，种子省一半；帮耧光撒欢，麦穗都长弯。

耙地。耙有多种，一种是用来把谷堆、柴草堆扒开，以使谷子和柴草附着在晒谷场地面的农具，读pá，较小，一般称为“耙子”，由一人独立操作；还有一种是用来平整表层土壤的农具，读bà，较大，由牲口或机动车牵引，耕作深度一般不超过15厘米。耙（bà）是名词，同时也用作动词，即耙地，通常在犁耕后、播种前或早春保墒时进行，用来弄碎土块、平整土地、疏松土壤，以保蓄水分、提高土温。耙在中国已有1500年以上的历史。北魏贾思勰在《齐民要术》中称之为“铁齿楱”。元代王祯《农书》记载有方耙、人字耙等。还有一种一人独立操作的铁耙（pá），其实是耙（bà）的缩小版，其作用也是整理表层土壤。使用时，农民手握木把的一端，把耙举过头先往后再往前甩，铁齿由于甩劲插入泥土，然后向后拉耙，把土翻松。虽然随着现代化工具的发明运用，许多传统农具都已经逐步退出历史舞台，但铁耙作为农家必备农具之一，仍用于牲口或机动车牵引耙地的补充。

在鲁西南一带，播种前需要先耙地。耙地一般都用三头牛，把式都是技术精良的好手。耙地须四遍，第一遍直行，第二遍斜行，第三遍横行，第四遍又直行，然后再围地边绕行一周，谓之收边。四遍耙完，地便被整得土细松软、条纹优美好看，一场透雨之后，便可适时播种了。

耩地。用耧播种俗称“耩地”。鲁西南地区多种植小麦，耩地是播种小麦的重要工序。我国出土的小型铁耧铧的年代大约为公元前2世纪。耧车是现代播种机的始祖，但因播种幅宽不一、行数不同，汉武帝的时候，一个叫赵过的政府官员在一脚耧和二脚耧的基础上，创造发明了能同时播种三行的三脚耧。一人在前面牵牛拉着耧车，一人在后面手扶耧车播种，一天就能播种一顷地，大大提高了播种效率。“三犁共一牛，一人将之，下种、挽耧，皆取备焉，日种一顷。”（崔寔《政论》）公元前85年，这种耧犁得以在京城地区推广。这种耧犁不仅能够一次完成开沟、下种、覆土等作业，大大提高了播种效率，同时还能保证行距一致、深度一致、疏密一致，便于出苗后的通风透光和田间管理，提高了播种的质量。

这种耧犁就是现在北方农村还在使用的三脚耧车。耧车有独脚（鲁西南一带谓“脚”为“腿”）、二脚、三脚甚至四脚数种，以二脚、三脚较为普遍。据王祯《农书·耒耜门》的记载，两脚耧的具体结构为：“两柄上弯，高可三尺，两足中虚，阔合一垄，横桄四匝，中置耧斗，其所盛种粒各下通足窍。仍旁挟两辕，可容一牛，用一人牵，傍一人执耧，且行且摇，种乃自下。”耩地的耧不仅有三腿、两腿之分，又有豁耧、轧耧之别，豁耧耩旱地，轧耧专耩低洼

砘地

小麦下种以后，必须接着用砘子轧实了，不然播在地下的种子会因土壤接合不紧密而发芽少，这直接关系到来年的收成，所以砘地也是十分关键的工序。砘子用石头錾成，用硬木做架。砘子分三轮和二轮，为的是配合耧腿之数。砘地的活多由女人或老人干。砘地时节正是清爽的秋季，眼前飞舞着尚未南归的燕子，听着吱吱作响的砘子声，想着已获得的丰收年成，农人们心中感觉十分充实、十分满足。

【民谣】大黄牛，拉砘子，吱吱扭扭叫阵子，叫一阵，停一停，让俺紧紧牛缰绳。牛缰绳，抓在手，拉着砘子胡乱走，轧得麦垄弯弯扭，长得麦子稀拉柳，来年麦子收半斗。

地。这种使用耧犁进行“条播”的生产方式是中国农业在近两千年的时间里一直遥遥领先于世界其他地方的重要原因。西方直到16世纪才出现条播机，在使用条播机之前，种子是用手点播的，这使得他们常常要把当年收成的一半留到翌年播种，用手点播不仅不利于生长，而且无法有效地除草。

第二节　民间信仰中的农耕风俗

一、拜麦芒奶奶

“三亩地，一头牛，老婆孩子热炕头。”这是一句广泛流传于中国北方的民谣，是农耕风俗中基本生活观念的体现。耕地是农耕社会的标志，是人赖以生存的重要因素和条件。三亩地可基本满足一个小家庭的吃穿用度。牛作为家畜使用，突破了人力的局限，推动了农业技术的巨大进步，一头牛是生产力的基本保障。老婆、孩子既代表着家，更是人类得以世代繁衍的先决条件。热炕头代表着较好的生存条件，不仅有饭吃，而且有房住、有衣穿、有被盖、有柴烧，代表衣食无忧，体现了家之温暖。家构成了中国社会的基本单位。这句民谣体现了农耕社会男耕女织、自给自足等特点。这种保守的意识中藏着乡土中国的基本逻辑。

天气对农业生产影响很大，因此很多的民间信仰都是祈求风调雨顺的。拜麦芒奶奶就是一种典型的在农业生产中祈求丰收的民间信仰。鲁南、鲁西南有四月初一拜麦芒奶奶的风俗。民俗学者张勃博士曾记录过2005年微山县赵庙乡王庄村“拜麦芒奶奶”的经历。

摇水

20世纪六七十年代，铁水车已比较流行，其中有一种较轻便的手摇水车。这种手摇水车一天可浇地二至三亩，小型菜园多设有这种水车。这种水车有长长的铁链条，上面装着一个个胶皮圆片，手一摇，“哗啦啦”地响，水便顺着水车筒子汩汩地流了上来，好听也好看。

【儿歌】铁水车，哗啦啦，一天浇地二亩八，劳力摇它转风轮，闺女摇它像纺花，老奶奶摇它吱吱哇，小妮妮摇它没水花，气得小妮跺脚丫。

拜麦芒奶奶通常是在四月初一吃过早饭以后进行。在十字路口几乎正中间的地方，摆一张长方形的桌子，东西长，南北短。桌子正中是一个篮子，里面有新烙的油饼。紧靠篮子是一个盛着蒜泥的小盘子。篮子左右分别放一只茶杯，杯里装满糖水，即“糖茶”。紧靠着桌子，前面（北面）的地上摆放三个盆子，盆子里是草木灰。距离稍远些，桌子的西北角、西南角、东南角各放一个小香炉，里面同样是草木灰。仪式开始前聚集20多口人，60岁以上的老太太占了绝大多数，剩下的除两三个年轻的妇女外，就是八九岁以下的孩子。除有三四个男孩外，其余全是女性。男人没有给麦芒奶奶磕头烧香的习惯。

仪式开始了。几个老太太就忙着在三个盆子和两个香炉里燃上香，每个盆子用六把，香炉里只燃一把。香点好后，接着就开始烧金元宝。开始烧金元宝时，就有老太太在桌子后面对着三个盆子的方向磕头。她们边磕边祷告。虽然每个人的祷词不同，但基本上都少不了“麦芒奶奶、老天爷爷、三官老爷，保佑今年有个好收成”之类的话……虽然四月初一是麦芒奶奶的生日，但并不是只供她自己，与她一起受享的还有老天爷爷、地母奶奶、火神老爷和三官老爷四位。在分别对着各位神灵磕了头之后，八个老太太又一字排开，对着麦芒奶奶、老天爷爷和地母奶奶跪下来，一起磕三个头，神情庄严而肃穆。接下来的事情就是分油饼了，把油饼切成许多小扇形，放在篮子里。围观的孩子们就一哄而上……拿到油饼的孩子跑到小桌前，蘸着蒜泥津津有味地吃了起来。老太太们一样在吃，而且边吃边说：“吃油饼，蘸大蒜，一亩地里打一石。”白面烙的油饼蘸蒜泥对于现在的王庄人来说当然不是什么稀罕之物，但过去，尤其在农历四月青黄不接的时候，这则是乡民们能拿得出的最好的供品了。人们拿最好的食物祭神，自己也能从中得到些实惠。⑤

民俗学者张勃在调查中发现，山东金乡县也有四月初一拜麦芒奶奶的风俗，也是在十字路口烧香磕头，参与者也多是老太太。与王庄村不同的是，金乡县的老太太手里还要拿把扇子，三叩首后，边摇扇子边祷告：“麦芒奶奶住河南，头顶八宝身穿兰。麦芒奶奶显显灵，保住麦子好收成。一扇开春下大雨，二扇扇去雹和冰，三扇麦穗长得大，四扇扇得蚂蚱不闹哄，五扇大囤满来小囤流，家家户户吃喝不发愁。求麦芒奶奶多保佑，保佑今年大丰收。”

山东定陶区也有拜麦芒奶奶的风俗，但地点不在十字路口，麦芒奶奶也不像在王庄村或者金乡那样看不见踪影，而是一个看得见、摸得着的实物——豆天蛾。豆天蛾是豆虫的成虫，常在麦子抽穗时出现并产卵，颜色不一，有土黄的，有土黄带红花纹的，还有浅绿的。前

刮水

每逢旱季，庄稼人便把所有能提水的工具都拿了出来，力争让庄稼喝足水，以便未来多打几斗粮食。刮水是比较原始的提水方式，两个人刮一天，才能浇二亩地。但二人齐心合力、一上一下的劳动场面还是很有意思的。那时，人们多么盼望有抽水机用呀。后来，抽水机倒是有了，可人们还是希望能有更省事、更有效率的灌溉方式。

【儿歌】四月里，旱天长，地里麦苗发了黄；他大爷，他大娘，捆个水筲绳子长，顶着日头刮水忙；一刮刮了三天半，一浇浇了三亩半；拉断了绳子三根半，刮坏了水筲三个半；刮得老天开了脸，一场雨下了三天半。

两种数量很多，浅绿色的十分罕见。人们将浅绿色的豆天蛾称作“麦芒奶奶”。见到它后，老太太就会把它“请”到神龛里，供人们烧香磕头祭拜。

农历四月初一左右正是麦子抽穗、灌浆的关键时期，这个时候供奉麦芒奶奶，祈愿她保佑麦子丰收是再自然不过的事情了。张勃认为四月初一拜麦芒奶奶可能与我国古代君王在季春之月“为麦祈实”的礼制有关。据《礼记》记载，为麦祈实的仪式早在先秦时代即已存在。季春之月，天子始乘舟，荐鲔于寝庙，乃为麦祈实。这是说每年的季春时节，君王要以鲔为供品，在寝庙中祈求麦子丰收。从时间上看，正与四月初一相对应。

吃饭是最基本的生存保障。而在鲁西南一带，因为常有黄河泛滥甚或兵荒马乱等事件发生，人对背井离乡和饥饿的感知刻骨铭心。有《逃荒谣》这样唱：

月儿圆，明晃晃，
河西穷人来逃荒。
娃他爹，推着车，
娃他娘，担着筐。
进一村，要碗饭，
过一店，讨碗汤。
求婶婶，拜大娘，
给个菜团喂儿郎。
十根肠子空九根，
半阴半阳过时光。[⑥]

或唱：

小绿盆，叮当当，
穷苦人家来逃荒。
前边担着小挑子，
后边跟着妮她娘。
妮她娘，你别哭，
前边有个小车屋。
支上锅，烧碗粥，
喝到肚里热乎乎。
歪倒地上做个梦，

锄地去

庄稼苗长起来后，需要锄地。乡村人都有一副好身板，锄地时节，几个老哥们相邀扛起锄头，一起去锄地。锄地对庄稼来说非常重要，一为锄草，二为松土，一般都要锄三遍。锄地时，乡村人的充实感应得益于他们与自然的贴近与未来的收成吧。

【儿歌】老哥们儿，下大洼，一个粪叉俩甜瓜，捎上画眉叽叽喳；说“三国”，道“哪吒”，关东烟叶火镰擦；转转悠悠到晌午，窝头一顿吃了仨。

梦见一锅热红薯。
大妮抓，二妮抢，
锅里红薯变干粮。[7]

这显然是麦芒奶奶出现的最根本的心理动因。其实在南方很多地方也有祭稻神的传统。广西隆安县的稻神祭于每年农历五月十三举行。稻神祭由师公班的师公们在娅王庙举办，整个活动分为求雨、祭农具、招稻魂、驱田鬼、请稻神、稻神巡游六个内容。稻神巡游赐福于民是稻神祭一个重要的环节，也是民众最为期盼的祈福仪式。为求得稻神的赐福，在巡游当中，各家各户都在自家门前焚香点炮，恭迎稻神到来，场面热烈非凡。祭稻神活动距今已有几千年历史，是先民们在长期的农耕生产中创造出来的稻作文化的展现。其意愿和拜麦芒奶奶一样，都是祈祷丰收。菏泽辛集镇文方寺村有一首《麦芒奶奶下天堂》的民谣：

说麦芒，道麦芒，
麦芒奶奶下天堂。
身穿扣花衫，
头顶五凤冠。
站在天门看人间，
问问人间吃啥饭。
糠难吃，菜难咽，
我到天堂求老天。
求老天，收麦子，
收了麦子磨白面。
小人吃，穷人看，
不少小孩玩白面。[8]

不难看出，拜麦芒奶奶明显具有民间性和自发性，与上层精英文化格格不入，自发产生，自然传承，却又能追溯到我们无法考证的上古时代，成为一种民众集体创造、集体传承并不断积累的文化现象。这样的信仰既世俗又功利。世俗性是说与宗教相比，它没有严整、系统的仪式，显得随意、不庄严但充满亲和力。中国社会历来是一个世俗化的社会，世俗权力一方面体现为政治权力（庙堂），一方面体现为宗族权力（民间），特定的宗教意识（民间

晌饭

鲁西南地区的人们在麦收、秋收时节，因没有时间回家吃饭，晌饭便在地里吃。女人或孩子把稀粥、窝头、咸菜等送到地上。劳力们吃过饭后在地头上一躺，睡上一觉，下午又是一晌的重活计。

【儿歌】东洼里，谷子黄，二叔割谷可真忙；西洼里，棒子熟，大伯掰棒晒日头；南洼里，高粱红，二婶子去砍苦盈盈；北洼里，西瓜大，俺去看瓜不害怕。

信仰）被拘囿于这种世俗的权力框架中，具有纯粹功利性目的，似乎只要能满足人们现实中的愿望，就能成为人们崇拜的对象，但这种信仰又不会对现实世界产生实质性的干扰。所以说，中国的民间信仰是神秘的，是普遍的，即使显现出强大的影响力，也往往是世俗权力对它的利用所致。它与典型的宗教社会——譬如基督教社会——大异其趣，与真正的宗教信仰——譬如佛教——也大为不同。正是这种世俗性和功利性决定了民间信仰的“非神本”理念，“神”会渗透至生活和生命的方方面面，但其最终体现的是“人本”，是人对生命的自我审视和关怀。

二、世俗化的神

麦芒奶奶的信仰和泰山奶奶的信仰一脉相承，泰山奶奶信仰的由来首先和生殖崇拜有关（求子与送子），而小麦的丰收也是生生不息的体现。在这里，麦芒奶奶呈现出一种“专业神”的特点，这是民间信仰多元化的体现。她主管某一方面事务，犹如行业神。在中国人的信仰谱系中，我们会发现许多奇奇怪怪的神。民众有一种“神越多越好”的心理，认为如此得到的保佑就多一重。这种民间信仰呈现出神灵形象多样、崇拜对象多神格、信仰形式多样和结构成分多样的特点。《周官》就已经把神灵分为四类：天神、地祇、人鬼、物魅。天神包括日月、星辰、风雨等。地祇包括山岳、河海等。人鬼之最要者是自己的祖宗，其余一切有功德的人都可包含在内。物魅则是各类自然神。周代就有“天子祭天地，诸侯祭社稷及其境内之名山大川，大夫祭五祀，士庶祭其先”的成熟信仰风俗。所谓“五祀”，即祭户神、灶神、土神（中溜）、门神、行神⑨。那时候，各路神仙就已经深入家家户户的每个角落。这种不同于宗教神系的民间信仰神系恰恰反映了中国人对天的朴素情感。

但随着生产的发展，我们在民间歌谣中，又看到不一样的情景。

老天是个大坏蛋，
半年没雨地上旱。
俺家买了抽水机，
抽来河水浇麦田。
小麦今年大丰收，
蒸出馒头不敬天。⑩

割麦子

经过人们一冬一春的精心伺候，小麦终于成熟了。芒种时节，人们开镰收麦，麦收也是抢收，所以麦收时节是最累人的时节，因为说不定哪一天大风大雨扑下来，半年的辛苦就白费了。

【儿歌】咣咣剁雏，麦子要熟，镰刀磨快，布袋备足；咣咣剁雏，麦子已熟，割麦要快，吃饭地头；咣咣剁雏，麦子收足，蒸锅白馍，解解馋头。

歌谣采自1988年，抽水机的出现反映出当时农业生产已经开始机械化。农业生产能够初步改变靠天吃饭的现实，“抽来河水浇麦田”，可见黄河依然是农业的重要保障。因为农业生产技术进步，大旱也能丰收，这是人在利用自然方面取得的长足进步，从而开始动摇几千年来人们对天的敬畏之心，“蒸出馒头不敬天”是一种重要的社会心理变化。其实老百姓在生活中对天的敬畏根深蒂固，我们大可视之为一时气话，表达对天的不满。但这展现出风俗的演化——科技影响生产，进而影响人的心理，进而影响风俗习惯，这样的路径在今天的民俗中尤为明显。“现代性以前所未有的方式，把我们抛离了所有类型的社会秩序的轨道，从而形成了其生活形态。在外延和内涵两方面，现代性卷入的变革比过往时代的绝大多数变迁特性都更加意义深远。”[11]布莱恩·威尔逊把这种变迁归结为“世俗化”——世俗化意味着一连串相互关联的现象，这些现象与宗教在社会生活中的减弱有关，政治权力对宗教机构的财产和设施的剥夺；先前各种宗教活动和宗教功能的控制权从教会转移到了世俗权力手中；人们花费在超验事物上的时间、精力和资源比例下降；宗教机构开始衰微；在行为方面，宗教信条开始被新的行为标准取代，后者满足了严格的技术标准的要求。[12]在中国现代社会中，这种变迁并非从宗教权力向世俗权力的“世俗化”转变，中国历来是一个“世俗化”的社会，但现代性的转变确实发生了，这种变迁从乡土社会中宗族权力的瓦解开始，进而推进至整个民间信仰体系的瓦解，因此，中国的现代化转变不是“世俗化的确立”，而是“世俗化的瓦解”，这个变迁是从宗族到组织、从群落生活到公共生活、从家庭意识到个人意识、从信仰到价值观的变迁。在今天的乡土社会中，年轻人几乎全部脱离土地，不再从事农业生产，这导致了人对自然的疏远，导致之前基于农耕的各种生活风俗、民间信仰得不到继承。

在农业社会中，种地是生存的根本，庄稼人代表着本分，一些歌谣就明显显露出安土重迁的观念以及“一亩三分地”的小农意识。如：

要嫁别嫁读书郎，
一年夫妻半年床。
黑夜想他睡不稳，
对着孤灯泪汪汪。

要嫁还是庄稼汉，
白天黑夜都见面。

装车

麦收时节，人们割倒了麦子，捆成个子，便往车上装了。装车可是个力气活，讲究手劲、臂力，要有一股子蛮力才行。汉子们用杈把麦子高高举起来，扔到大车上。车子装得高了，车上要站个人，负责将扔到车上的麦个子摆弄一下，要照顾两边平衡，以免偏沉，引发翻车事故。随着麦子越装越多，车子也越来越高，码得像座小山似的。大车颤颤巍巍地驶向麦场，丰收的喜悦荡漾在农人们的心头。

【儿歌】五月里，芒种过，赶着大车装麦个；底下装，上边垛，一车拉走半亩多；压得车杆成罗锅，累得老牛直哆嗦，轧得大路成泥窝。

下地一晌不见面，
提着小罐去送饭。⑬

这同样透露出对“劳力”的重视和对美好“小日子”生活的憧憬。但这些都随着世俗化的瓦解成为延续几千年的自然农耕社会的绝唱。

第三节　逐水而居：独特的微山湖风俗

传说很久以前，微山县并没有湖，而是有一座山，因山上有微子墓而名微山。山腰住着一户人家，只有祖孙二人。他们心地善良，日子过得穷苦，在山上种点庄稼以维持生活。一年秋天，地里的豆子快熟了。孙子去豆地里看豆子，看见一个白胡子老头，赶着一群绵羊在豆地里放。小孩跑过去问：“老爷爷，您怎么放羊放到俺豆地里啦？”老头说：“你这豆子收不成啦，十天以内，微山就要塌啦，这里会变成一片汪洋，豆子还能收吗？不如喂了我的羊。”又说：“你爷俩儿是好人，赶快朝天亮的方向逃吧。”说罢，连同羊群都化作一阵清风不见了。小孩赶紧回家。爷爷听了，说这是神仙点化，就连夜收拾行李衣物。他们一边朝东方逃，一边告诉乡亲们这个预言。一传十，十传百，没过几天，山上、山下的人都逃光了。就在第九天的半夜里，竟真的天崩地裂，微山陷了下去，变成了一片汪洋，原来微山的最高峰变成了小岛。从此，人们就把这片汪洋叫作“微山湖”，把汪洋中的小岛叫作“微山岛”。

关于微山湖来历的这个民间传说向我们传递出三个信息：一是沧海桑田，二是上天有好生之德，三是好人有好报。关于地理变迁，微山湖一带系古留城所在。据南宋罗泌所撰《路史》记载，尧的儿子封于留，刘氏便由此起源。古留城在春秋时为宋国的重要城邑。据

轧场

从地里拉到场里的麦棵子晒干了，便开始轧场。鲁西南各地轧场用的石磙一个重四五百斤，两头牛拉一个石磙为一套，一个把式可同时掌管两套牲口。一场麦子摊开二三百个平方，上午半晌时开轧，下午半晌停止，中间还要翻场、收边，结束时还要收场、垛麦秸、扬场、垛麦糠，三五个劳力一天没有空闲的时候。

【儿歌】大石磙，吱呦呦，拉磙用的老实牛。轧下麦子百十篓，剩下麦糠车拉走。麦糠豆料两大斗，放到了槽里喂老牛。老牛老牛你吃饱，明天轧场得起早。

《汉书》载，汉高祖六年（前201），高祖以三万户封张良，张良不敢受，自愿封留足也，乃封张良为留侯。留县成为张良的封邑。此时的微山一带重峦叠嶂，并无湖泊。史载自宋绍熙五年（1194）至明末400余年间，黄河屡屡决口泛滥南迁，侵夺泗河由淮入海，泗河宣泄不畅、淤塞积水，使这一带的山峰下潴成湖沼。从此，留城变成了今天的微山湖。留城淹没水中，位于微山岛西南四五公里的水面之下。可见，后来湖区生活的形成最初也是黄河之功，湖区的生产和生活又与运河息息相关。上天有好生之德反映的依然是一种朴素的天人观念，人是自然的一部分，自然还是眷顾人类的。在这一前提下，人应该怎么做？这就延伸到第三个信息，就是人要做好人、做善人，既要对自然友善，也要对人友善。这与儒家文化中的“仁”是一致的。源于遥远历史和传说的信息为地域人群性格的形成提供了一种预设，地域人群的性格则直接体现于乡风民俗之中。

微山湖位于苏鲁边界接合部，跨山东、江苏、河南、安徽4省38个县，流域总面积31700平方公里，水面面积1266平方公里，为我国十大淡水湖之一，是北方最大的淡水湖。微山湖经由京杭大运河串引黄河、海河、淮河、长江、钱塘江，储水量达30亿立方米。微山湖水面归山东管理，是山东省最大的淡水内湖，是山东省农业、渔湖业重点开发区之一，种植资源和水产资源丰富，有鱼虾84种、水生植物74种，有“日出斗金”之称。微山湖因悠久的人文历史、丰富的文物古迹、深厚的文化底蕴、独特的渔家风情和优美的自然环境而闻名遐迩。该地区形成了特有的湖区生产和生活方式，以及独特的民俗，并与整个鲁西南风俗相互影响、渗透。

微山湖区里住着许多渔家，以船为家，以渔为生。小舟一叶，鱼鹰数只，飘荡于碧波之上，看似只有收获之利却无辛劳之苦，如世外桃源般的生活，渔人也以此为荣，常吓唬自家不听话的孩子说：“甭你不听话，大了把你扔到旱沿上，叫你受苦去。”而岸上的农家一面欣赏着渔家的悠然，一边又瞧不起他们随水而居的漂泊生活。

湖区的风俗无论在日常生活、节日节庆方面还是在婚丧嫁娶方面都和陆上风俗大致相通，但在很多方面又具有水上生活的特点。例如湖上婚礼，生活在连家船上的渔家，儿子长大了，要用多年的积蓄造一条新船，船头上挂两根红布条，用油漆得锃明透亮，这就是新房。结亲那天，姑娘家请几个壮实的小伙子，找几条轻便好船，将姑娘陪嫁如数搬上船。结婚时，两家的船撑到一块，男方的船一般泊到离女方的船五六十米或百多米处。船上彩旗飘

扬场

轧完了场是扬粮食的时候，也是乡亲们心情亢奋的时候。按他们的说法，粮食算是吃到嘴里了，收成的好坏、一年辛劳回报多少，扬完场就全知道了。因此，这个时候也是最神秘的时候，大人一般不许小孩子说这一场有多少斤粮食，大人们之间也都不问收了多少，只是喜滋滋地操起木锨，抡圆了膀臂，潇洒得一下一下地把粮食扬向天空。扬场是一个技术要求很高的活，有的人遇不到风，照样可以扬出粮食，有的人就是遇到再大的风，也没有办法把粮食与糠分开。

【歌谣】张大叔，李大爷，拿着木锨真利索，先扬一个龙搅水，再扬一个猪打窝，风大麦粒刮不走，无风麦糠照样落，一场扬了两千斤，累得老头直哎哟。

扬，鼓乐声声。头船上，穿着一新的新郎站立船头，迎接新娘。这头船的船头两侧各竖一个大火把，据说可祛邪，如此等等。

其最独特的风俗是船帮的形成。船底无根，微山湖的渔民漂泊不定，历经几百余年的湖区生活，由于历史和文化传统的渊源关系及地理因素的影响，大约在清朝末年，产生了特有的水上村落的生活组织形式，就是大船帮。大船帮主要分为“枪”“罱”“网”“船”四大帮。每帮有“帮主”或叫“帮头”，由大家推选帮族内户大、德高望重且有办事能力的长者担任。帮有帮规，由大家定，帮主监督执行。各帮的渔民一起从事生产活动，过着群居的生活，既是为了生产活动，也是为了自身安全。其中：枪帮以猎鸭为主，每家都有一只连家船和猎鸭小舟，还有一支、二支或三支“大招杆”（即鸭枪），他们的船儿连泊在一起的时候，杆杆鸭枪林立，煞是壮观。如今猎鸭已禁，枪帮已不存在。罱帮以罱鱼为主，属湖上最穷的渔民，一条小船八尺长，祖孙三代住一舱。罱帮的渔家一般只有一只小船、一副罱。罱鱼的船在湖面上排成队，排出雁一样的弯弯队，罱杆碰撞着船帮，发出有节奏的声响，捕鱼时，渔民会唱着古老腔调的渔歌。网帮以网具捕鱼，为湖上大帮，他们一般都有一只连家船，可能还有生产用的小舟遛子，他们用网、下箔、下卡、下钩、扳罾、下漫篮、下丝网……有很多捕鱼方式。大船帮水大时捕鱼，水少时运输，他们船大、网大、收益大，为“帮”中首富，素有“一网金，二网银，三网拉个聚宝盆”之誉。

微山湖区的水产既供应周边，又通过运河南上北下。其特有的湖区生活风俗与鲁西南地区的风俗相互影响。

注释

①张子桢主编：《中国地理知识》，中国青年出版社，1982。

②水利电力部黄河水利委员会编：《人民黄河》，水利电力出版社，1959。

③陈志清：《历史时期黄河下游的淤积、决口改道及其与人类活动的关系》，《地理科学进展》2001年第20卷第1期。

④《诗经·周颂·臣工》：“命我众人，庤乃钱镈，奄观铚艾。”

⑤根据原文记录，略有删节。转引自张勃：《山东拜“麦芒奶奶”的习俗》，华夏经纬网，http://www.huaxia.com/sd-tw/rwsd/sdms/2005/05/656226.html，访问日期2005年5月24日。

⑥讲唱者：祁峰，搜集者：祁峰。见山东省菏泽市三套集成办公室编：《中国民间文学集成·菏泽市民间歌谣谚语卷》，内部资料，1988，第87页。

晒粮

粮食上场的时光是农人们最美好的时光。经过一年辛勤的劳动，终于看到粮食堆在场里了，收获已是无疑了。农人们虽然这样盘算着，心里仍有一丝的忧虑，如果暴雨突然下下来，到嘴的粮食也许会吃不上。所以，他们趁着夏天干热的太阳，在场上把粮食摊开，抓紧每一个时辰晾晒、翻扬，力争尽早把粮食晒干、装进粮囤。晒好后，农人们把粮食扛回家，先磨上一瓮面，蒸上一锅又白又大又软又香甜的大白馍，让老人孩子也让自己好好解解馋。

【儿歌】麦子打上场，小妮拍巴掌，白馍蒸一锅，香油拌葱棵。一个送奶奶，一个送爷爷，一个送娘，一个送爹，挎上一篮送姥爷，还剩一个送给谁，送给庙里的老和尚，白馍和光头都明晃。

⑦讲唱者：刘凤轩，搜集者：李长来。见山东省菏泽市三套集成办公室编：《中国民间文学集成·菏泽市民间歌谣谚语卷》，内部资料，1988，第88页。

⑧讲唱者：田德莲，搜集者：刘金生。见山东省菏泽市三套集成办公室编：《中国民间文学集成·菏泽市民间歌谣谚语卷》，内部资料，1988，第89页。

⑨《礼记·曲礼下》"祭五祀"郑玄注云："户、灶、中溜、门、行也。"

⑩讲唱者：王保良，搜集者：王保良。见山东省菏泽市三套集成办公室编：《中国民间文学集成·菏泽市民间歌谣谚语卷》，内部资料，1988，第103页。

⑪安东尼·吉登斯：《现代性的后果》田禾译，董平校，译林出版社，2000，第4页。

⑫英布莱恩·威尔逊：《世俗化及其不满》，见汪民安等主编：《现代性基本读本》，河南大学出版社，2005，第738—739页。

⑬讲唱者：陈桂芝，搜集者：祝贵起。见山东省菏泽市三套集成办公室编：《中国民间文学集成·菏泽市民间歌谣谚语卷》，内部资料，1988，第106页。

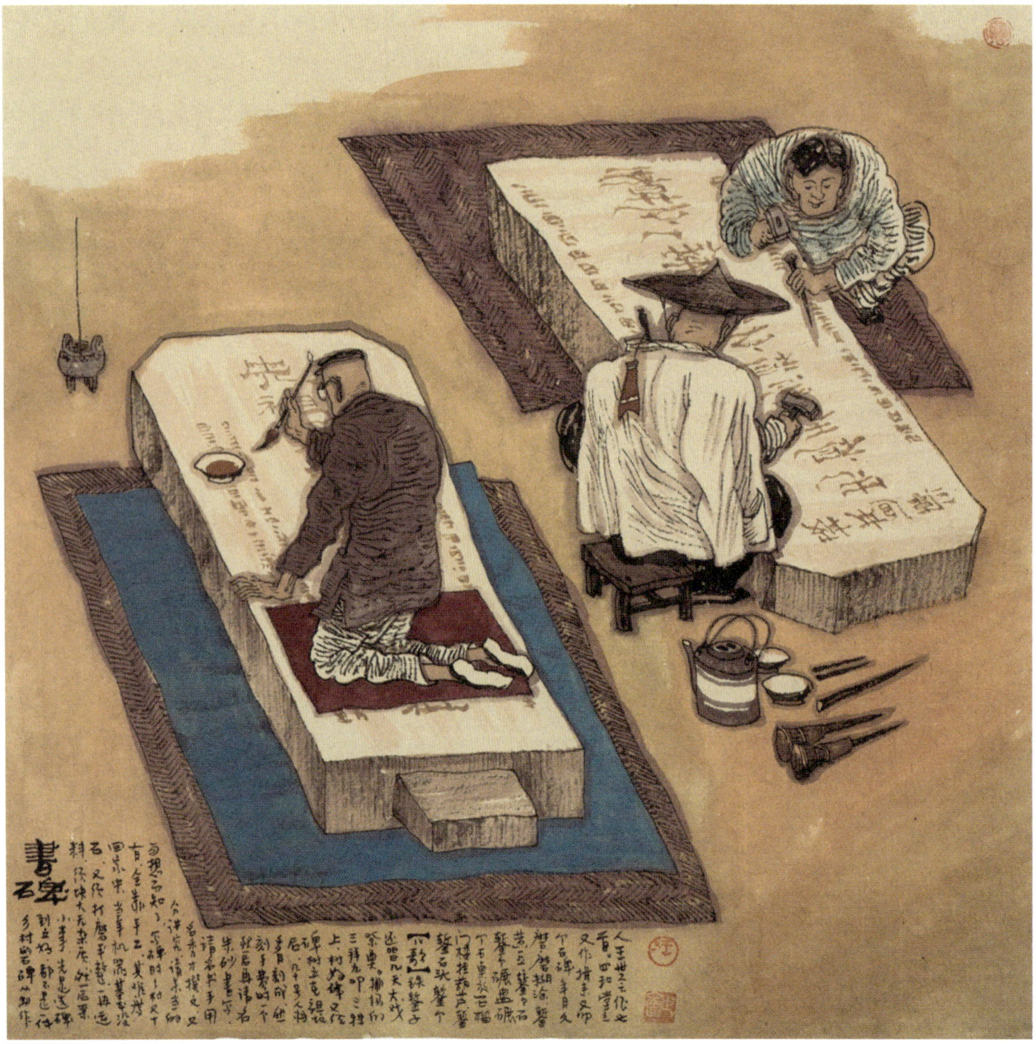

书碑

在华北平原一带的乡村里，立石碑，可是一件大事，先是选碑料，成块的巨石从岩壁上劈下来，就很不容易，然后精心磨平，再请人撰写碑文，丹书于碑上，再请高手刻石勒字。期间，要搭棚子，铺席子，垫褥子，每日焚香。然后将碑立好，族人前来叩头祝贺。有的会请戏班子唱几天大戏，祝贺碑石的落成。

【儿歌】铁錾子，錾石头，錾个门楼挂葫芦，錾个石桌放石榴，錾个碾盘碾黄豆，錾个石磨磨糊涂，錾个石碑年月久，又作揖来又叩首。

第四章 商业与百工

第一节 运河上的中国

一、商人嗜利暮不散

林语堂先生创办的《论语》半月谈杂志上刊登过狄海天的《济宁的土山》一文。作者在文中说：

> 凡是熟悉济宁的人，都熟悉济宁的土山，正如同住北平而熟悉天桥一样。
>
> 土山是济宁南关外的一个娱乐场，前边流着一道运河，后边紧靠城墙根，负城面水，的确是块好地方。就商业说不算发达，但贵自绫罗绸缎……贱至锅碗瓢勺……无不毕备。规模为小本经营，工人即老板，老板即工人，从来没闹过劳资对立的风潮；就行业说，拆字、算命、讲评、对话……“五行八道”，颇具“小道可观”之风；就人物说，富有老爷、太太、少爷、学生……穷至叫化子……大有大众化的气象……
>
> ……

文中记述的土山的戏院是人迹最繁和营业最活跃的场所，戏园在土山上总得坐第一把交椅了。“种类有京剧、梆子腔、梆子、大鼓、坠子、相声……规模有大戏园、小戏园、破烂的和露天的戏园，在形式上看，烂七八糟一团糟，实际上正显出了土山具有的特色。”土山还是法场，据说这法场不自今日始，与土山的热闹有同样悠久的历史。“从清代时，地方官杀人是那块地，现在还是那块地，所以才积下累累的小土山，几乎同戏园连成一片，‘阴阳界’不能分明了。……每当‘出决’的日子，法场上吸引了黑鸦鸦的观众，连茶馆的茶客、戏园里的看官一听到杀人的号角‘嗒——嗒——嗒’，都暂时放下‘优孟衣冠’的假戏，拥挤着来看活生生的文明戏。戏台上有时演《铡美》《杀妻》……活人扮成没头鬼，而法场上却在执行‘正法’‘枪决’‘行刑’……活人真的变成血肉模糊的没头鬼了……”文章最妙的记载是关于茶

抄纸

鲁西南地区的抄纸多用桑树皮、麦秸和少许棉纤维制成，经蒸煮、池沤、碾、磨，成浆，然后用细竹帘或纱网抄起来，贴到火墙上烘干，揭下后切齐边便可使用了。薄的可供书写、贴糊窗户，厚的当火纸。

【儿歌】窗户纸，糊窗扇，大风三天刮不烂；灯笼纸，糊灯笼，半夜三更去照明；书本纸，薄又软，写上孝经传家远；糙火纸，当钱烧，送给神鬼上云霄；我拿纸张糊风筝，风筝飞进天宫中，一飞飞过九层云，玉皇见了一愣神。

馆的：

> 至于土山上茶馆的发达，在我见到的北方都市中至少是个例外。一条乌泥沟上排列着的（几十座）古代建筑式的厦楼——茶馆，足足有几十座，其他“零二八碎”的更多了。不管春夏秋冬，总是“开门大吉”，里面也总是天天充满着茶客。
>
> 茶客是什么样的人物呢？这有些难说了。他们既不是地主、大贾、官僚、政客，也不是文人、学者、农夫、绵羊式的忠实百姓，既非贵族，又非平民，究竟排在那一栏才恰当呢？拿句科学术语来评断，勉强说是中间物——下中层土光棍——罢，上可以巴结地主、官僚、政客……下可以号召许多小喽啰，称雄于一村一里。此外还带点“游侠”之余风，专门爱“打抱不平”，好像要标榜茶馆就是“忠义堂”的意思，其实只讨点小名誉而已。
>
> ……
>
> 茶客生活中的游戏，有清唱、抽骨牌签、弈棋……那不过当一种小菜吃吃罢了。另外还有重要的工作——也可以说是茶客的社会任务吧，如打官司的说项、调和、巴沟弄情……人身的买卖、介绍、捣贩……据说茶馆是那些社会事业的交易所，茶客自然便成为唯一的媒介锁钥了。

土山位于济宁旧城东南城墙脚下，是当年疏浚运河时挖土堆成的大土堆。戏院里曲种繁多，茶馆里外书场林立，相声、戏法（魔术）、武老二（山东快书）、对打、劈砖、举重、摔跤、吞铁球、卖大力丸、唱卖估衣、熬膏药、修表、指画、摆棋局、补锅、焊锡壶、算命、拔牙、点痣、修脚、抽签子、抓彩、押宝、推牌九……可谓无所不有。当地民谣曰：“济宁州，南门口，想吃便宜往东走。出了南门朝东望，除了吃喝不上当。”这一民谣是说这里百业汇聚、琳琅满目，但假冒伪劣、使奸行骗也混迹其中，只有饮食小吃最实惠。三教九流各种行业会聚于小土山，呈现出一幅特有的风俗画卷。

济宁土山的胜景是运河文化孕育的市井俚俗，是山东运河区域商业和手工业繁荣的一个缩影。

山东运河区域指明清时期京杭大运河在山东境内流经的州县及辐射州县，大体包括今枣庄、济宁、聊城三市及德州市的德城、陵县、武城、夏津、平原，菏泽东部的单县、巨野、郓城，泰安市的东平，济南的平阴等近40个县市区；土地面积约占全省的25%，涵盖了鲁西平原的绝大部分，包含整个鲁西南区域。济宁“居运道之中”，不仅成为“水陆交汇、南北冲要之区”和“控引江淮咽喉”地带，同时又成为漕河管理中心和鲁西南政治、经济中心，迅速出现

做豆腐

人们做豆腐的传统方法是先选料，黄豆须颗粒饱满，泡一夜，然后用水磨拐成豆浆，滤去渣，用大锅烧开豆浆，点上卤水，接着用马勺舀进木制的豆腐盒子里，用白布上下兜好，放在一边待其凝固，然后压上木板，使豆腐变得更加硬挺。一夜之后，豆腐便可上街售卖了。豆腐有老嫩之别，也有苦与不苦之分，全在豆腐坊师傅的掌握之中。

【儿歌】鲜豆腐，白生生，要想生吃拌根葱；老豆腐，真耐炖，放块老姜焖一焖；豆腐干，下酒菜，边吃边喝不用筷；豆腐丝，一根根，香油一拌给俺妮，俺妮吃了去绣花，绣了一碗豆腐渣。

了“官舸商舶鳞集，麻拥于济城之下”的兴旺景象。这一区域在明清两代由于运河的兴衰经历了非常剧烈的社会变迁。土山之胜景尽管随着运河的沉寂而没落，却成为济宁这座城市鲜明的历史记忆。

济宁城最著名的景点莫过于太白楼。太白楼在明初随着城墙的建立即已出现，至1951年一直矗立在南城墙上。[①]李白的名篇《兖州任城县令厅壁记》曾让任城名声远播。“鲁境七百里，郡有十一县，任城当其要冲，东盘琅琊，西控巨野，北走厥国，南驰互乡。青帝太昊之遗墟，白衣尚书之旧里也。土俗古远，风流清高，贤良闲生，掩映天下。”济宁文化底蕴深厚，地理位置绝佳，“故万商往来，四海绵历，实泉货之橐龠，为英髦之咽喉”，唐时已繁华如斯。

至元三十年（1293），元代大运河全线通航，漕船可由杭州直达大都。每年漕粮运输30多万石，和海运的数量差不多。济州的治所也从巨野迁到任城，因为期盼济州安宁，便将济州改名为“济宁”，这就是济宁名称的由来。当时的著名书法家赵孟頫来到济宁，作了一首《济州》诗：“旧济知何处，新城久作州。危桥通去驿，高堰裹行舟。市杂荆吴客，河分兖泗流。人烟多似簇，聒耳厌喧啾。”可见当时运河已经将济宁和苏杭紧密联结在一起，南来北往的客商说着当地人听不懂的话语并汇集在这里。

明朝永乐年间，宋礼采取“白英之策”治理运河，尤其是会通河的开通，使运河每年的漕运量可达四百万石以上，运力比元朝大十几倍，为周边地区带来了其后400多年的繁盛。据《明史》记载，到明代中叶，济宁就已发展成一个“车马临四达之衢，商贾集五都之市”的繁荣商业城市。此时，城区定居之民已不下数万家，“商贾之踵接而辐辏者亦不下数万家”，商业经济已相当繁盛。明代朱德润在其《飞洪桥诗》中生动地描述了当时济宁城区商业繁荣的景象：“日中市贸群物聚，红氍碧碗堆如山。商人嗜利暮不散，酒楼歌馆相喧阗。”清代中前期，济宁商业经过几十年的恢复和发展，又很快进入繁盛时期，商业发展规模和繁盛程度又大大超过明代。据《济宁直隶州志》记载，清乾隆年间，济宁南门大街和大闸口一带为百货物聚处，客商往来，南北通衢，不分昼夜。

二、不出济，而天下可知

随着经济的发展，到清代中叶，山东人口增长至2890多万，道光年间突破3000万，成为

凉粉摊

乡村的凉粉摊是夏天人们喜欢光顾的地方，大热天赶上一晌集，来一碗凉丝丝、酸溜溜、辣乎乎的凉粉，可真舒服。凉粉由绿豆粉制成，放在井水里拔凉，配上大蒜汁、麻汁酱，往大瓷碗里一盛，真是好看又解馋。

【儿歌】赶大集，推小车，推车凉粉哆哆嗦。白生生的凉粉给谁喝？给赶集的老头喝，老头不喝，卖给推车挑挑的喝，推车挑挑的也不喝，卖给挖河打堤的喝，挖河打堤的人儿多，十车八车不够喝，推了一车又一车，累得掌柜腿哆嗦。

全国屈指可数的几个人口大省之一。在运河畅通的300多年间，山东的人口翻了两番，人口密度也从每平方公里五六十人增至200余人。运河流经的山东西部的各府州的人口增长明显高于东部，人口密度居前五位的临清、曹州、济南、济宁、东昌诸府州皆是运河流经及辐射的地区。人口分布密度明显呈现出东低西高的差异，说明山东省的人口重心已经完全移到西部运河流域。[②]乾隆年间，济宁州人口为67197户、377293口，平均每户5.6人。[③]据此推测，济宁城居人口应接近12万。而同时期外来商贾游宦、漕运官兵等流动人口更是车者、舟者、负者、担者日不下千万计。[④]

元明清三代繁盛一时的京杭大运河沿岸的码头城市、乡镇，如山东地段内的德州、临清、东昌（今聊城）、张秋、大安山、济宁、南阳、台儿庄等，受南北漕运的影响，风俗与山东其他地方多有不同。济宁的园林之多、之美使其赢得了“江北小苏州”的称号。郑与侨曾在《名园记》中慨叹：不出园，而济可知；不出济，而天下可知。[⑤]

历经几百年的商业大发展，城区的街衢不断扩展，由于一些行业市场集中在一条街上，便出现了一首关于街巷行业市场的民谣。我们从中可见商业之繁华。

济宁州，太白楼，
城里城外买卖稠。
济宁州，赛银窝，
白银元，大铜铬。
南门枕着运粮河，
交通方便行商多。
南门外，买卖忙，
生意兴隆数玉堂。
一天门，南门口，
吃喝穿戴样样有。
老运河，长又长，
抓中药，广育堂。
安阜桥，草桥口，
想吸水烟李三九。
大闸口，卖瓷器，
小闸口，卖鲤鱼。

晒地瓜干

地瓜收获后，为了长期贮存，人们一般将地瓜切成片后，放到箔上、席上、石头上、房顶上精心晒干。吃的时候，再将其磨成粉蒸成窝头，或干脆直接放进锅里一煮，捞出来就吃。甭看地瓜粉白生生的，蒸出的窝头却是黑乎乎的，很黏，吃起来甜腻腻的。20世纪六七十年代，地瓜干曾是很多地方的主食，由于吃下去不好消化，很多人吃坏了胃口。现在，地瓜粉多用来制作淀粉或粉条。鲜地瓜或烤地瓜又香又甜，是很有特色的美食。

【儿歌】红旗飘，绿旗扬，光种地，不打粮；分麦子，用碗量，地瓜干，当细粮，山芋叶子当口粮，鸡腚眼子当银行；瞎胡闹腾不久长，换个法子比这强。

一溜坝口粜粮食，
越河两岸吊皮子。
七铺八铺打格褙，
冰窖下洼糊盒子。
竹竿巷，卖竹器，
一街两巷编筐子。
河湾里，鞭炮市，
南门瓮城鞭梢子。
汉石桥，柴火市，
油篓巷，糊篓子。
金鱼坑，养金鱼，
顺河门，卖苇子。
打铜街，打铜器，
炉坊街上炼银子。
税务街，卖响器，
吉市口，是鸡市。
扁担街上卖木器，
小南门外箔席市，
篦子市街卖篦子。
驴市口，骡马市，
北关外是牛市。
西小门，挑水卖，
东小门外赁执事。
湾槐树，卸石灰，
莲亭门外卖估衣。
小土山，杂八地，
一溜席棚看唱戏。
砸扬琴，渔鼓坠，
想听扬琴汪麻子。
四海春，听京剧，
城墙根，看马戏。
书带草亭听梆子，
逢春院内听灯戏。

淋粉子

山东的粉条品质优良，做粉条首先要淋出粉子来，粉子是将地瓜或绿豆粉碎后提出的淀粉。淀粉需包在布里慢慢淋干，淀粉干了以后，放在盆里用开水一冲，便成了粉糊，把粉糊放在漏勺里扯成条，放在开水锅里一煮，马上捞上来晾干，便成了粉条。山东的粉条北上东三省，南下两广、两湖，西去宁夏、新疆，声名远扬。

【儿歌】白粉子，粉子白，做成粉条与粉皮。粉条用它去炖肉，吃得老头撑肚皮；粉皮用它去炒鸡，香得老婆舔嘴唇。粉条做它三丈长，套上老牛去轧场；粉皮作它十丈宽，兜了泰山兜华山。

大土山，小土山，
阴柳胡同青龙街。
田家园、周家街，
小河涯，九道湾。
莲花池，鼓楼街，
罗家胡同，四道弯。
街连巷，巷连街，
街街巷巷做买卖。

济宁因运河而兴，留下了许多古建胜迹、名人传说。其风物之盛从下面这首民谣中可见一斑。这首民谣既反映了济宁历史的辉煌、文化的昌盛，也反映了城市的繁荣、生活的多彩。

济宁州，古任园，
历史悠久古迹多，
先有宋朝铁塔寺，
后有金朝城一座，
城墙高，垛口多，
南门到北门足有三里多，
道门口的大槐树人人摸得着。
北门高，南门低，
东门大街西门里，
八卦城池称神奇。
东郊有个琵琶山，
南门有条运粮河，
吴泰闸，跨府河，
状元墓西是洸河。
观澜桥，太和桥，
环城抱绕玉带河。
济宁州，阁楼多，
三塔七寺十八阁。
陶姑寺，兴隆寺，
多宝寺，慈灯寺，

晒粉条

把从绿豆粉或地瓜粉中提取的淀粉用开水一烫，便成了糊，将糊从漏勺里漏到开水锅里一煮，便成了湿粉条。从锅里捞出来，乘天气冷，挂着一冻，再晾干水分，便成了人人爱吃的干粉条。这粉条可是饭桌上少不了的菜肴。用绿豆淀粉做的粉条叫“绿豆粉条”，用地瓜淀粉做的粉条叫“地瓜粉条”，绿豆粉条是粉条中的上品。

【儿歌】绿豆粉条，耐煮耐熬，掺上炖鸡，馋死老七；地瓜粉条，柔软筋道，掺上炖鸭，馋死老八；老七老八，粉条世家，方圆百里，没人不夸。

东大寺，西大寺，
……
行宫春树在皇营，
那是乾隆亭台阁，
浣笔泉，墨华亭，
二贤祠内供李贺。
白楼远眺景色好，
南池荷静莲蓬多，
麟渡秋帆风光好，
马场西湖听渔歌。
升平人瑞百岁坊，
慈孝兼完坊巍峨，
兴隆桥对着枣店阁，
绿佛寺紧对石佛阁，
小南门上万仙阁，
古南池里王母阁，
八铺桥，七铺阁，
白家大院小漫坡，
坝口迎龙响铃阁，
普照寺，石灵塔，
状元桥边魁星阁，
郭家花园龙门口，
关帝庙对着天香阁，
慈灯寺靠吕公堂，
草桥口有准提阁，
牌坊街有个铁鼓庙，
顺河门上关帝阁，
要问几个文昌阁，
城里城外有三个，
大教场，演武门，
春秋门是半截阁，
林家桥，望鲁门，
碧霞元君是奶奶阁，

晒柿饼

每年农历九月份，鲁西南一带的柿子上市了，除了鲜吃，又可晒成柿饼。古曹州（今山东菏泽）的柿饼曾是送往皇宫的贡品，现在不少大城市的干鲜果品店仍打着曹州的招牌招揽客人。晒柿饼时，要用细麻线拴住柿子的蒂，将一串串柿子挂在木架上，经过十天半月的晾晒，柿饼变得干湿适中、软硬适度，而且上面挂上了一层白色的柿霜。此时，柿饼便可打箱装车，远销全国各地了。好的柿饼柔韧筋道，掰开有金色的细丝，吃到口里甘甜绵长，是干果中的上好佳品。

【民谣】九月里，柿子红，柿林十里红灯笼。张家小子爬上树，一气吃了个肚子痛；李家小妮爬上树，东啃西咬嘴不停；赵家二妹爬上树，吃得嘴粘腮帮红。腮帮红，肚子痛，回家挨打十皮绳，打得腚锤哎哟痛。

木塔曾转二层楼，
文庙内有尊经阁，
三元宫吕祖阁，
另外还有寿星阁。
蓬莱仙院来鹤观，
九女（堌堆）常请在北郭。
城隍天云玉皇庙，
清华洞内竹林多，
五龙宫对着火神庙，
中有一天门一座，
万寿庵变成秀士庙，
卧佛寺和尚念弥陀。
玉露庵的和尚修行好，
修行为了不挨饿，
人多没好饭，
顿顿吃窝窝，
吃饭别放筷，
放筷摸不着。
三官庙老道，
也有一百多，
穷的拾字纸，
富的吃白馍，
一天三上殿，
苦苦把头磕。

法国启蒙思想家伏尔泰在《风俗论》中曾说过：正因为全国一家是根本大法，所以在中国比在其他地方更把维护公共利益视为首要责任。因之皇帝和官府始终极其关心修桥铺路，开凿运河，便利农耕和手工制作。京杭大运河对济宁这个城市的发展和历史有着决定性的作用。

一般认为，京杭大运河开挖于春秋时期，完成于隋朝，繁荣于唐宋，取直于元代，疏通于明清。从公元前486年开凿，至1293年全线通航，前后共持续了1779年。运河全长2400多公里，沟通了钱塘江、长江、淮河、黄河、海河五大水系，兼具航运、灌溉、防洪等多种功能，

腌咸菜

乡村生活离不开咸菜，尤其是早年乡村生活相对困难，咸菜就是庄户人家一日三餐的主菜。家家户户堂屋门口都放上一口大缸，里面放上芥菜疙瘩、萝卜、豆角、洋姜，然后放上十几斤粗盐，盖上缸盖，十余天后，咸菜就可吃了。除了生吃，也可炒着吃或馏熟了吃。如果盐放少了，咸菜缸就会烂缸，发臭、长蛆。如果出现了上述情况，赶紧再放盐，或把盐水放进锅里熬一熬也可以。孔孟之乡的玉堂酱菜还曾是皇家贡品，成为一个产业。

【儿歌】芥菜疙瘩，奶奶腌的，搭口一尝，咸死老杨；萝卜疙瘩，姑姑腌的，搭口一品，咸死老陈；豆角洋姜，腌上一缸，多多放盐，吃上三年。

曾是古代中国唯一一条南北走向的水上交通大动脉，跨越了燕赵、齐鲁、荆楚、吴越等文化地域，将江浙、中原、华北地区联为一体，有力地促进了南北方文化的交流，带动了沿岸经贸业的发展，促进了沿线城镇的崛起，对国家统一、经济繁荣、文化融合以及对外开放和国际交往都发挥了异常重要的作用。不同环境而又各具地域特色和民族特色的文化通过运河相互交流和融合，便形成了源自各地域但又不同于各地域的独具特色的运河文化带。

第二节　手工百业

一、商业与手工艺

北洋政府最后一任内阁总理潘复（1883—1936）在位一年，是北洋政府32届内阁总理中任期最长的。潘复是山东省微山县马坡镇潘庄人，生于官宦世家，幼年熟读经书，为清末举人。他因18字上书求军饷获批而轰动一时，被誉为江北才子。

潘复生活豪奢。他下野后，在天津英租界当寓公，在家中常设赌局，每日流水席，造访者都是高官巨贾。他家是当时天津上流社会的一处热闹场所。据说潘复在家宴客，醉蟹是他家宴中的保留菜。济宁至今有民谚云："不看曲阜空有眼，不尝醉蟹空有肚。"这醉蟹就是玉堂酱园的传统产品。醉蟹本是江南特色美食，早在"姑苏戴玉堂"时期就被引入济宁。醉蟹有多种做法，一般是先揭开脐盖、挤出污物，将蟹放入小坛内，倒进酱油，加姜、蒜、花椒、冰糖、高粱酒、花雕酒，用油纸封住坛口，一周后即可食用。玉堂酱园的做法别具特色。选用"日通斗金"的微山湖活蟹，用米酒、陈醋、茴香等原料配成流汁蟹食，让活蟹吃饱后醉死，

榨油

鲁西南的传统油坊里会不时传出榨油的号子。榨油的方法是从巨大的油槽里把油挤出来，这是油坊里的最后一道工序，把打好包的豆饼放进用圆木凿成的油槽里，一头打上楔子，两个壮汉抡起十多公斤重的油锤，狠狠地砸在楔子上，把豆饼一点儿一点儿地挤紧，直到挤出油来、把油榨尽。油槽一般用很粗的槐木掏挖而成，外用铁箍皮绠加固，经油脂的终年浸泡，油光光的，坚固又好看。

【儿歌】李大爷，开油坊，早到晚，整日忙。人进出，喜洋洋，背豆来，等半晌，人去时，油气香。干活的，光脊梁，胳膊粗，腰板壮，身上下，油光光。吃饭时，油作汤，喝一碗，润润肠，喝两碗，脸放光，喝三碗，抡起油锤精神爽。

十天后，蟹子醉眼圆睁、鲜光油亮、肌体无损，如活蟹一般，色鲜逼真，味浓溢香。

玉堂酱菜是运河商业与传统手艺催生的一朵奇葩。

康熙五十三年（1714），苏州商人戴阿大在济宁南门口买下了一块地，开酱菜铺。开店要选吉日，选中未时（按天干地支解释，未时为玉堂），便取名“玉堂”，又因他原籍苏州，故名“姑苏戴玉堂”。从此，玉堂酱园便在济宁运河岸边诞生了。草创的姑苏戴玉堂只有三间门面、几个伙计，除自己加工一点黄酱、酱油、香醋外，多数酱菜都是从苏州潘万成酱园进货，这些纯江南风味的小菜虽然色香味都有特色，但很难适应当地人民和北方客商的口味。后来，戴家经营惨淡，每况愈下，到了1807年，不得不将经营近百年的酱园拍卖。当时，济宁的大药材商冷长连联合时任两江总督的济宁人孙玉庭以千两白银买下了姑苏戴玉堂。孙冷合营后，将字号改成了“姑苏玉堂”。

据说，冷长连联合孙玉庭合买姑苏戴玉堂，实为报恩之举。原来冷长连长期经商，1804年经商到南京时，贻误了商机，本利赔尽，走投无路时，济宁老乡、两江总督（当时驻守南京）孙玉庭帮助了他，使他绝处逢生、东山再起。如今听说姑苏戴玉堂拍卖，冷长连从习医中通酿造之道，因此，联合孙玉庭合买了这家酱园。买下后，冷长连亲自来酱园主事。他潜心研究，反复尝试，留江南风味之长，取地方风味之优，短短几年，就研制出了几十种集江南风味、地方风味之优的酱菜。姑苏玉堂很快由原来的3间小门面改建成6间大门面，另建5间小楼，并增加产品种类，工人也由10多人增加到100多人。

冷长连着意培养贴身伙计梁圣铭，让他八方学艺、遍求名师，1827年，毅然将总经理的重任交付于他。梁圣铭很有才干，他注重改进技术，为了创制红方腐乳，曾派人装哑巴到苏州潘万成酱园学徒一年，又对学来的技术加以改进，终于生产出了味压江南的红方腐乳。玉堂酱园还发行钱票，流通于济宁地区，这样商人们就可以分文不动在市场上任意买卖，解决了让生意人最头疼的流动资金问题。梁圣铭运用的措施得当、经营有方，使玉堂酱园由一个小小的店铺作坊逐渐发展为当时济宁独一无二的大字号，资金比原来资金增长近300倍，全部资金达39万吊，年营业额达10万吊，工人由100人增至300多人，作坊增至数百间，产品也增加到50余种。

光绪元年（1875）任总经理的陈守和使玉堂酱园名驰京省。陈守和有着非凡的营销能力，使玉堂酱菜的名声传进京津、挤进皇宫。慈禧太后下旨让人把孙家经营的小菜送进宫

香油挑子

旧时，鲁西南乡村常出现卖香油的小贩，俗称“香油挑子”。香油挑子的扁担细长而柔软，一头挑油罐，一头挑芝麻筒，卖油的老者手提一个用两根细绳拴着的响铜板，悠起来，用小木槌连敲两下，声音悠扬悦耳，好听得很。村民们听到，便拿出精致的小瓶，装上半斤，小心地捧回家去，孩子们吃面条时，便会有一两滴香油飘散在碗里了。

【民谣】东庄老头，来卖香油；香油怪香，做碗浇汤；浇汤伴面，吃了好看；好看做啥，嫁个婆家；婆家磨香油，天天梳油头；婆家磨麻酱，吃得白又胖。

来。孙家叔侄接旨后喜出望外，立即回到济宁，精心选制了冬菜、合锦、八宝菜、酱花生仁、酱核桃仁等小菜。孙家叔侄命令工人在店内先做成半成品，选技术高手林大松和一名厨师乘船进京，经一个多月边航运边加工，待到北京打开罐子，正好光泽鲜艳，甜而不腻，咸而不浊，脆硬适口。慈禧品后连连夸道，果然味压江南、名驰京省，当即封林大松为七品官衔，封厨师为御厨师。

到光绪三十二年（1906），冷家抽出了股份，从此，玉堂酱园由孙家独家经营。孙家后人孙静峰开始了孙氏独家经营玉堂酱园的历史。他请了当时济宁地方名人李慕白、杨道园等人当参谋，效仿梁圣铭时期的办法，进行了一番改革，将生产工序改为“七行”“八作”，即七个行业、八大作坊。

所谓“七行”包括：香豆油坊，自己用芝麻磨油，清香味纯；牛烛坊，生产牛烛，干碗不淋，属自产日用品；打纸屋，生产印钱帖及一切签子，管辑一切账簿、书柬等，属内部“印刷部门”；油篓坊，编制一斤至百斤大小不等的盛酒、油、醋、酱油、酱菜的篓子，随酒、油等一同出售；酱篷坊，编制竹篷、席篷以盖酱缸用，属自编自用品；敬神黴烛坊，属商品；南油栈（包括粮栈），生产豆油，买卖粮食，存取豆饼，是玉堂酱园的经营活动场所之一。所谓“八作”包括：酱园作坊，生产“远年”套（酱）油、干豆酱、黄嫩面酱；豆腐乳作坊，生产适合广大人民口味的香乳；五香茶干作坊，生产荤素菜都能用、出门携带方便的茶干；黄酒作坊，生产干榨黄酒，既可用作烹调菜肴的调料以提味，还能作为药引子；醋作坊，生产老醋、高醋、镇江醋等，香味足；麻汁、磨油（香油）、大椒作坊；江米酒作坊，生产既能调味又能取暖，美味可口的江米酒，该酒还是做豆腐乳的主要原料；酱菜作坊，生产各种咸菜、酱菜。另有一处酒坊，专门生产金波、满庭芳、醉仙桃、红白玫瑰等各种名贵露酒。酒坊与“七行”“八作”分工合作，相互联系，有利于管理和提高工艺，使玉堂酱园保持了“味压江南”的声誉。

在经营上，玉堂酱园一直遵循“货真价实，童叟无欺”的店训。据说他们酱渍黄瓜，选料定点，黄瓜个头均匀，一斤称十三根，且要顶花带刺，用上好的甜面酱腌出油光闪闪、透绿嫩脆的成品。再如包瓜、蘑茄，要选大小均匀的马铃瓜和五星茄，将加工出的成品包瓜纵横两刀剖开，瓜的边角翻卷，内装核桃仁、杏仁、瓜子仁、花生仁、青红丝、桂花等，闻之酱香浓郁，品之甜中有咸，诱人食欲。

1913年，潘复任山东实业司司长。次年，他在济南主持举办山东省第一次物品展览会，玉

轧火药

轧火药可是个高危行业，须是很老成的熟练工方可从事这个活儿。火药的原料有三大样：火硝、硫黄、木炭。火硝一般从墙上扫下来，硫黄可去药店购买到，木炭用自己焚烧后的麻秆灰。按硝一、硫二、炭三的比例掺好，放入碾上细轧、细筛。这个活最怕明火，常有轧药不慎而爆炸的事发生，故轧药时常避开村庄，在僻静处细心操作。如原料好，又加工精心，这火药无论做炮仗，还是打枪或开山炸石，都威力无比。反之，则是哑炮，炸不开石头，火药小作坊也就关门大吉了。

【民谣】一硝二硫三木炭，轻炒慢翻石碾辗。轧火药，不吸烟，铲药粉，用木锨，轧好封进缸里边。哪天小孩不懂事，火点子嘣进缸里边，一下子炸塌了半个天。

堂酱园获得30多项金奖。随后，玉堂酱园又在巴拿马太平洋博览会上获得5枚金牌。其中潘复有力推之功，也尽显他对玉堂酱菜的钟爱。

玉堂酱园的发展历程不仅是济宁历史的重要组成部分，也是地方文化的重要组成部分，是鲁西南地区唯一的中华老字号企业。玉堂酱园有生命力旺盛的品牌，有着薪火相传的传统工艺，有着童叟无欺的经营理念，更有着南北融合的文化积淀。明清时期的山东运河区域呈现出一种海纳百川般的开放态势，东西南北各个不同区域的物质文化和精神文化都在这里得到了碰撞、交流、融合的机会。

从物质层面看，北部边疆的骏马、人参、毡货、貂皮、大豆，西部的粮食、皮张、木材、药材，南方的绸缎、布匹、茶叶、竹木、瓷器、食糖、纸张、铁货，东部的海鲜、食盐、珍珠等，或经由山东运河转销四方，调剂各大区域市场的货源，或发售到鲁西各城镇乡村，满足当地士农工商及其他各类人群的日用之需。

从文化层面而言，山东运河区域在民间信仰、风俗习尚、文化教育等方面吸收了东西南北各区域文化的精华，将其融入本土的齐鲁文化，使之呈现出斑斓多姿、丰富多彩的内涵：繁荣的商业营造出独具风格的商业文化，城镇的勃兴催生了迥异于旧时的都市文化，流动人口的激增和市民队伍的扩大促进了市井文化的产生；船只往返、官绅络绎带来了不同地域的风土人情，交汇而成兼容并包的运河风情和民俗文化……各区域风情民俗的杂糅融合则更是大量存在于民间，如临清人婚娶用马桶作陪嫁、济宁市民一日三餐离不了茶、临清人男女老幼擅唱皮黄、聊城阳谷百姓最推崇“关公要大刀”，等等。这些风俗至今仍在民间流传。⑥

明清时期，济宁是全国著名的手工业城市，手工行业主要有皮毛、棉纺、糕点、竹器、铁器等17个之多，素有“400名铜匠，500名竹匠，600名木匠，800名皮匠，1500名铁匠”之说。

运河沿岸城镇中大多有一个竹竿巷，集中了江南才常见的竹编店铺。济宁的竹竿巷就是这样一条专营竹器业的繁华大街，形成了以经营竹编、土产、杂货等为主的著名手工业作坊区。前店后厂，下店上居，具有浓厚的江南水乡韵味。济宁竹器作坊多集中在竹竿巷，清末已有37家，民国增至60家，1937年前增至130多家。一直到今天，竹竿巷仍然是济宁市竹器行业的大本营。竹竿巷的五条街西起吉市口（今任城路），东至顺河清真寺，转折向南，止于小闸口桥，恰似“曲尺”型。从布局上看，这些房屋是顺河而建，街道也是顺河弯曲。河与街巷之

擀炮仗筒

炮仗是鲁西南一带的传统节日用品之一，过春节办喜事，哪有不放几挂炮仗的。因此，炮仗作坊便成了乡村的常设作坊。制作炮仗筒是关键工序之一，将当地产的草纸掺上一部分报纸往一根铁轴上一卷，放在专用的榔头下，一碾压，粘上彩色的面子纸，磕去铁轴，一个筒便擀成了。把擀好的筒理顺了，用细麻绳捆成一个六角形的筒捆，放在一边，便等下一道切割工序了。乡村擀炮仗常在地窖里进行，地窖干湿适度而且暖和，又不用占房屋，安全性也强。

【儿歌】小炮仗，噼噼啪，吓得小狗吱哇哇，吓得小鸡扑扑啦，吓得小猫钻旮旯，惊得小妮一抖擞，喜得二小咧嘴巴。

间有诸多与之垂直的小巷，如清宁巷、永丰巷、打绳巷、清平巷等，全部通到运河岸边的码头。当地老百姓叫“老龙戏水”，东大寺为龙头，龙头扎进大运河，形成青龙戏水，弯曲悠长的竹竿巷为龙身，左右各小巷清宁巷、永丰巷、打绳巷等为龙爪，据说巷深处原有水井，不为取水，而是作为“水钉”钉牢这条巨龙。如果把东大寺看作一颗璀璨的明珠，从东大寺向西、向南的两条蜿蜒街道就像两条龙体，与东大寺形成二龙戏珠。

再如20世纪20年代，因运河之利，德国洋行在济宁直接设庄，大量收购青猾皮、羔皮，此后津沪各地洋行抬价竞购，使市价涨至10倍以上。“济宁路青猾皮”成为抢手的名牌，年产量至300万张以上，羔皮也增至150万张。这大大地刺激了附近各县饲养业的发展，菏泽等县年产青山羊高达300多万只，皮毛都从济宁转口。鲁西南地区因养羊盛行，还产生了“单县羊汤”等名吃，产生了“斗羊”等风俗。“斗羊”是鲁西南农村地区盛行的一项民俗活动，“斗羊”的主角是鲁西南地区的雄性“小尾寒羊”，俗称“抵羊”，这个品种的羊个大、性躁、善斗，和传统观念中羊温顺、软弱的特点截然相反。

二、百工与信仰

商业发展带来了文化交融。如聊城运河岸畔山陕会馆大殿中的楹联云：“非必杀身成仁，问我辈谁全节义；漫说通经致用，笑书生空谈春秋。”这反映了儒家传统中的文化反思和致用思想。清代乾隆《济宁直隶州志》载，济宁过去民风朴实，“农夫稼穑，不习商贾之事，至乾隆年间，则风俗犹江河也，趋日下矣，四方舟车所辏，奇技淫巧所集，其小人游手逐末非一日矣”，过去从事农业的农民现纷纷改业从商。有些农民受工商业发展的影响，由种植粮食作物转向种植经济作物。

据嘉靖年间《山东通志》记载，全国额定课赋棉花绒246559斤，仅山东省就征收52450斤，占21%；其中93%征自东昌、兖州、济南三府。同棉花业生产迅速发展一样，明朝中后期，山东运河区域的烟草生产、果品栽培等也因大运河的南北通达而易于转售，从而获得了长足发展。兖州府及济宁周围是山东烟草生产加工的中心。在济宁，环城四五里皆种烟草，制卖者贩郡邑，皆遍富积巨万。[⑦]据许檀的考察研究，清代乾隆年间山东梨枣等干鲜果品经运河运往江南者，每年就达5000万—6000万斤之多。[⑧]

扎炮仗眼

制作炮仗的工序比较复杂，扎炮仗眼的工序是在炮仗灌满药、封好顶、砸好底之后。扎眼的目的是从这个眼里穿进炮仗捻子，起到引燃炮仗的目的，所以这个眼要扎得准、扎得深。扎好眼后，由小孩子穿捻子。小孩子穿一盘炮仗捻子，会有四五个炮仗的报酬。捻子安好后，大人们再用挤子把炮仗捻子挤紧了，以免编炮仗或放炮仗时掉捻子。捻子一掉，炮仗便不会燃响了。

【儿歌】炮仗捆成盘，高高摞起来，红黄蓝绿紫，好看又好玩。红盘去扎眼，二叔头光摆；黄盘去扎眼，二姐手光甩；蓝盘去扎眼，二哥膀子拽；绿盘去扎眼，二伯吸烟卷；紫盘去扎眼，二婶找不着锥子眼。

商业发展促进了手工业的发展，而手工业又影响到农业，进而改变了农业的生产习惯。农业的改变达到一定规模，又会反向影响手工业，进而影响商业。这些都是商业、手工业、农业三者互相影响、彼此促进的结果。

科技的发展使得越来越多的传统手工技艺成为文化遗存，但传统工艺是创造性的手工劳动和因材施艺的个性化制作，具有工业化生产不能替代的特性，具有历史传承的特点，具有民族和地域特色。传统工艺中的技艺、产品、行规、传说、信仰等成为民俗的重要内容，所谓“形而上者谓之道，形而下者谓之器”，器以载道，传统手艺蕴含着民族的文化价值观念、思想智慧和实践经验，既是非物质文化遗产的重要组成部分，也为我们留下了宝贵的物质遗产，最重要的是它与日常生活联系紧密。2017年，《中国传统工艺振兴计划》⑨发布。在“第一批国家传统工艺振兴目录”（2018）中，全国共计383个传统工艺项目入选，涉及纺染织绣、服饰制作、编织扎制、雕刻塑造、家具建筑、金属加工、剪纸刻绘、陶瓷烧造、文房制作、漆器髹饰、印刷装裱、食品制作、中药炮制、器具制作14个门类。山东共有鲁锦织造技艺、潍坊风筝制作技艺、莱州草编技艺、滨州民间剪纸技艺、杨家埠木版年画绘制技艺、高密扑灰年画绘制技艺、鲁派内画绘制技艺、琉璃烧制技艺、临清贡砖烧制技艺、德州黑陶烧制技艺、淄博陶瓷烧制技艺、潍坊嵌银髹漆技艺、周村烧饼制作技艺、德州扒鸡制作技艺、亓氏酱香源肉食酱制技艺、二仙膏制作技艺、东阿阿胶制作技艺17个项目入选。

其中鲁锦织造技艺、琉璃烧制技艺、二仙膏制作技艺都是鲁西南一带的手工技艺。

2018年，山东省公布了第一批山东省传统工艺振兴目录，共89项，涉及12大类别，包括纺染织绣、编织扎制、雕刻塑造、金属加工、剪纸刻绘、陶瓷烧造、文房制作、漆器髹饰、印刷装裱、食品制作、中药炮制、器具制作。菏泽有6项技艺入选，分别为：鄄城县鲁锦织造技艺、曹县柳编编织技艺、牡丹区曹州面人技艺、曹县江米人技艺、单县羊肉汤传统制作技艺、郓城古筝制作技艺。济宁市有7项技艺入选，分别为：嘉祥鲁锦织造技艺、嘉祥石雕技艺、曲阜楷木雕刻技艺、曲阜琉璃瓦烧制技艺、曲阜拓片制作技艺、济宁玉堂酱菜制作技艺、二仙膏古法制作技艺。枣庄有两项技艺入选，分别为：峄县传统青铜器技艺、阴平毛笔制作技艺。

相较于这些专门的手工技艺，那些我们曾经的日常生活中不可或缺的手艺更值得重视和研究。那些正在消失或业已消失的烧窑、打井、打墙、盖房、打家具、赶车、做炮仗、纺线、织布、做粉条、晒柿饼、腌咸菜等手艺……它们存在于我们的庭院中，走出庭院，它们又可以

切炮筒　穿炮捻

擀好的炮仗筒子须再捆成六角或八角的盘子，然后从中间一截为二，这道工序即切筒。切筒的刀具很像鲁智深的禅杖刀，不过，这种刀具的年代可比鲁智深的禅杖刀早多了。穿炮仗捻子是小孩子干的活，也就是把火捻子穿进已灌好药、封好顶、砸实底的炮筒里去，需要穿得深。然后由大人用冲子、挤子把捻子给挤实了，这叫挤顶。挤好顶，便可散开盘子、编炮仗、打包装箱子了。

【儿歌】炮仗穿捻，小妮手快，半晌一盘，奖糖两块；小小手慢，东瞧西看，一盘一晌，爷爷光嚷。

发展成为酱油铺、豆腐店、打铁铺、打金店、杂货铺、中草药铺、酒店、剃头店、裁缝店、古董店、木雕店、画像店、香烛店、棺材店等日常生活中的各种店铺。

它们是我们的乡愁。

中国各地各行业千古流传，均有供奉“祖师爷”的风俗。祖师爷的民间信仰反映出人们对能工巧匠的崇拜。这既是对技艺通神的追求——人可以获得一定的神性而自我完善；也是人对自我生命的观照——通过手艺来改变世界，使生活更美好。英国著名人类学家泰勒在《原始文化》中写道：“阿比西尼亚的布达人——铁匠和陶工就是如此，他们在边疆同时也被称为巫师和能变者。”[10]匠人的手艺可以通灵，这同样存在于中国文化中。民间有“三百六十行，无祖不立”的说法。祖师信仰以求源惟早、行迹惟神为主要原则。在各行各业的祖师信仰中，鲁班祖师信仰是起源较早、影响最大的一个。

鲁班（前507—前444），春秋时期鲁国人，姬姓，公输氏，名班，人称公输盘、公输般、班输。人们习惯称其为“鲁班”。早期记载鲁班事迹的是《墨子》《礼记·檀弓》《风俗通义》《水经注》《述异记》《酉阳杂俎》等，一些笔记和方志也著录其事迹。但作为“百工之首”，相较于这些记录，人们更多的是通过几千年口口相传的故事认识鲁班、崇拜鲁班。在历史的传说演化中，人们逐渐把鲁班塑造为具有传奇色彩的能工巧匠、发明家和行业神，把古代劳动人民的集体创造和发明都集中到他身上。《事物绀珠》《物原》《古史考》等不少古籍皆载，木工使用的不少工具器械都是他创造的，如曲尺（也叫矩或鲁班尺），又如墨斗、刨子、钻子、锯子等工具。他还是许多古代兵器的发明者。《墨子·鲁问》载鲁班将钩改制成舟战用的“钩强”，楚国军队用此器与越国军队进行水战，越船后退就钩住它，越船进攻就推拒它。《墨子·公输》则记载他将梯改制成可以凌空而立的云梯，用以攻城。他还发明了许多农业器具。《世本》说鲁班制作了石磨，《物原·器原》又说他制作了砻、磨、碾子，这些粮食加工机械在当时都是先进的生产工具。另外，《古史考》记载鲁班制作了铲。传说，他还发明了风筝、车辆、锁钥等，发明了打井、造船等技术。

有关他的传说在民间广泛流传。马塞尔·莫斯认为口承传统在世界民间文化中有一定的位置，并且构成了民俗研究中一个很重要的领域。这些传奇和故事不仅是想象力的简单发挥或者集体幻想的一种传统表达，并且在长时段的夜间讲习期间，它们不断重复烙下了一种期待、恐惧的印记。稍加鼓动，这种印记就会引致错觉并激起最活跃的反应。[11]历代工匠尊

编炮仗　听水浒

炮仗做好后，便进入编炮仗的工序了。此时，大家的心情已比较放松。于是，大家便会推举出一个人来，专给大家读《水浒传》听，有时也读《三国演义》《七侠五义》《西游记》等。大家一边干活，一边听书，一边议论世间的忠奸是非，既干了活，又听了书，懂了许多道理，长了许多知识，真是令人回味的美好场景。

【儿歌】编炮仗，听“水浒”，武松阳谷打猛虎；插捻子，说“三国”，火烧赤壁一把火；擀炮筒，念“西游”，唐僧西天收孙猴；一冬炮仗都擀完，“七侠五义”都听全。

称他为“鲁班先师”“巧圣先师”“鲁班祖师”。传说称：“今之工人凡有祈祷，靡不随叩随应，忱悬象著明而万古仰照者。”[12]鲁班的名字实际上已经成为古代劳动人民智慧的象征。2008年6月7日，鲁班传说经国务院批准列入第二批国家级非物质文化遗产名录。

鲁班是滕州人，据说，“文革”前，滕州一带还有农历五月初五拜鲁班的风俗，称之为“寿诞节”。

这一天，但凡工匠人家，就会把院中的香台搭建成庙式的天棚。棚外插满青竹松枝，棚内供奉着“鲁班祖师爷之神位”的灵牌，牌前摆放着活鸡活鱼、整猪整羊之类的祭品。擦得锃亮的锛、凿、斧、锯等，用红绸包裹着，像供品一样排列在棚门两侧。待东方欲晓、烧纸放鞭炮时，举家长幼有序，轮番把酒上香，然后匍匐在灵牌桌前的大红席上，行跪拜大礼，祈求鲁班爷佑护国富民强、阖家平安。[13]

当地有民谣这样唱：

（问）什么东西溜溜圆？
什么把儿弯弯能浇田？
哎，什么东西团团转？
什么人千秋万代传来呀呼咳。

（答）磨盘、碾盘溜溜圆，
辘轳把儿弯弯能浇田，
哎，碌碡轧场团团转，
鲁班爷圣名万代传来呀呼咳。

在鲁西北的禹城、鲁南的兰陵一带，民间匠人的行业神崇拜在建国以前颇为流行。木匠、瓦匠、石匠尊鲁班为始祖爷，于每年农历五月初七聚会纪念。“掌尺的”酹酒率众叩拜，然后各人把一件工具放在神主牌前，焚化黄表纸，俗信纸灰落在谁的工具上，就是祖师爷向谁“赐巧”。此外，据禹城《房寺镇文化志》载，当地的裁缝、纺织、刺绣工人还以黄帝、嫘祖为开山始祖，于农历九月十六日黄帝生日时，设供品、焚香纸祭奠。到时候，每人拿出一件得意作品赛艺，大家公认为头名的，向之赠送“彩头”。金、银、铜、铁、锡各匠皆尊李耳为“老祖”，于农历二月十五日“老君”生辰举行纪念仪式。鞋匠则奉孙膑为制鞋始祖，于农历十月初一祭祀。染坊匠人奉梅福、葛洪为染布缸神、染色老师，于九月九日祭祀。

卖炮仗

进入腊月二十便是年集，大家便起早贪黑地赶集卖炮仗。卖炮仗是件很苦的差事，天不亮便须赶到集市上占摊子，待赶集的人们来到，便需抖擞精神，站到桌子上高声吆喝。一直到下午三四点钟散集，商贩们在小吃摊上随便吃点东西，便匆忙赶回家去。回到家，天一般都是黑的，吃过晚饭，便又忙着装箱打包，第二天早上又要三四点钟起床，因为十公里外的大集又等着他们了。在没有机动车辆的年月，仅靠两只脚板赶路，其辛苦可想而知。他们从早赶到晚，脸也没空洗，洗也洗不净，在整个腊月，他们的脸和手都是黑黑的，可这也锻炼了他们的健壮体魄和朗朗口才。

【吆喝】南京到北京，好货到处兴，乡亲们，您走三步观六眼，回来再买也不晚，王家庄的炮仗等着你咧。乡亲们，你们认不准炮仗认不准人啊，认不准我这个厚嘴唇啊，来吧乡亲们，王家庄的炮仗今年又来啦！

蔡伦在阳谷一带被奉为行业神。据《汉书》记载，东汉元兴元年（105），宦官蔡伦在谷城（今山东阳谷）传授造纸技术，后人称其纸为“蔡侯纸”“谷纸”。后世奉他为造纸术的发明者。他千百年来备受人们的尊崇，被纸工奉为造纸鼻祖——“纸神”。传说蔡伦就在阳谷县鲁庄造纸。当地至今依然保存着传统造纸工艺，盛产手工抄纸。农历三月十七日是蔡伦的诞辰，现在阳谷鲁庄为了纪念造纸祖师爷蔡伦，每年从农历三月十七日开始，开展为期3~7天的庙会活动。

注 释

①1949年冬，南城墙大部分被拆除，但太白楼与其脚下的一小段城墙残存了近两年。1952年，在重新规划的城市广场上重建太白楼，但其形貌与原来的大不一样。（参见济宁市地方史志编纂委员会编：《济宁市志》，中华书局，2002，第36页）。

②王云：《明清山东运河区域社会变迁的历史趋势及特点》，《东岳论丛》2008年第3期。

③乾隆《济宁直隶州志》卷二《里社》；卷五《丁口》。

④《济州金石志》卷五。

⑤摘自李继璋：《济宁直隶州拟稿》“疆域志下·园亭”，1927年稿本，藏山东省博物馆。

⑥王云：《明清山东运河区域社会变迁的历史趋势及特点》，《东岳论丛》2008年第3期。

⑦王培荀：《乡园忆旧录》卷八。

⑧许檀：《明清时期山东商品经济的发展》，中国社会科学出版社，1998，第335—356页。

⑨《中国传统工艺振兴计划》由文化部、工业和信息化部、财政部制定，2017年3月12日经国务院同意并发布。《中国传统工艺振兴计划》的总体目标是：立足中华民族优秀传统文化，学习借鉴人类文明优秀成果，发掘和运用传统工艺所包含的文化元素和工艺理念，丰富传统工艺的题材和产品品种，提升设计与制作水平，提高产品品质，培育中国工匠和知名品牌，使传统工艺在现代生活中得到新的广泛应用，更好满足人民群众消费升级的需要。

⑩［英］爱德华·泰勒：《原始文化》，连树声译，谢继胜等校，广西师范大学出版社，2005，第90页。

⑪［日］柳田国南：《传说论》，连湘译，紫晨校，中国民间文艺出版社，1985。

⑫午荣编，李峰整理：《新镌京版工师雕斫正式鲁班经匠家镜》，海南出版社，2003，第220页。

⑬王中主编：《圣匠鲁班》，青岛出版社，2016，第23页。

修家谱

修家谱是一个家族的大事，山南海北、老老少少的同族人都兑钱、兑物，组成一个修谱的班子，架好大锅，支起大棚，选好吉日，给祖先行过大礼，便有条不紊地忙活起来。修谱的日子是全族人接触最多的日子，也是全族人亲情最为浓郁的日子。

【民谣】王家修谱，从春至暑，吃粮千斤，杀猪三口；李家修谱，寻根访祖，下过南洋，到过蒙古；张家修谱，添添补补，兄弟不乐，爷们添堵。

第五章 生活世界

第一节 衣与食：男耕女织的最后绝响

一、高高山上一张机

从前，曾参住在鲁国费地。费地一个与曾参同名同姓者杀了人。有人就跑来告诉曾参的母亲说："曾参杀了人！"曾参的母亲说："我儿子是不会杀人的。"说完，便只管织自己的布。过了一会，又一个人跑来说："曾参杀人了！"曾参的母亲还是照常织自己的布。又过了一会，第三个人又跑来说："曾参杀人了！"这次，曾参的母亲信以为真，害怕了，扔掉织布的梭子，翻墙逃跑了。[①]

这个故事本是说曾参之贤与其母之信，但流言可畏，也会让母亲不再相信儿子。曾子是嘉祥人，到了东汉时期，当地豪强武氏家族修建家族墓地，"曾母投杼"的故事被刻在了墓地的画像石上。

嘉祥县武氏祠汉画像石[②]上的"曾母投杼图"意外地为我们留下了当时织机的图样。图中的斜梁机是纺织最重要的工具，在鲁西南地区沿用至今，已经有2000多年的历史。在曾子稍后的孟子的时代，有"孟母断机"的故事——

> 孟母姓仉氏，孟子之母。夫死，狭子以居，三迁为教。及孟子稍长，就学而归，母方织，问曰："学何所至矣？"对曰："自若也。"母愤因以刀断机，曰："子之废学，犹吾之断斯机也。"孟子惧，旦夕勤学，遂成亚圣。[③]

后来的《三字经》中就有"昔孟母，择邻处，子不学，断机杼"之言。这些记载除了展现了母亲的教化，也清楚地告诉我们那个时代纺织的普及。这是"男耕女织"自然经济的根本。据考古发掘可知，远在新石器时代，鲁西南地区就出土有"纺纶"。考古人员发掘梁山县青堌

旋锭子

旧时，在鲁西南一带，庄户人家的穿衣盖被全靠农妇手工纺线织布，要纺棉线，就离不开锭子。锭子用枣木、啄木旋成，两头尖，中间粗，且有二组凹槽。旋锭子需在专用的木制旋床上进行，把状如胡琴弦弓上的皮条缠在锭子上，一拉，锭子便飞快转动，用极锋利的旋刀一蹭，锭子便会被旋得又直又光滑。旋锭子师傅的手艺不是一般木匠比得了的。

【民谣】小锭子，尺把长，东庄老头旋的忙，先旋一支枣木锭，又直又滑分量重，再旋一支楝子木，古铜颜色条纹粗。两只锭子买回家，吱吱呀呀纺棉花，头天纺了半斤整，二天纺了八两八。

堆遗址[④]时，探得遗址共分七层，一至三层为商中期文化层，四至六层为商早期文化层，七层为原始社会晚期文化层。考古人员在第七层中，获得了丰富的实物资料，既有生产工具，又有生活工具，其中有个圆溜溜的小陶轮，中间有孔，这是纺麻线用的“纺轮”，说明早在距今大约4500年前的龙山文化时期，这一带的东夷族人就已经能纺麻织布了。在商周时期，黄河流域就出现了一种木质纺织工具——腰机，其结构极为简单，人们在使用时需席地而坐。汉代斜梁机——“曾母投杼图”中的织机的出现，标志着纺织技术的逐渐成熟。汉代斜梁织机上卷经轴、经木、综、蹑等关键部件均已具备，使用时可以手脚并用，大大加快了纺织速度。这是当时世界上最先进的织机。欧洲直到6世纪才出现，至13世纪才被广泛运用。

鲁西南平原属黄河冲积平原，土质沙壤，地势平坦，河泊纵横，日照充足，宜于植棉。京杭大运河的贯通大大推动了这一区域农业生产结构的调整，带动了棉花等各种经济作物的大面积种植。运河两岸成为明清两代山东主要的植棉区。嘉靖《山东通志》载：全国额定课赋棉花绒246559斤，仅山东省就征收52450斤，占21%；其中93%征自东昌、兖州、济南三府。

随着丰富的原材料走向全国的还有经过深加工的织品。鲁西南地区最著名的织品非鲁锦莫属。锦一般指丝织品，是由黄帝的妻子嫘祖发明的“养蚕取丝”而来；鲁锦却是布，织造原料均是纯棉材料，由当地妇女用原始的木制纺车、织机等精心纺织而成。据梁山文史资料记录，明宣德年间，汶上县李垓村（今属山东梁山）有个挂千顷牌的大富户，他的妻子马氏是皇帝朱瞻基之叔父鲁王的一品诰命夫人的妹妹。据说，马氏在娘家待人和善，与府里的用人打成一片，还跟用人田嫂学会了纺线、织布的手艺。她嫁到李垓村后，看到百姓穿得衣不遮体，就把纺织棉布的本领传授给村里的姑娘们，从此，李垓村的姑娘嫁到哪个村，纺织技术就带到哪个村，一传十，十传百，很快遍及了附近的所有县镇、村庄。这可以视为关于鲁锦技艺产生与传播的民间传说，但从一个侧面说明了鲁西南织锦技术吸收了江南丝绸等制品的纺织技艺。明代时，鲁锦风格已经成熟。清代时，山东鄄城的鲁锦成为贡品。清朝康熙至乾隆年间，鲁西南居民将棉花加工成棉布销往西北、东北边塞及京津、胶东一带。鲁西南地区从江南棉布市场的附属性原料产地一跃而成为向西北、东北大量出售棉布商品的地区。

纺线织布是鲁西南地区最寻常的生活场景。姑娘们从小就在母亲的教导下学习织布，有的不到10岁就能上机，出嫁的时候，姑娘的嫁妆里一定要有几卷自己织的面料。鲁锦一

选梭

乡村的集市上，专卖织布设备配件的摊子很多，上面摆有梭、柱、刷子、络子、签子、磕头虫、油盒等。妇女们仨人一伙、俩人一帮地在摊位前精挑细捡，大声地和摊主讨价还价。摊主满脸堆笑，从不与任何一个顾客顶撞。

【民谣】杂货摊，集上摆，有绽有梭有签板。他大舅，买条柱；他大伯，买把梭；他大姐，买把锭子花布裹；他大姨，挑来捡去不着急。不着急，不着急，过了这集有下集。

直被称为“老土布”“老粗布”，直到1985年，山东省工艺美术研究所才将其定名为“鲁西南民间织锦”，“鲁锦”的叫法由此而来。鲁锦织造技艺于2006年被列入山东省省级非物质文化遗产名录，于2008年被列入国家级非物质文化遗产名录，于2018年入选第一批国家传统工艺振兴目录。

民间织锦工艺极为复杂，一幅织锦里蕴含着高超的技巧和繁杂的劳动。所用的织机就是“曾母投杼图”中的斜织机。当地的《织布谣》形象生动地记述了从拾棉到成衣的整个过程：

哪年都有八月八，
抬起手来就拾花。
左手拾了一大篮，
右手拾了一卧单。
拾到家，轧车轧，
轧里个棉花咀连连。
桑木弓，驴皮弦，
枣木槌子来弹棉。
腚里夹哩个弯柳椽，
弹哩个棉花宣又宣。
搓哩个棉荸荠赛银单，
买哩个棉车八个齿。
旋哩个锭子两头尖，
纺哩个棉穗滴溜圆。
拐子拐，上浆椽，
家家男人不偎边。
浆线的娘娘虾着个腰，
落线的娘娘搅得快，
经线的娘娘跑快马，
镶线的娘娘站两边。
做哩个落子四条腿，
刻哩个梭子尖又尖。
浆子浆，棒槌颠，
剪子铰，钢针钻，
一天织个丈二三，

纺线

早先，鲁西南一带的农妇们个个是纺线的好手，她们在娘家为闺女的时候，便已练成绝好的手艺。纺线以细匀为好，纺车摇的快慢、手捏的紧松、手臂的平稳与否，影响着纺线质量的好坏。女人们纺线多在晚上进行，“嗡嗡”作响的纺车，伸缩有致的抽拉，外加姑嫂甜甜的密语，农家的生活充满了甜蜜。

【儿歌】嗡嗡嗡，纺棉花，一纺纺了个大甜瓜，爹一口，娘一口，咬了小妮的手指头；妮哩妮哩你别哭，那边来的是你姑，你姑拿的是花鼓，白天拿着玩，夜里吓马虎。

送到缸里染毛蓝。
老头染个大褂子，
老婆染个大布衫，
说着说着年来到，
家家都有衣裳穿。
穿个衣裳真不易，
共有七十零二遍。

鲁西南民间世代传唱的《棉花段》这样唱道：

奇溜嘎嗒去轧棉，
一边出的是花种，
一边出的是雪片。
沙木弓，牛皮弦，
腚沟夹个柳芭椽，
枣木槌子旋得溜溜圆，
弹得棉花朴然然。
拿梃子，搬案板，
搓得布绩细又圆。
好使的车子八根齿，
好使的锭子两头尖，
纺得穗子像鹅蛋。
打车子打，线轴子穿，
浆线杆架着浆线椽。
扽线棒棒拿在手，
砰砰喳喳扽三遍。
旋风子转，落子缠，
经线姑娘两边站，
织布就像坐花船，
织出布来平展展，
送到缸里染青蓝。
粉子浆，棒槌掂，
剪子铰，钢针钻，
做了一件大布衫。

桄线

农妇们在织布前，需先把纺好的棉线用桄线车子桄成大线把子，以备上浆之用。上浆后的线，一部分上织机作经，另一部分作成长形的棉穗作纬，作纬线的棉穗里面，女人们爱放一个铜钱。织布时，掰开棉穗，拿出铜钱，里面的线头正好带了出来，把这棉穗放进梭子里，便可以织布了。

【儿歌】风车子，桄车子，吱吱呀呀转圈子。一转转到堂屋里，看见奶奶桄线哩；一转转到西屋里，看见姑姑作穗哩；一转转到院子里，看见爷爷生气哩。爷爷爷爷别生气，桄线车子您做哩，摇上一圈磨破手，摇上两圈散架哩，要是摇恼俺奶奶，没人给你做饭哩。

虽说不是值钱货，
七十二样都占全。
十字大街站一站，
让您夸夸俺的好手段。

织锦大大小小的工序共72道，主工序有9道：

（1）纺线

将棉条接向快速转动的线锭子，棉条自动加捻成线。

（2）染线

将纺线放进染液中，搅动并加热至沸腾，使其着色。

（3）扽线

把染好的纺线在浆糊中揉搓，之后，穿晾起来，扽至干透。

（4）经线

依照图案将色线络子固定在几十个铁环上。将铁环上的线一一牵出，按顺序挂在每一根经线橛上。捆系交橛处的交叉，卷线成团。

（5）闯杼

将经线一根根插入杼中，穿起线头以防脱回。

（6）刷线

清理经线之间的缠连，将经线一段段梳开。

（7）掏缯

经线或穿过缯片的圆环，或从缯柱中穿过。掏缯的作用是在织造时使经线上下分离形成织口，便于穿纬线。缯越多，织口越多，纹样就越丰富，不同的掏缯方法决定了不同的图案。

（8）吊机子

将织机部件全部组合调试出来，包括拴布、吊脚蹬等。

（9）织布

踩踏板的同时推出撑框，一手投梭，一手接梭，接梭后将撑框后拉。手脚配合，不断重复这一动作，当最后一段经线织到缯处时，织布完成。

浆线染色

浆线染色是纺线后的一项重要工序。纺好的棉线须经浆水浆过，使其变得硬挺、不粘连，方好上机织布。浆过的棉线须经晾晒，晾晒时还要用木棍不时地扽拽，棉线才能又直又硬。如天气晴好，一大早晌，线就可晾干，收好，适当的时间便可上机整经了。如若先染后浆，线的颜色既鲜亮，织布时又显得利索。

【民谣】三妹妹，浆线子，浆了一身浆面子；三姐姐，扽线子，线子断了一半子；三姑姑，熬浆子，浆糊粘了俩辫子；三奶奶，拍手笑，丫头片子不嫌臊，寻个婆家没人要。

在代代传承中，鲁锦的图案由最初的斜纹、条纹、方格纹等发展到枣花纹、狗牙纹、斗纹等八种传统几何纹样，此外还有水纹、芝麻花纹、鹅眼纹、猫蹄纹等。利用菱形、点状、锯形大小套用以及不同的排列组合等手法，织工能用22种基本色线编织出近两千种图案。今天，各类鲁锦原封不动地保存在了中央美术学院民间工艺品标本室里，种类达数百种之多。鲁锦的图案中包含着时代的印记。中华人民共和国成立后，妇女们纺织“鲁锦”，创造出“花方格”“花条”“红薯花”“北京三到街”“三面红旗”“窗户棂里挂纱灯”“石榴仁”“八砖铺地九顶门”“七个仙女转周围”等图案织法，布面平整，色线讲究，画面真实生动、简洁典雅。改革开放以后，她们将四格缯组合成六格缯，逐渐由使用六把梭发展到使用十四把梭，先后创织出“喜盈门”“奔小康”“万家乐”“鸳鸯戏水”“牡丹园花”“包公回城”等颜色多样的新棉织品。所以说，技艺之外，织锦的劳作中还蕴含着人们对文化历史的体验、对生活娱乐的感悟。一首《织手巾》道出了妇女枯燥劳作中的快乐，反映了布匹精美图案中的文化。

高高山上一张机，
一头高来一头低。
上机蹬个龙开口，
十二条手巾都织齐。
一条手巾织新春，
红男绿女乱纷纷。
太子拉马东京去，
文武百官随后跟。
二条手巾织得长，
上织磨坊李三娘。
三娘磨坊身受苦，
含泪生下小二郎。
三条手巾织得花，
上织刘全来敬瓜。
刘全敬瓜阴司路，
抛下一儿一枝花。
四条手巾颜色新，
上织蚂蚱对蜂群。
蜜蜂飞到花丛里，

迁线子

浆线染色后，需要迁线子。布准备织多长，线子就得迁多长，相应的木橛子就得在地上砸几个，然后按计划好的花布样式，将不同颜色的线落子一个一个排好，再抽出线落子上的线头，一个一个地穿过线溜子，拢成一把，慢慢向外抽，抽长了，挂在橛子上。反复抽，反复挂，直到长度满意为止。落子上剩下的线多做成长穗，放在梭子里当纬线。这道工序一般要三至四人做，人要细致，毛糙人干不了这个活。

【民谣】落子排一行，颜色真鲜亮；抽出线头来，搭在肩膀上；两橛一丈布，三橛两丈长；抽线不使劲，挂橛不着忙；线子迁五丈，不误吃麻糖。

种花老人汗淋淋。
五条手巾织五罗，
上织五罗白沙河。
白沙河来了杨八姐，
八姐游春戏飞蛾。
六条手巾织六重，
上织六重九条龙。
九条神龙来复位，
云来雨去呼东风。
七条手巾织螃蟹，
上织一位佛二姐。
斩将封神姜太公，
又封一个赵二舍。
八条手巾织八方，
上织焦赞对孟良。
孟良拿着劈山斧，
手持金刀杨二郎。
九条手巾织得全，
上织孙猴闹龙潭。
东海龙王献珍宝，
八戒沙僧打成团。
十条手巾织得高，
上织白绫共枪刀。
白绫撕下蓝绫系，
宝风槽上倒曹操。
十一手巾织的灯，
云灯鱼灯狮子灯。
大街小巷明晃晃，
龙灯耍得一阵风。
十二手巾织到头，
上织彩楼抛绣球。
绣球单打薛平贵，
三姐飘飘下彩楼。⑤

刷线

迁线子完成后是刷线。刷线子是织布前整个工序中重要的一环，主要是把经线塞进杼里，然后用竹刷子把经线刷理顺了。“杼”是用竹硬皮挤成的，它的作用是顺着经线前后挤磕，使之形成布，这个活需要耐心。花纹的经线要数得精确无误，不然织出的花纹便要出错了。

【儿歌】线柱子，六个翅，卷上线子五丈四。三嫂子，手轻轻，刷线一根也不崩；四大娘，毛糙活，线子刷断一箩筐；五婶子，嘻嘻哈，刷子刷散一大撮；大奶奶，噘着嘴，一个个妮子手没准儿，不用恁这些捣蛋鬼。

二、符号中的理想世界

在以往的岁月，人们纺织鲁锦多是为了生计，有钱人家的女人也免不了纺织鲁锦来做衣被。在鲁西南一带，女人结婚后，婆婆便给她5—10公斤棉花，叫作“另开路”，即在生活的某些方面自立的意思。从这时起，做婆婆的不再管儿子的穿戴，这成了做妻子的义不容辞的责任。这5—10公斤棉花便是做媳妇的“老本”。她需将这些棉花先织成布，换了钱再买更多的棉花，织成更多的布，用赚的“布”给丈夫及儿女做衣帽鞋袜。经营好的，卖布多赚的钱还可用来买粮买油。因此，给儿子找媳妇的时候，鲁西南一带并不太计较长相，而是很看重织布的本领。除此之外，当老土布成为民俗学视野中的“鲁锦”的时候，老百姓依然称之为“花格子布”。这称呼源于女孩子们对那些色彩和图案的喜爱，源于她们对自己劳作的欣赏，源于她们对生活的热爱和对未来的憧憬。“花格子布”对于她们来说还有一种特殊的意义——那是她们最重要的嫁妆。早先，当地女孩子从小就跟随奶奶、母亲或姐姐纺线织布，有的不到10岁就能上机，除了接济家用，还要积攒自己的日后嫁妆，嫁妆中有被面、褥面、床单、帐子、枕套、墙围、门帘、手巾，还有包袱布和四季衣料。织得多的自己一辈子都穿用不完，又成为女儿结婚的嫁妆。其中被褥是最重要的，娘家陪送的嫁妆中必须有“几铺几盖”，即几床被子、几床褥子。出嫁前夕，母亲会特意为女儿印染出一大块彩印花包袱布。家族中的女眷会用这块包袱布将那些崭新的被褥包起。这个过程最需用心，包袱的四个角要有意露出被褥的花格，以展现图案的美妙，再用新娘亲手织就的织花带将包袱扎紧，与其他的嫁妆一起，或人抬或车拉，这一包袱嫁妆一定要摆放在醒目的地方，随着迎亲的队伍，一路招摇而过，接受众人的品评与称赞，意在告诉夫家的亲友邻居，新娘子是多么心灵手巧，这是女人一生最光彩的时刻。

母亲送给女儿的包袱上印染着特殊的图案：或印染“绵绵瓜瓞”的吉祥图式，有的还会加上蝴蝶图案，取“蝶”“瓞”同音，寓意子孙昌盛、兴旺发达；或印龙飞凤舞图案，取龙凤呈祥之意；或印榴开百子图案，祝愿多子多福；或印喜鹊梅花枝头闹图案，寓意喜上眉梢、双喜临门……这是母亲送给女儿最美好的祝愿。

母亲送给女儿的嫁妆中既有招摇过市的“被褥包袱”，也有压箱底的物件“福本子”。织物是一个女人心灵手巧的展示，福本子却是一个女人对一个家庭的秘密“掌控”。

旧时在鲁西南地区，有一种妇女用来夹放鞋样子或绣花花样、花线的小书册，叫“鞋

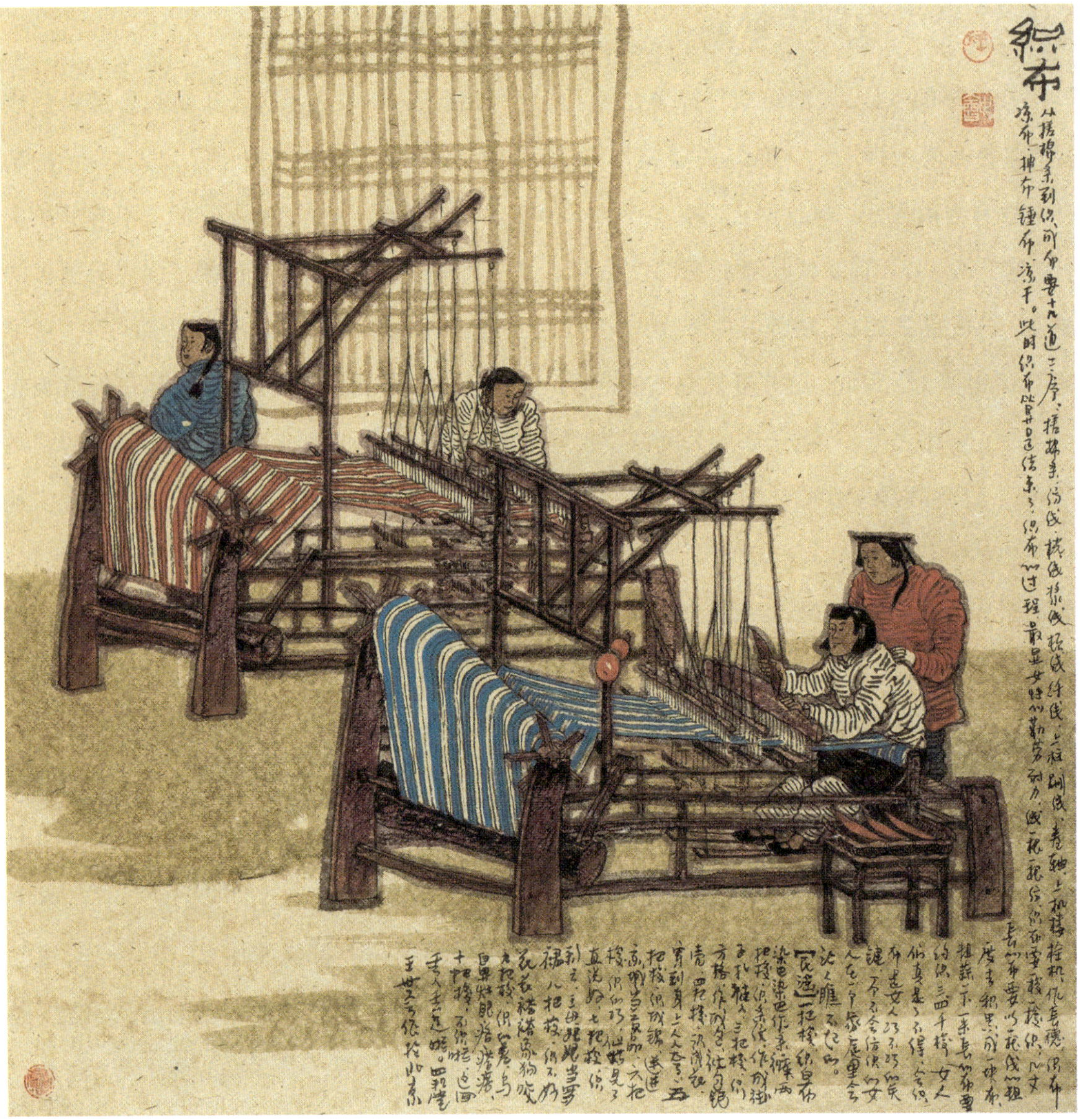

织布

以前，在鲁西南一带的农村，织布手艺高超与否是衡量一个女人是否灵巧的主要标志。织布从搓棉条到织成布有十多道工序：搓棉条、纺线、桄线、浆线、落线、纤线、晾线、顿线、上柱、刷线、卷线、栓机、做长穗、织布、捶布、晾布。这些工序进行完，布便织好了，然后便可做衣、缝被、裁成包袱了。白布可以一把梭织到底，花布便须用二把梭、三把梭甚至九把梭才能织成，如果再配上提花，那花布就更绝了。现在，这种花土布成了稀罕之物，可以出口，也可作为工艺品，很受人们欢迎。

【民谣】一把梭，织白布，染巴染巴作条裤；二把梭，织条纹，作成褂子扎挂人；三把梭，织方格，做成包袱包银壳；四把梭，织成花，穿到身上人人夸；五把梭，织成锦，送进京城当贡品；六把梭，织彩云，王母娘娘做罗裙；七把梭，织朝霞，仙女穿上羞哒哒；八把梭，织不好，花里花嗒像狗咬；九把梭，织得差，乌鼻灶眼疙瘩瘩；十把梭，不织啦，咔嚓咔嚓撩机啦，这回丢人丢足了。

样本子”，也叫“鞋样子本”。它是将一些不足尺长的小型木版画装订成或厚或薄的本子，用一整块家织蓝染布像包书皮一样制成封面封底，封面上再钉缀扣鼻、扣眼儿和布盘扣，书脊处用白色棉线“装订”，其外形俨然一本装帧精美的线装书，当地人称它为“书本子”。在当地方言中，“书”的发音与“福”相似，所以“书本子”也就念成了“福本子”，又增添了“幸福之本”的含义。

当地有个风俗，儿媳妇“过门”后，婆婆要准备五样女红用具送给她：鞋样本子的蓝布封皮、针线活筐子、纺花车子（纺车）、包囊子（针线包）、剪子。儿媳妇也随即向婆婆请取丈夫的鞋样和袜样，婆婆从自己的鞋样本子里取出，一起交给儿媳。从此，做娘的就算把儿子今后的一切全部移交给儿媳了，媳妇将丈夫的鞋样与袜样收取在自己的“鞋样本子”里，伴随一生。

别看它只是一个普普通通的婚嫁用品，却是男女两家共同完成的。娘家准备书本子，就是里面的画册，在婚礼这天作为嫁妆带过去。仪式举行完毕后，婆婆再把鞋样本子的蓝布封皮送给媳妇。当地流行着这样的俗语：“娘家的本，婆家的确儿，打的粮食没处着（放的意思）。”或者说：“娘家的本，婆家的确儿，生的孩子一小窝儿。”娘家的本就是说鞋样本子是由娘家陪送的，这是书本子的主体。婆家的确儿（“确儿”是土语方言，一般用来指“袼褙”）在当地最初指鞋底，是用各种颜色、各种质地的多层布条拼粘而成，为求美观，人们往往在最外一面缝制一层新布。山东很多地区都把“袼褙”称为“确儿”，如“布确儿”“纸确儿”等。鞋样本子的封皮离不开“确儿”，因为单层布做封皮不够挺妥，太软，总要有一定的厚度才行。这个封皮的常规做法是先做同样大小的布确儿，在它外面贴附一层蓝色新布，再做扣，镶扣眼儿，用线缝起来，仿照线装书的样子在书脊处走明线，一来好看，这是一种对知识载体的“克隆”，充溢着书卷气；二来多走几道线也结实耐用。婆家的“确儿”言指外面的封皮是婆家给的。这么一个简单的东西只有男女双方共同来完成，才能获得完满与幸福的新生活：“打的粮食没处着”，将来的小日子年年有余，粮食多得没处搁！“本”寓意“瓤”，“确儿”寓意“皮”，皮与瓤结合为一体、意味着男女结合、永不分离，如此才能繁衍生命、生生不息。⑥

福本子里夹着用各种纸料剪裁的全家人的鞋样，大大小小。有人还把绣花花样、绒线等样本也一条条放在里边或缝在里边，这样做活的时候用着方便。

收布车子

鲁西南一带的乡村集市上少不了染坊的收布车子，闺女媳妇们把自己精心织就的白坯布交给染布的师傅，或玉白，或老兰，或水红，或鲜绿，色彩一样样的都讲清楚了，染布师傅一一记在布条上、缝在布卷上，下一集便可在老地方等着拿染好的布。

【儿歌】平车子，轱辘转，染坊师傅街头站，红布绿布装满车，喜得老头胡子颤。回到染坊染八遍，红绿黄紫色真艳。裁成红褂小妮穿，小妮俊得像天仙，裁成蓝裤小小穿，小小像个武状元，裁成黄褂毛头穿，毛头挨了一马鞭。

在女子出嫁时，充满仪式感的福本子的交接意味着一个新家庭的诞生，也意味着血脉的延续、根脉的拓展。福本子在一个女人出嫁后会伴随她终生。男主外，女主内，从小处看，意味着男耕女织；从大处看，意味着一个男人要向外走，女人则守家、持家。鞋样不仅是女人为男人做鞋的尺寸参考物，在这里还同时具备一种象征意味，意味着女人对男人的"权利"，这种权利是相对于其他女人而言的，她掌握着丈夫的鞋样，仿佛拥有一种合法性和正统性，意味着这个家庭中家人一体和互相依附关系的确立。福本子成了一种"执照"，代表家庭是一个女人生命的中心，也代表着女人在家庭中的重心地位。

福本子除了具有女红的功能，里边还印有（一般为雕版印刷的）花草虫鱼、人物戏曲等各种图案。这是福本子的另一项功能——它是女人精神世界的展现。那些图案多为吉祥图案或戏曲图案，是人们对世界认识的内化。

这种内化其实体现了物质到精神的转化过程。内化的对象是自然万物和人文历史，内化的实现则是艺术的抽象以及对抽象的欣赏——它们达成的共性成为文化的重要部分，标志着标准的生成、风气的形成。它是艺术的，更是民俗的。

在中国的传统中，生活世界可分为庙堂和民间。官僚阶层也就是士的阶层是属于庙堂的，是文人化的生活世界。农民、手工业阶层属于民间，构成了民间的生活世界。从商者中的一部分成为士绅，实现了文人化，一部分底层的商贩则依然存在于民间。二者有着显著的不同，但又彼此渗透、互相影响。

就物质性的实现而言，对自然万物和人文历史的内化一种是艺术的，一种是符号的。艺术的实现主要存在于文人世界中，主要媒介是文字和笔法，主要形式是书法和绘画，这种转化倾向于精神性。符号的实现是对各种纹样和图案的运用，同时存在于民间生活和文人世界之中，主要媒介是使用日常工具的手工技艺，作为主体事物（如建筑、衣服、用具等）的美化和装饰出现，倾向于功能性，又能够唤起人对理想世界的想象。符号在民间生活中，创作（并不局限于专门的匠人，通常是普通人的一门技艺，例如剪纸、女红）与使用并重，在文人世界中则主要是（由专门的匠人完成后的）日常使用，例如文房玩物。纯粹文人式的书法、绘画等艺术形式会深刻地影响民间的审美倾向，民间的手工艺却不局限于民间，而是深入所有的生活世界之中。当然，对于符号的运用，不同阶层的人有不同的审美情趣。有些符号也有其严格的使用范围，例如龙纹的使用。

染坊

旧时，染布作坊多出现在鲁西南一带的乡镇集市上。染坊里有很多五颜六色的染缸，染布师傅的手个个被染得或红或绿或青。染布一般先漂洗，然后下锅染色，再漂去浮色，上竿晾干，用棒槌锤平，卷好，便可交货了。

【儿歌】染坊老师，两手黑黑；染坊大嫂，红裤绿袄；染坊二姐，脸像花朵；染坊毛驴，花红腚垂；染坊小狗，汪汪光叫不下嘴。

文人通过文学及书画艺术对世界的构建在邓石如⑦的一幅长联中得到了充分展现：

沧海日，赤城霞，峨眉雪，巫峡云，洞庭月，彭蠡烟，潇湘雨，武彝峰，庐山瀑布，合宇宙奇观，绘吾斋壁

少陵诗，摩诘画，左传文，马迁史，薛涛笺，右军帖，南华经，相如赋，屈子离骚，收古今绝艺，置我山窗。

上联写景观，自然的奇山异水、风云日月，尽收眼底。下联写人文，数千年中华名人、诗词曲赋、书画经史，辉煌璀璨，一览无余。这些当然不是全部，但作为典型，代表了自然万物和人文历史。这是艺术化的维度，其关键词是“风雅”，是生命精神的升华。在符号化的维度中，世界呈现出另一派面貌，其核心是“福”，是对生存本身的注视，是对生命的自我观照。

对生命进行自我观照的前提是有对理想世界的想象。民间的“理想国”存在于每个人的心中，呈现出一致的面貌。以“福”论之，是“五福”。“五福”一词原出于《尚书·洪范》：“一曰寿，二曰富，三曰康宁，四曰攸好德，五曰考终命。”即：长寿、富贵、康宁、好德、善终。东汉桓谭《新论·辨惑》载：“五福：寿、富、贵、安乐、子孙众多。”长寿是对生命的第一追求，宋代欧阳修在《纪德陈情上致政太傅杜相公》一诗中表达了自己对福的看法：“事国一心勤以瘁，还家五福寿而康。”他认为五福的核心是健康长寿。如果在此基础上再加一条，就是富贵，韩非子曾说：“全寿富贵之谓福。”这是长寿加富贵的观念，是人对生命的基本观照，这要求有基本的生存和生活的物质保障，这种保障就是有饭吃、有衣穿，然后才会有如德行、名声等更高的精神层面的追求。《管子·牧民》载：“仓廪实则知礼节，衣食足则知荣辱。”善终中亦含有“多子多福”的观念，所谓“不孝有三，无后为大”，其实在中国人的观念中，生命既是独立之个体，也是血脉之整体，血脉是通过子子孙孙的传承来延续整体的生命，个体的死亡只是个体生命的终结，但血脉不会终结，子子孙孙会将这个整体的生命无限延续下去。所谓善终指完成了血脉生命的延续，无所遗憾地离开。孟德斯鸠在18世纪中期指出，中国的气候异样地适宜于人口繁殖。那里的妇女生育力之强是世界上任何地方所没有的。最野蛮的暴政也不能使繁殖的进程停止，中国和所有其他产米的国家一样，常常会发生饥荒。⑧多子意味着血脉的有效传承和整体生命力的强大，其有效和强大是针对自然灾害、暴政等带来的夭亡、灾难而言的。这也是一种深刻的观照生命的心理。在中国文明史上，福文化生生不息，超越了民族、宗教、社会、地域、时空等范畴，全面渗透于人们的生产、生活、思想等方

印花布

乡村的印花作坊里到处是布料和用驴皮刻的花版。师傅们把一块白坯布放在长案上，取一块驴皮版放在布上，然后用拓子沾上白及与石灰面和成的白浆，涂在版上，稍成型，取下版，图案便印在白布上了。印完花，将布放入蓝色颜料锅内煮，半个时辰后取出淘洗、晾干；然后拍打掉印在布上的白色图案浮色，一匹蓝印花布便做好了。鲁西南地区另有一种全彩印工艺，也是将白布铺在案板上，然后取刻好的驴皮版，一色一个版的套印在布上，不用煮，不用抖掉白底料。晾干便可穿用了，用这种印法做成的印花布色彩丰富、鲜艳，人见人爱。

【儿歌】印花布，是蓝哩，做件小褂俺穿哩。穿上去赶集，新新鲜鲜好玩哩；穿上去小学，干干净净夸俺哩；穿上去姨家，姨家夸俺好娃娃。俺姨拿块印花布，给俺头上扎个花。

方面面，折射出了我们整个中华民族的生活观念及价值观。

福本子除了展现了以“福”为核心的理想世界，还展现了戏剧故事的经典场景。在传统社会中，戏剧在民间是一种最重要的教化和娱乐方式，但戏剧的上演不可能随时实现，多在庙会或节日中上演，那么在漫长的日常生活中，人们只能凭借版画图像（书在民间并不能被普及）来不断地体味那些故事。福本子就为妇女提供了这样一个媒介——这不是唯一的媒介，对于妇女而言，却是最重要的媒介。这些戏剧图案往往和版画结合在一起，因为只有印刷才能扩大传播的广度。福本子就这样与当地的戏剧、时代的戏剧紧密联系在一起，如《西游记》《白虎堂》《三国演义》《三岔口》《五雷阵》《吕布与貂蝉》《姜太公钓鱼》《拾玉镯》《韩湘子出家》《八子英雄传》等。福本子中的图案除了有与上述戏剧或故事传说相关的各种图案，也有以水浒人物或故事为主体的各种图案。笔者有一本“文革”时期的福本子，其中的图案全是关于当时流行的样板戏如《白毛女》《红灯记》《沙家浜》《奇袭白虎团》《红色娘子军》等的各种图案。

现在越来越少的人会自己做鞋，福本子的传承当然也逐渐式微。福本子作为男耕女织社会的一种象征展现在我们面前的时候，是作为一种遗存而存在的。当我笨手笨脚地解开那种传统的中式纽扣，翻开那带有岁月污渍的蓝布皮儿时，仿佛在翻阅一段漫长的历史，它足够漫长，却又没有在历史中浮现，我们往往无暇顾及这些沉潜在生活深处的细节，但它就是我们曾经的生活的图式，蕴含着民族文化，蕴含着民族的思考方式和行为方式。它如此轻，又如此重。

三、一尾黄河鲤鱼

公元前532年，孔子20岁，在大夫季氏家里做仓库管理员，他的妻子为他生了一个儿子，鲁昭公派人送来一尾鲤鱼，以示祝贺。鲤鱼事小，国君事大，一心想着建功立业的孔子激动不已，给儿子起名鲤，孔鲤，字伯鱼，以表达对国君的感恩。

那时，山东的鲤鱼不仅是美味佳肴，而且被人们认为是一种吉祥的象征。这种观念是从更早的时代传承下来的。

衡门之下，可以栖迟。泌之洋洋，可以乐饥。

做衣服

鲁西南一带老式的对襟褂现在已不多见了。对襟褂做起来很简单，先裁成一个大大的“十”字形，然后中间挖一个圆洞，顺着圆洞再裁开一条缝，缝上扣子，缀上领子，缝好袖管，便可往身上穿。这种老式衣服很难合身，而且前襟总向前撅着。老式的棉布褂子通过处理也可让它十分挺括，只要用较稠的浆糊多浆一遍，用烙斗细细熨平，穿在身上便会有角有楞，而且明光光的，十分高档，但怕汗湿、水湿，怕弯腰曲臂而起皱子，也正因此，着装人会显得端庄稳重、气宇轩昂。

【民谣】二嫂手巧，左裁右铰，剪块白布，做件夹袄；二姐手快，上撕下拽，缝条衩裤，连根腰带。

岂其食鱼，必河之鲂？岂其取妻，必齐之姜？
岂其食鱼，必河之鲤？岂其取妻，必宋之子？⑨

要娶妻，何必一定要娶齐姜宋子？要吃鱼，何必一定要吃河之鲂鲤？在春秋时期，姜姓是齐国的贵族，子姓是宋国的贵族，这两大贵族家的千金就是最理想的迎娶对象，这里把鲤鱼与之相比，可见黄河鲤鱼是相当珍贵的美味。汉代《乐府诗集》中亦有诗云："就我求珍肴，金盘脍鲤鱼。"人们普遍把鲤鱼作为美味佳肴来称颂。鲁昭公为祝贺孔丘喜得贵子而送一尾鲤鱼给他就可以理解了。

鲤鱼因鳞有十字纹，故得鲤名。民间更有鲤鱼跃龙门的神话，《三秦记》中有这样一段记载：

龙门山，在河东界。禹凿山断门阔一里余，黄河自中流下，两岸不通车马。……每岁季春，有黄鲤鱼自海及诸川，争来赴之。一岁中，登龙门者，不过七十二。初登龙门，即有云雨随之，天火自后烧其尾，乃化为龙矣。⑩

此即宋代《埤雅·释鱼》所云："俗说鱼跃龙门，过而为龙，唯鲤或然。"后世就以"鲤鱼跳龙门"比喻中举、升官等飞黄腾达之事。民间历来有尊"鲤"之风。在唐朝，皇帝和身边的官吏身上都配有鲤鱼形的饰纹，朝廷发布公文或调兵遣将会使用一种形似鲤鱼的兵符，称为"鲤符"。除了"鲤鱼跳龙门"的故事，还有福建泉州"鲤鱼造城"的故事、福建仙游"九鲤湖"的故事、湖北宣城"鲤鱼湖""鲤鱼桥"等故事流传。在有些地方，人们若捕到鲤鱼，一律放生。但在山东，在几乎所有有关鲤鱼的神话传说中，鲤鱼都是美味可食、营养丰富、能够延年益寿的。

菏泽龙王冯村的焦龙王传说见于光绪《东明县志》：

冯重礼，其先山西襄垣人。明弘治间，迁居东明二十余年，有田夫投宿其家，相貌甚古。诘旦，求为佣工。问其姓名，曰"吾与公同乡里，襄垣人也。姓焦，愿为公佣"。礼留之，凡委任悉称意旨。一日，命耘田，礼往视，见憩苗下，有小蛇出入口鼻中。正德八年，境内大旱，焦白礼，诣黄河南拾麦。数日回，手持小囊，语礼曰："麦至矣，可扫房盛贮。"礼笑曰："囊小，焉用数房！"曰："请试之。"盈三房，小囊尚未尽。元宵节，邀礼赴山西灯会。礼辞以途远。曰"不难。"遂负礼，令瞑目，须臾即到；会毕，仍负礼归。礼始知非尘凡人也，愈敬重。三年辞去。礼曰："后见有期乎？"曰："试看西北雷震，骤风暴雨，即吾至也。相见终属不便，感公谊，附近

捉鱼去

在河湖多的地方，人们在农耕之余喜欢捕鱼。捕鱼的人一般收网较晚，朦胧的暮色里，长长的河堤上，一长串扛网人悠然而过。有了自行车后，老乡捕鱼又快捷多了，网具肩上一扛，自行车一跨，很快到了河边。老乡的车技一般都很好，在羊肠小道上，照样快行如飞。如此，一网一人，一天可捕二三十斤鱼，把鱼卖掉，换回必需的生活用品，小日子过得其乐融融。

【歌谣】扛大网，去逮鱼，趟了杂草趟滓泥，滓泥崩了俺一身，鲫花扎了俺脚心，虾米夹破了俺的脸，泥鳅钻了俺的肚脐眼，水长虫吓得俺腿发软，大活头撵得俺气光喘，慌里慌张爬上岸，裤子掉了也顾不得管。

四十里不受冰雹，乃所以报公者。”言讫，忽昏雾，少项，雷声大作，赴西北去。至今呼为龙王冯家，居民立焦龙王祠祀焉。[11]

过了若干年，这焦龙王演变成了“秃尾巴老李”：

突然“格隆隆”一声响雷，吹过来漫天乌云，“嗬啦啦”下起瓢泼大雨。冯重礼家院子里，“扑啦啦”落了一条尺半长的红尾巴大鲤鱼。

这时冯重礼已经去世，他老伴也病倒在床上，整天念叨着想喝鲜鱼汤哩。冯重礼的儿媳妇，正在厨房做饭，听见院里有响声，扭头见院中有条大鲤鱼，就掂起菜刀跑到院里，手起刀落，只听“喀嚓”一声，半空闪出一道红光，鲤鱼不见了，地上只剩下半条鱼尾巴。媳妇忙拾起来，给婆婆做汤喝了。说来也怪，冯重礼的老伴喝了鱼尾巴汤，病就好了，后来活到一百多岁。

您说这鲤鱼是真鱼吗？不是，那是焦三龙王变的，是到冯家洼看望乡亲主人来了。想不到挨了东家一刀，丢了半条尾巴，他本想对少东家发发脾气，又转念一想，少东家也是为了婆母，念她一片孝心，尾巴丢了就丢了吧，反正也没伤着筋骨。打这，焦三龙王不叫焦三龙王了，大伙都叫他“秃尾巴老鲤”，后来传讹了，就叫成“秃尾巴老李”了。[12]

在这个故事中，鲁西南特有的“龙王崇拜”和山东的“秃尾巴老李”嫁接在一起，其中透露出鲤鱼可食、能够延年益寿的信息。另一个关于鲤鱼的故事则和微山湖联系在一起。

黄河频繁的决堤、改道、泛滥造就了今天鲁西南的微山湖。这黄河鲤鱼就成了微山湖的特产。因环境影响，微山湖的鲤鱼头小背宽、乌金发亮、身长而健，只有尾巴是红色的，最为神奇之处是有四个鼻孔、四个鱼须，被称为“四孔鲤鱼”，在传说中叫“四孔天鲤神鱼”。传说，有一个叫良心的青年在微山湖里打鱼，捉到了这样一条四孔天鲤神鱼，要吃掉它。良心在缸沿上磨刀时，天鲤说话了：“良心哥，你磨刀干吗？”“杀你吃！”良心说。天鲤说：“别杀我，我就满足你的愿望。”良心要求每天送他一吊钱。天鲤果然兑现。良心从此就不再下湖打鱼了，靠天鲤送钱吃饭穿衣。一年过去了，他觉得一天一吊钱太少，就磨刀要挟天鲤每天给他送两个元宝。三年过去，良心成了富户。一天，良心在镇上看到京里发来的皇榜，说皇上的女儿腹痛不止，只有吃了四孔天鲤神鱼才能治好，谁要是把四孔天鲤神鱼献上，就招谁为驸马。良心又想当驸马，于是连鱼带缸拉着进京朝贡。结果天鲤升天而去，皇上看到水缸空空如也，以欺君之罪把良心给杀了。从此留下了“不讲天理，没有良心”的说法。这个传说主要是民间口头流传，也有说书人在开始说唱之前，讲这个传说暖场，多流传于滕州市、微山县、邹城及江苏省北部的广大地区。这一传说现在是枣庄市的非物质文化遗产。

罩鱼

夏季，河道里、水塘边是孩子们罩鱼的好地方。鱼罩子多用细竹篾或苇蔑扎成，口大尾小。看鱼儿翻花，就猛罩上去，一般的鱼很难跑掉。可以在流淌的水口边躺着放上编有倒刺的鱼罩，鱼一旦钻进去，便再也出不来了。小孩子们罩鱼都很专注，他们将罩住的鱼用柳条穿起来，挂在腰上，带回家去。大人们把鱼拾掇干净了，码在浅碗里，撒上盐，放上葱段，放在蒸干粮的锅里蒸熟。孩子们便可就着窝头吃上清爽美味的蒸鱼了。

【儿歌】河沟里，水洼洼，小鱼小虾摇尾巴，小二罩鱼咬跑他，小三捉虾夹痛他，四妮子摸鳖吓哭她，小五子淌水滑倒他，小六子逮鱼不敢啦，抱着个窝头干啃啦。

四孔鲤鱼的传说是讲做人要讲天理，有良心，不可忘恩负义。这个故事同样透露出鲤鱼可食甚至能够治病的信息。微山湖的鲤鱼身好看，人们常用“斤半的鲤鱼——巧个”，来形容一个人的身材长得匀称、优美。当地老人活到73岁时，女儿们必须为爹娘送两条“大鲤鱼”，俗语称“七十三，吃了鲤鱼窜一窜”。山东民间有“七十三、八十四，阎王不叫自己去”的说法，73岁、84岁是人的寿命的两个重要关口，这与圣人孔子和亚圣孟子的寿命有关。孔子和孟子分别在虚岁73岁、84岁去世。老百姓习惯说，连圣人都过不去的年龄坎，咱老百姓更不好过。于是这种说法便世世代代流传下来。“七十三，吃了鲤鱼窜一窜”，寓意吃鲤鱼能够帮老人越过73岁这一关，有祝愿老人延年益寿之意。

晋朝的王祥，琅琊临沂人，他早年丧母，继母朱氏并不善待他，还常在其父面前数说王祥的是非。他因而失去父亲的疼爱。父母总是让他打扫牛棚。父母生病，他忙着照顾父母，连衣带都来不及解。一年冬天，继母朱氏生病想吃鲤鱼，但因天寒河水结冰，无法捕捉，王祥便赤身卧于冰上，忽然间冰化开，从裂缝处跃出两条鲤鱼。王祥喜极，持归供奉继母。继母又想吃烤黄雀，但是黄雀很难抓，在王祥担心之时，忽然有数十只黄雀飞进他捕鸟的网中，他大喜，旋即又用来供奉继母。他的行为在十里乡村被传为佳话。人们都称赞王祥是人间少有的孝子。这就是广为流传的“卧冰求鲤”[13]的故事，发生在今天的鲁南临沂一带。

一尾黄河鲤鱼将人与自然紧密联系在一起。人对生命的自我观照是从最基本的生存需求开始的，自古人们在黄河边耕种渔猎，就发现了黄河鲤鱼的可贵。鲤鱼从而成为一种重要的食材。所有相关的神话、传说以及生活风俗中的行为、信仰都由此衍生开来。

四、糖醋鲤鱼

北方过年过节或婚丧嫁娶时，必有鲤鱼。“年年有余”的图案就是两条鲤鱼或者三条鲤鱼头尾相交，组成一个圈，象征圆满；还有孩童抱着大鲤鱼的图案。年年有鱼，即“年年有余”，代表生活富足。黄河鲤鱼的最著名吃法非“糖醋鲤鱼”莫属。糖醋鲤鱼不仅在鲁西南一带盛行，而且是鲁菜菜系中最著名的一道菜。

作为菜品食材的“鲤鱼”是自然之赐，是黄河特产。“糖醋”这一菜品做法，不仅是当地人世世代代钻研的成果，亦是运河移民文化影响之下的产物。

放鱼鹰

鲁西南的微山湖区里住着许多渔家，有用鱼鹰捕鱼的习惯。小舟一叶，鱼鹰数只，飘悠于碧波之上，只有收获之利，却无辛劳之苦，真乃世外桃源般的生活，渔人也以此为荣，常吓唬自家不听话的孩子说：甭你不听话。大了把你扔到旱沿上，叫你受苦去。而岸上的农家一边欣赏着渔家的悠然，一边又瞧不起他们随水而居的漂泊生活。

【民谣】阳春三月好暖和，没风没火没浪窝。小他爹，撑船了；小他娘，撒网了；小妮妮，背起鱼篓跟上了。天黑收网了，他爹累得手崴了，他娘累得腰闪了，小妮妮喜得没人管了，一船鱼也扑扑通通跳回湖里了。

据《鲁西菜点谱》记载，明代有个南京人在莘县做官，南方人爱吃甜食，厨师做饭时都会配一些糖稀，与饭菜一起送上，有一次上菜过于慌乱，厨师直接把糖稀浇在了炸鱼上，没想到大人对这条鱼赞赏有加，说此鱼又酥又甜，很是可口，要厨师以后就照样烹制。几经改制，就成了“糖酥鱼”，并在鲁西一带流传开来。糖醋鱼则是在糖酥鱼的基础上改制而来。相传，清代康熙、雍正、乾隆几朝，因运河之盛，东昌府多晋商，山西人爱吃醋，在吃糖酥鱼时要求厨师浇汁加醋，于是糖醋鱼就流行开来。[14]

糖醋鲤鱼的基本做法分为打花刀、挂酥糊、油炸、糖醋浇汁几个步骤，做成“翘头摆尾”的上挺姿态，遂得雅名“鲤鱼跳龙门”。龙门就在山西河津市和陕西韩城市之间，因此坊间也认为此名既为讨一个好口彩，也与山西人有关。鲁菜大师李志刚先生曾经从纵横两个方面探讨过“糖醋鲤鱼”的风味特色。

从横的方面来看，顺运河南下，从东昌府到徐州，所有菜谱所列“糖醋鲤鱼”的制法基本相同，但到扬州就变成了“番茄松鼠鱼”，其造型与味道与糖醋鲤鱼很不一样。扬州还有一款与糖醋鱼颇相似的菜品叫“糖醋活鲤鱼”（见《中国菜肴大典·海鲜水产卷》），选活鲤鱼烹制，也挂糊炸，也勾糖醋芡汁，但加了香菇丁、鲜豌豆粒等配料，且其醋为米醋，远达不到“冲鼻流泪”的效果，没有翘头摆尾的雄姿；再向南到浙江杭州，似乎不吃鲤鱼了（各类菜谱上鲤鱼的大菜很少），其类似的一道西湖醋鱼，也是甜酸味，但已经不过油了，水煮而成，关键是用的不是鲤鱼，是草鱼。然后从东昌府向北，经临清，到德州，几乎无大变化；但到河北地界就变成“松子鲤鱼”，甜酸味道没有变，但造型变成了“松子”；再向北到天津，就只有“挣蹦鲤鱼”了，整个活鱼剖腹去腮去内脏，却不刮鳞，热油炸到酥脆，浇糖醋汁而食，虽不似糖醋鲤鱼，但却有其神韵；到北至北京城，无论是山东味的“八大楼”，还是以厚德福为代表的河南馆，其鲤鱼的吃法是“瓦块鱼”……

从纵向来看，过聊城沿黄河向西，河南的做法就有些不同，变成了“糖醋软熘黄河鲤鱼”（《河南名菜谱》）。治净鲤鱼改瓦垄刀型，不持糊，直接炸，后加糖醋烧，锅内走芡，装盘平放，未有鲤鱼跳龙门之势；开封名菜“黄河醋鱼”，以黄河鲤鱼为原料，采取先水煮后再勾甜酸芡的技法制成，相传，为北宋宋五嫂技法，与江浙的西湖醋鱼同出一脉；到山陕地区，山西的“湛香鱼片”“溜鱼枣”（《中国菜肴大典·海鲜水产卷》）等，有其味，无其形；陕西的“咋口鱼”为活鱼活吃式菜品，经快速炸制后立即烹浇糖醋，有余韵，同样无其造型；汉中“黄芪糖醋脆皮鱼”，在糖醋的基础上又加上了泡辣椒丝，变成酸、甜、辣味了；甚至上溯到甘肃，在《中国菜肴大典》的记载中，也只有“酸辣鲤鱼”和“象牙龙骨鱼”，已经找不到糖醋鲤鱼的影子了。

泼鱼

以前，乡村湖塘里鱼儿很多，故捕鱼者也多。渔者张开网具，让网的一侧沉入水底，形成60度左右的角，然后用一种长圆形的水瓢，从远处逐渐靠近网泼水，鱼儿受惊，四处逃逸，一部分逃进了网里，渔者乘势将网抬起，鱼儿便滑进了瓢里，又被装进了鱼篓里。晚餐时，渔者的餐桌上便又多了一道美味。

【民谣】小二小二干啥去，扛着泼网拿瓢子；俺上家东河底里，逮他一网颤条子；颤条子，不好吃，俺逮他一网苇碴子；苇碴子，太腥气，俺逮他一网红鲤鱼；红鲤鱼，不好逮，气得小二媳妇直瞪眼儿；媳妇媳妇你别瞪眼儿，俺逮网泥鳅专门钻你的肚脐眼儿。

糖醋鲤鱼是山东的，但鲤鱼是黄河的。因此溯源而上，到河南，就成为“鲤鱼焙面”，这是河南传统十大名菜之一，开封的厨师做得最为出色。据《东京梦华录》记载，北宋时期，鲤鱼焙面已在市场上流行。鲤鱼焙面是由糖醋鲤鱼、焙面这两道菜配制而成的。这道菜用的鱼通常是一斤半左右的黄河鲤鱼。烹制前，将鲤鱼洗刮干净，改刀成月牙形，下入油锅炸至金黄。鱼头鱼尾高翘，似有跳跃姿势，有“鲤鱼跃龙门”之寓意。焙面是用清水加适量盐、碱和面，反复揉搓，面筋道时，揉成长条，拉成细丝，然后入油锅炸得酥脆蓬松。鲤鱼焙面用的糖醋汁的佐料有白糖、香醋、姜末、料酒、食盐、葱花等。将糖醋汁兑入开水，勾入流水芡，用旺火热油烘汁，至油和糖醋汁完全融合，放入炸鱼即成，其色泽鲜明，味甜、酸、咸、香。据说，1901年，慈禧太后和光绪皇帝逃避八国联军之难后，从西安取道开封回北京时，曾在开封吃过糖醋鲤鱼，光绪帝吃后赞不绝口，称之为“古都一佳肴”。慈禧太后也夸赞说：“龙肉甘美滑如玉，龙须焦脆细如丝。”随身侍从则即书“熘鱼出何处，中原古汴梁”之句。

还有更早的传说，“鲤鱼焙面”这道菜是宋太祖赵匡胤的厨师发明的。公元960年，赵匡胤在陈桥驿发生兵变前夕，突然犹豫不决起来。为了坐上皇帝之位，他已筹划多年，没有十足的把握，也是顾虑重重，一旦不能成功，后果不堪设想……他的家厨深知其意，经过一番深思熟虑，为赵匡胤做了“鲤鱼焙面”这道菜，用黄河鲤鱼暗指神龙，用炸成金黄色的细面条暗指黄袍，暗示他黄袍加身、成就伟业。赵匡胤一看，便解其意，于是决意起事，果然兵变成功、黄袍加身，建立了大宋王朝。这个传说显然出于臆想。但从中可以看到，作为民俗的一部分，一道菜肴也蕴含着历史和文化，其中也有自然地理文化，这是开封和鲁西南的共性，而个性则在于，开封因为是北宋的龙兴之地，才会有赵匡胤，才会有“鲤鱼焙面”，鲁西南因为运河，才会有晋商，才会有“糖醋鲤鱼”。这是自然地理和人文历史双重影响下形成的风俗。

山东宴客规矩多。酒席上吃鱼也是有诸般讲究。一般上鱼的时候，鱼头冲主宾，表示对客人尊重。这个时候，客人要喝鱼头酒，尾巴方向的人要喝鱼尾酒，一般是“头三尾四”，然后大家一起吃鱼。这是简单的吃法，还有复杂的。上鱼时，鱼头冲着首席的贵宾，主人喝一杯鱼头酒，动筷子，夹起一只鱼眼给贵宾，说，高看一眼！被高看一眼的人喝两杯酒，拿筷子夹一片鱼头壳给另一位，说，赏个脸面！赏个脸面的人喝两杯酒，夹起一片鱼肚给另一位说，推心置腹！推心置腹的那位喝两杯酒，夹一片鱼鳍给另一位说，比翼双飞！比翼双飞的那位喝两杯酒，夹鱼肚中的杂碎给另一位说，肝胆相照！肝胆相照的那位喝两杯酒后，夹一段鱼脊背给另

搬鱼

微山湖区渔家用搬网搬鱼是最为闲适的。一只小艇，两口大网，插上一根竹竿，将小艇系住，然后张开大网，渔家翁便可煮上一壶好茶，在船头上一歪，打开收音机，任凭碧波荡漾，微风拂面，白云悠悠了。

除了搬渔，渔民捕鱼还有许多种方法。有的在船头上架一网，人在船帮上“嘭嘭”地敲，鱼儿受惊跃起，正好落在网内。有时两船合拉一张网，收网便可捕几十斤鱼。据史料记载，鲁西南的东平湖曾有一网捕鱼万斤的记载，这样的网应是数条船共拉的大网。

【儿歌】架大网，撑长竿，搬鲤鱼，网白鲢。白鲢送住泰安山，装上大车上泰安，白鲢送上南天门，玉皇一吃味怪鲜，吃了一碗又一碗，撑得肚子滚瓜圆。松松腰，瞪瞪眼，再吃一碗解解馋。

一位说：倍（背）感亲切！倍感亲切的那位喝两杯酒后，夹个鱼尾巴给另一位说，委（尾）以重任！委以重任的那位喝完两杯酒，鱼就吃得差不多了。鲁西南有些地区讲究吃鱼必须有余，所以要剩下底下的一半。有些地方甚至认为翻鱼是客人在辱骂主人招待得不好，有菜不够吃的意思。

五、大菜与小吃

鲁菜主要由胶东地方菜和济南菜等派系组成。胶东地方菜以烹制各种海鲜菜驰名。它的烹调技术来自福山菜，烹调技术以“爆、炸、扒、蒸”为主，口味以鲜为主，偏重清淡。济南菜的主要名菜有“糖醋黄河鲤鱼”“九转大肠”“奶汤蒲菜”“油爆海螺”等。

鲁西南尤其是济宁，因运河之盛，菜品融汇南北、兼收并蓄，经过长期的发展，在鲁菜的基础上，发展创造出重色、重味、重火工、重形态且风味特殊的“济宁菜”。自古以来，凡一地菜系皆有两个面向：一是面向官宦富豪的高档大菜，一是面向百姓的街头小吃。两种饮食风俗相互映衬、相得益彰。济宁菜亦然。以规格最高的燕窝席为例，燕窝为主菜，四鲜盘，四干盘，四荤四素，十六道菜压桌；再上四大件——燕窝、鱼翅、鸭子、焙莲子；每大件跟两个行件；行件中必有银耳汤；最后再上四道点心。一桌席仅餐盘就得用78个。作为通常的高档宴席，因河湖之利，济宁菜多湖产河鲜，主要有糖醋鲤鱼、吉祥长寿、清蒸鳜鱼、生吃乌鱼丝、泥鳅钻豆腐、清炖全鸭、虾子烧玉兰棍、炸虾串、炸虾排、烹焙虾、麒麟鳜鱼、漂汤鱼丸、干贝熘黄菜、干炸虾仁等。其中最能体现融汇南北、技艺独具的特色菜就是糖醋鲤鱼。

鲁西南还有一个独树一帜的菜系分支，即孔府菜，起源于宋仁宗宝元年间，在乾隆年间成为官府菜。孔府烹饪基本上分为两大类：一类是宴会饮食，一类是日常家餐。宴席菜和家常菜虽然有时互相通用，但烹饪是有区别的。孔府菜讲究造型完整，不伤皮折骨，在掌握火候调味、成型等方面，难度很大。孔府特色菜品有烤花篮鳜鱼、烤鸭、烤乳猪、一品豆腐、寿字鸭羹等。孔子得子，鲁昭公送鲤鱼作贺礼，孔子便为其子取名孔鲤。因此，孔府菜自然有著名的鲤鱼菜。但孔府菜的鲤鱼菜不是著名的“糖醋鲤鱼”，而是“怀抱鲤”。孔府菜的“怀抱鲤”渊源已久，而且还有专用的盛鱼器皿。此菜是用大小各一的鲜鲤鱼经红烧而成。小鱼面向大鱼怀中，分放两格的“鱼船”中。孔鲤是孔子唯一的子嗣，早逝于孔子。古人墓穴通常在生时便

农家饭

20世纪六七十年代，粮食紧缺，老百姓被这样教导：忙时吃干，闲时半干半稀，并杂以番薯干菜之类。那时，白面极少，玉米面已是上好的面粉，农家的饭食无非就是窝头咸菜、萝卜白菜。别看这不起眼的农家饭，照样养育着聪明能干的北方大汉。现在，一些人吃厌了白面。高粱大豆面的窝头又成了受人欢迎的保健食品。

【民谣】窝窝糊涂老咸菜儿，偎锅偎灶农家饭儿；三升高粱一升豆儿，又好吃来又好做。窝头一顿吃上仨，五尺汉子像铁塔；一顿三碗粘糊涂，养个孩子胖嘟噜。

已选好，但因孔鲤去世仓促，未来得及准备，孔子便将儿子葬于自己准备的墓穴南面5米之处，取抱子携孙之意。“怀抱鲤”即取此意，由此得名。“孔膳堂”食谱中至今有此菜名。

济宁有名句俗语：“生在苏州，玩在杭州，穿在广州，吃在济宁州。”济宁各地商贾汇集，四方人民杂处。就小吃而言，济宁小吃得以汲取南北之长，形成了自己的特点，以面食、菜肴居多，选料广而精，制作严且细，花色繁多，档次分明，制法全面，各味兼备。传统名小吃如“筒子屋”的糁汤、赵克顺的甏肉干饭、陈玉洪的烫面角、刘文信的小笼蒸包、杨成仁的熬鱼汤、赵大丙的甜沫、龙振水的胡辣汤、刘长仁的八宝粥、孙培来的江米粥、杨印三的烧牛肉、张老会的筒子面条、冯三的豆腐脑、靳氏的黄米炸糕、“云记”的馓子等。遍及整个鲁西南的小吃如炸油条、馓子、油馍、糖糕等，还有粥、花生甜沫、辣汤、豆汁、豆腐脑，干的有缸贴、烧饼、水煎包、烤地瓜、糖稀地瓜、炒五香螺蛳等。济宁市民广为流传的民谣就是对这些饭菜小吃的总结：

济宁州，南门口，
想吃便宜往东走。
出了南门朝东望，
除了吃喝不上当。
馓子胡同果子巷，
北菜市里喝辣汤。
大闸口，炸果子，
小闸口里卖馓子，
南门东边菜合子，
小南门的锅贴好，
院门口的小果子，
玉莲街的糖炸糕，
道门口的煎角子，
太和桥的壮馍棒，
土山路南炖丸子，
一品香的天津包，
筒子屋里炖酥鸡，
柳行锅饼牛羊肉，
红辣椒一抹有滋味。

卖糖串

在冬日的乡村里，卖糖串的把一根长木杆的一头捆一个麦秸把子，糖串便插在这麦秸把子上，四处叫卖。那时自行车少，卖糖串的便将长木杆扛在肩上，走村串寨。糖串晶莹闪光，在乡村冬季的一片枯黄中，可是一道耀眼的风景。

【儿歌】糖葫芦，一串串，馋得小子团团转，跟娘要上一毛钱，买根糖串解解馋，跟爹要上两毛钱，两根糖串拿着玩，玩来玩去进了肚，夜里牙痛坐不住。

八铺豆腐坝口鱼，
松鹤轩糁汤有名气，
墙缝有名包子锅，
安阜街里干果行。
百花村，万福楼，
酱肉香肠第一楼，
隆盛有名烤鸭子，
林家湾里炖小鱼，
枣店阁前卖干枣，
古路沟的长果仁，
琵琶山下挑果子，
南北兰芳吃点心，
京式八件芙蓉果，
精制细点香薄脆，
大桃酥，金银棍，
糕粘麻饼和江丝。
京省驰名是玉堂，
金波药酒白玫瑰，
有醉蟹，有糟鱼，
包瓜蘑菇酱合锦，
老醋套油黄甜酱，
糖醋萝卜酱莴苣，
豆腐乳，五香干，
龙缸松花核桃仁。
想下茶馆玉仙亭，
喝茶养神听下回。

鲁西南人把吃晚饭叫作“喝汤”。傍晚时分，人们见面还互相问候：“喝汤了没有？”盖因过去百姓生活困苦，缺吃少穿，尤其是到了冬季，天寒地冻，日短夜长，晚上没有劳动，舍不得多吃干的，天黑了就烧一点热汤喝，久而久之便有了喝汤的习惯。这是生存困境造就的习惯。这些无不体现出人们对生命的自我观照。这种生命观照是人作为自然的一部分而产生的一种本能，是人相对于自然的一种定义和定位。

熬粥

鲁西南地区的人们喜欢一种有煳味的粥。熬制这种粥的手艺一般不外传，有时，连女儿也不知道这粥的独特风味是怎么来的。父母只是教她如何选粮、如何拐浆，真到下锅熬制的时候，便赶着女儿回房睡觉去了。把粥熬到最佳的火候确实不容易，这也是熬糊粥始终进不了普通家庭的缘故。

【儿歌】熬糊粥，俺在行，天不亮，就起床，点着火，兑好浆，熬半天，喷喷香，刮进桶，装进缸，送到集上大饭庄，东一伙，西一帮，一会喝完一大缸。

第二节 住与行：生命的安顿

一、打礎与上梁

中国人的栖息之地与其说是房屋，毋宁说是家庭。房屋是居所，是通常民俗学研究的民居，它构成了一个物理的空间；家庭则构成了生活的空间和精神的空间，它由人和我们看不到的伦理构成。家一定要有一个具体的所在，这个所在又不仅仅是房屋、围墙、庭院和门径，它还是里巷、村庄、集镇，是地域和国家，因此房屋作为居所不可或缺。它呈现出的共性就是我们通常所谓的民居。

结合民居类型及文化，学界通常把中国汉族民居大致分为北方、南方、客家及港澳台民居四部分。我国民居有五大类型：北京的“四合院”、陕西的“窑洞”、广西的“杆栏式”、云南的“一颗印”和客家的“围龙屋”。然而在关于我国民居的众多研究中，关于山东民居的系统比较及研究还不是很深入和全面。[15]山东民居类型大体可分为传统城市民居、胶东沿海民居、鲁中山区民居、鲁西南平原地区民居和近代城市里弄民居5大类型。[16]鲁西南等平原地区依然延续着传统的农业社会生活，民居系前院后屋的居室布局，属于四合院的建筑格局：前面是院门，后面是堂屋（也叫“北屋”，主要用于住宿和接待宾客），东、西两侧有厢房（厢房在一侧或两侧，主要作用是当作厨房和贮藏物品），通过院墙形成一个相对封闭式的四方形。北屋一般为5间，厢房3间，院落内另搭建牲口棚、大草棚、猪圈等生活设施，院前一般还建有菜畦。20世纪80年代之前，这类民居往往以土坯、麦草为建筑材料，即房屋墙体多为土坯砖墙，用麦草泥筋抹墙面，屋顶抹成平顶，中用麦草搭成坡顶，只在门枕石、挑檐石做点雕刻装饰。在瓦房脊上安装吻兽是菏泽地区的一种建筑风俗，有龙头、鸽子、麒麟、公鸡等造型。20世纪80年代之后，建筑通常为砖瓦结构。诸多这样的民居呈“非”字形排列，逐渐扩展出去就形成了有大街和小巷的村庄。这种格局符合中国古代文化的对称美、和谐美，表现了深受孔孟思想浸染的鲁西南农耕社会相对封闭的观念、内敛谨慎的气质、朴实纯真的性格、内外有别的意识。[17]

砖瓦窑

鲁西南地区盖房的砖瓦需求量很大，烧砖瓦的窑有老式土窑，也有新式砖窑。烧制砖瓦的工艺流程大致如下：湮土、和泥、制坯、晾干、装窑、烧制、出窑、浇水、出售。20世纪60年代以前，鲁西南地区烧的都是老式青砖，后来大都是新式红砖。在没使用煤的年代里，烧窑都用柴草，每一座土窑旁边都堆着小山一样的柴垛，由此可见，旧时的乡间砖瓦有多么贵重了。

【儿歌】小三搬砖，一搬搬到磨道里，一变变了个大叫驴；小三搬砖，一搬搬到鸡窝里，给他媳妇裹脚哩；小三搬砖，一搬搬到草棵里，草棵里，有蚂蚱，蚂蚱蹦了，小三病啦，蚂蚱来了，小三埋啦。

本书所论侧重于居所作为“家”的庇护的内涵。这主要体现在建造和居住两个过程中。

民居是人的庇护所，而建造新民居本身往往是为“分家”而准备的，这意味着新的家庭的诞生。中国人分家的历史始于商鞅变法，本来在宗法制度下，“昆弟之义无分”，秦孝公用商鞅变法，在家庭制度方面，严厉推行分户析居的改革政策，规定“民有二男以上不分异者倍其赋”（《史记·商君列传》），强制大家庭分家，虽然此后历史上几代同居的大家族还有很多，但分家亦为常态。麻国庆先生认为：

> 分家实际上是分中有继也有合。“继”一则表现为“继人”，即对老人的赡养义务，一则表现为继宗祧，即对祖先的祭祀义务。“合”则指本家与分家、分家与分家之间的种种文化上的约定。这样，在家庭层次上的分与家族层次上的合就有机地结合起来了。这里的分，出自农民的现实生活需要；合，则是儒学价值的一种实现方式。⑱

分家既是分财产，更是分居。有独立的家庭，就有居所的建造。在这个过程中，居所就开始将人的精神因素融合其中。迄今在鲁西南一带，房屋的建造过程有很多仪式，其中“选址”和“上梁”最重要。

选址就是风水的测度。选好址后，就要看日子，也就是择吉日开工。定下时间后，分别请瓦匠掌尺人丈量，请人挖地基打夯，俗称“打地工”或“打硪”。硪是砸地基或打桩子时使用的一种工具，通常是一块类似磨盘的圆柱形石头或铁饼，周围系着几根绳子，四人、八人、十人协作不等。打轻硪时将硪甩过头顶，打的速度较快，又称“飞硪”；打重硪则间歇时间较长。打硪必唱打硪歌，这是挑台基、筑堤坝时唱的一种传统民歌，声调高亢，节奏性强，一唱众和，边打边唱，人们在打地基或修堤筑坝时，用以协调动作、缓解疲劳。句式一般是七字、十字，也有用五字句的。民间认为不唱打硪歌，后世出哑巴。在菏泽一带，有打硪歌这样唱：

> 领　两个木匠去吊线，
> 众　哼哎嗨哟！
> 领　二人扯拉一道黑。
> 众　哼哎嗨哟！
> 领　二八佳人去绞脸，
> 众　哼哎嗨哟！
> 领　柳叶眉弯弯两道黑。
> 众　哼哎嗨哟！

石灰窑

石灰窑起于何时？大约起源于殷商时期，如没有石灰，不可能建造巨大的高台和宫室。旧时，烧石灰并不容易，没有煤炭，只能用柴草，那得多少柴草才能烧制一窑石灰，由此可见当时石灰的金贵。20世纪六七十年代，煤炭广泛用于烧制石灰，在傍倚着山坡的巨大窑内，同时填入石块和煤炭，烧熟的石灰从下面取出，窑内的火头长年不熄，窑前拉石灰的车辆长年不断。

【民谣】烧石灰，运石灰，小三成了个小白猪儿，光剩俩眼乌乌黑。石灰装到大车上，支支吾吾到汶上。汶上盖个三官庙，不敬和尚敬老道。老道指指石灰窑，石灰烧成了大石槽。

领　庄稼老头耩黑豆，
众　哼哎嗨哟！
领　哩哩啦啦三道黑。
众　哼哎嗨哟！
领　粉白墙上写王字，
众　哼哎嗨哟！
领　横三竖一四道黑。
众　哼哎嗨哟！
领　两个光棍逮鹌鹑，
众　哼哎嗨哟！
领　庄稼棵里捂到（五道）黑。
众　哼哎嗨哟！
领　羊肉包子没卖完，
众　哼哎嗨哟！
领　放到锅里馏到（六道）黑。
众　哼哎嗨哟！
领　买个小猪不吃食，
众　哼哎嗨哟！
领　手拿钢刀戚[19]到（七道）黑。
众　哼哎嗨哟！
领　新娶的媳妇走娘家，
众　哼哎嗨哟！
领　在家的光棍巴[20]到（八道）黑。
众　哼哎嗨哟！
领　三天小孩得脐风，
众　哼哎嗨哟！
领　手拿艾棵炙到（九道）黑。
众　哼哎嗨哟！
领　两个闺女去拾子[21]，
众　哼哎嗨哟！
领　拾来拾去拾到（十道）黑。
众　哼哎嗨哟！
领　老鸹趴到猪身上，

脱土坯

以前，鲁西南一带的乡村里多是土坯房，土坯是盖屋建房的重要材料。每年阳春三月，正是脱土坯的好时节。场里、大院里、空地里，人们会找个敞亮地方取土和泥。和泥最有讲究，土和水的比例要适当。有经验的汉子心里有数，眼里有活。多少泥，加多少水，一看就差不多。脱坯的泥要和好多遍，为增加土坯的坚固性和柔韧性，泥里要加些麦糠、麦秸。找来脱坯用的长方形木模子，把泥铲进模中，用木板按实，用泥板抹平，待泥成型后，拿掉木模，坯便脱好了。趁好天，晾晒几天，干了，就把一块块坯轻轻掀起、支起来。再干上七八天，用手敲敲，用耳听听，铮然有声，就说明土坯脱成功了。土坯不仅能盖房，还能支锅、垒炕，用土坯支成的炕热得快，用土坯支成的锅灶省火、好烧，用土坯盖成的房子坚固耐用，冬暖夏凉。

【民谣】好泥和三遍，给砖也不换。土坯支成锅，蒸馍白如雪；土坯支成炕，老头直喊烫；土坯垒成墙，耐淋又耐撞。

众 哼哎嗨哟！

领 浑身上下都是黑。

众 哼哎嗨哟！[22]

木梁是房子的心脏部位，木梁稳固，房子才能结实稳固。鲁西南农村房屋大都是砖木结构，通过木梁或者斗拱起脊。人们盖房都要举办隆重的上梁仪式。上梁那一天，什么时辰上梁由瓦匠掌尺人提前告诉“主家”（房主）。时辰的选择，各地不同，一般都选在正午时分，上梁时间一经确定，房主即准备酒菜、购买鞭炮。上梁一般有唱上梁诗、掼梁红、吃上梁酒等几个步骤。俗谚曰：“上梁的酒，古来有。”但现在很多地方仪式都已被简化，上梁前将写有“上梁大吉”的红纸贴在梁上，在鞭炮声中将正梁拉到高处，安放好，然后主人用好酒、好菜招待工人一番，给围观的邻居敬烟，给小孩子们糖块和瓜子。

打地基意味着根基牢固，上梁意味着即将大功告成。最后迁入新居也要择吉日，亲友多携礼来贺。尤其年轻人搬家后，要备烟酒招待亲朋。首先来贺的必定是岳父岳母，俗谓之“温锅”。亲友四邻聚到乔迁新居的人家，赠送礼物、唱喜歌、吃酒宴、闹新居、庆贺祝福，寄托了人们的美好愿望。

二、石敢当与灶王爷

在山东各地，人们的家中都常住着两个神：一个是石敢当，一个是灶王爷。逢年过节，中国人往往要“事鬼神”——主要是民间信仰中的神、祖先的魂灵以及孤魂野鬼。人们的祭祀讲究“迎来送往”，只在特定的节日将他们请来，进行祭祀或抚慰；节日过后则送走他们，回归日常的生活。但石敢当和灶王爷不一样，他们是家庭成员的一分子，常住家中，仿如家人。他们也因此少了很多神格，而多具人格。

“石敢当”又称“泰山石敢当”，源于泰山文化。在鲁西南，人们通常在家宅大门边外墙处或街衢巷口或桥道要冲立泰山石或小石碑、小石人，有的雕刻图案装饰，有的什么装饰也没有，但都刻或书写“石敢当”或“泰山石敢当”字样，以镇压不祥之物、袚禳灾祸、保佑人间太平安定。关于石敢当的文字记载最早见于西汉史游的《急就章》：“师猛虎，石敢当，所不侵，龙未央。”唐代颜师古注云：“卫有石蜡、石买、石恶，郑有石癸、石楚、石制，皆为

印灶王爷

春节之前，鲁西南一带的农村有贴灶王爷的风俗，灶王爷画的销路可真火，印画的作坊里，一片忙碌的身影。画版是老年间刻的，纸需到江南进货，颜料除了民间产的，也可用点洋色。灶王爷画的构图很饱满，颜色很鲜艳，这样的画贴到灰黄色的土墙上才显得好看、醒目、提神。

【儿歌】灶王爷，脾气好，抹脸锅灰他不恼，烟熏火燎任由他，上天还言主家好；灶王爷，官位大，笑嘻嘻的不说话，主家进上一炷香，保佑全家福气大。

石氏。周有石速，齐有石之纷如，其后亦以命族。敢当，言所当无敌也。”元代陶宗仪《南村辍耕录》载：“今人家正门适当巷陌桥道之冲，则立一小石将军，或植一小石碑，镌其上曰石敢当，以厌禳之。”立石敢当的目的从最初的压不祥、辟邪发展到驱风、防水、辟邪、止煞、消灾等。宋代出土的唐大历五年（770）的石敢当上刻有“石敢当，镇百鬼，压灾殃，官吏福，百姓康，风教盛，礼乐昌”的文字，由此可以看出当时石敢当的作用。清代俞樾《茶香室丛钞》云：“齐鲁之俗，多于村落巷口立石，刻‘泰山石敢当’五字，云能暮夜至人家医病。”光绪三十二年刊刻的《集说诠真》云：今城厢第宅，或适当巷陌桥道之冲，必植一小石，上镌“石敢当”三字，或又绘虎头其上，或加“泰山”二字，名曰“石将军”。

鲁西南地区泰山石敢当的竖立仪式主要包括择吉、选处、描红等步骤，具体如下：（1）石刻选址：当地人请风水先生根据家居住宅的需要，选择其安置地方。泰山石敢当的竖立比较灵活，没有固定位置，一般放置于煞气附近。（2）择吉：根据住户男主人的生辰八字，选择泰山石敢当的安放时间。（3）石刻清洗、描红：清洗就是当地人从雕刻厂买回所需要的泰山石敢当后，选取正午时分，用新毛巾进行清洗。描红要请邻居（异姓男子）用新买的毛笔沾朱砂将“泰山石敢当”五个字描红。（4）安放：根据选取的吉日与安放地方将泰山石敢当石刻垂直立于地面。人们多在夜里安放泰山石敢当，在安放时要确保“泰山石敢当”字样高于地面。当所有程序完毕后，当地人多燃放鞭炮以庆贺“泰山石敢当”竖立仪式完成。[23]

泰山石敢当在民居中起着“镇宅”的作用，相当于居所的守护神，或者说是家的守护神。它承载着百姓祈求平安的心理，其实是人要与自然和平共处意愿的一种表达，是“天人合一”观念的一种媒介、一种象征。在关于石敢当的各种神话传说中，石敢当可以降妖，可以驱鬼，甚至各路神仙也惧他三分。总之，他能够执掌正义、守护百姓平安。他又是如此无私，根本不需要香火，把他摆在案上也好，砌入墙中也好，置于门口也好，他就是一块石头，毫无所求。他源于泰山，遍布全国，传播海外，成为中国人的心理寄托，绝非偶然。

石敢当就是一块石头，而灶王爷更像一个人。人们在厨房内用砖或石头砌成灶台，供奉灶王爷，敬其为家神。灶王爷代表着中国人生活中的“烟火气”。他的上任象征着一个家庭的开始，意味着过日子的开始。这是民居中最精神化的一面。

在中国人的观念中，灶王爷不仅有神佑功能，更有监督功能。他是老天爷的代表，中国

贴灶王爷

每到腊月二十三，在鲁西南地区，家家都将买来的灶王爷画贴到灶门旁，意为让灶王爷保佑居家平安、日子过得富裕。贴好后燃一炷香，供一两碟糖果或年糕，求灶王爷到天上多言好事、在下界则保家人平安。

【民谣】年年腊月二十三，打发灶君去上天，骑着白龙马，侍女排两边，一走走到灵霄殿。老天爷问，哪一家作恶哪一家行善，行善的降富贵，作恶的降灾殃。灶王爷，好心肠，好话说了一庙堂，老天爷，真高兴，下令说：明年起，春天早下雨，秋后晚下霜，多收五谷子，不降灾和殃。

老百姓相信“头顶三尺有神明”，我们称之为老天爷，我们看不到他，因为他根本不是一个实体的存在，但我们对他深信不疑。灶王爷就成为老天爷的代表，他在我们每一个家庭中，看着我们每一个人，每年他都要上天汇报。他的监督旨在告诉我们，心中要有尺度，要行善积德，不作恶。

所以每到腊月二十三，就要打扫厨房、祭灶君。这一天，各家要用高粱秸扎制一小马，谷秸为草，麦麸为料，以备灶君骑马升天，汇报一年来全家人的表现。晚饭后，于灶前供“祭灶糖”，燃烛焚香，鸣放鞭炮。同时，用“祭灶糖”粘在灶君嘴上，意思是“嘴甜一点，多说俺家好话”，然后将灶君的画像从墙上揭下来，与扎马一起焚烧，并向灶君祷告：“上天言好事，下界保平安。”祭祀完，还要再贴上灶君新画像，以待初一五更下界归位，故多以“二十三日去，初一五更来”为灶君对联。

因为家是庇护之所，所以人们首先追求的是平安，不受风雨之苦、不期之厄，还要舒适，这是中国的一种福文化，平安之上，还要和美，家是生命的港湾，是归宿，因此要有温暖。有居所就有出行，因此，“行”成为人们生活的重要内容。“行”意味着外出谋生，意味着脚下的路和心中的道，也意味着回家。出走和回家成为人类永恒的命题。在行的风俗上，中国人重土安迁，但因为生存的需要，又必须走出家门。孔子就说过：“父母在，不远游，游必有方。”“行”和家紧密联系在一起。中国人都重别离，出门要择吉日。菏泽一带谚曰：“三六九，往外走。二五八，转回家。”一般的规矩是以农历的三、六、九日为出门吉日，以二、五、八日为归返吉日。山东人出门信奉一个“义”字。孟子曾说：“夫义，路也；礼，门也。惟君子能由是路，出入是门也。”[24]“礼门义路”的观念在孔孟之乡影响深远。另外还有水浒遗风的影响，仁义行天下，这在鲁西南体现得尤为充分。当地民谚曰：

单砖不成墙，单人难成行。
有福同享，有难同当。
秦桧还有仨相好。
人情是把锯，有来就有去。
浇树浇根，交友交心。
牛要使着看，人要交着看。
多一个朋友多条路，多一个冤家打堵墙。
有钱难买心里近。

车屋

鲁西南很多农村的场院里都建有车屋，老式的大车放进去，可免受日晒雨淋，使大车延长十年八载的使用期限。车屋还是麦收时场院的守更房，地净场光之后，这僻静的场屋里还会时常传出大大小小的奇闻，是村里人茶余饭后的谈资。

【儿歌】车屋筒，放大车，燕子里面垒个窝；麦秸垛，像座楼，拽把麦秸去喂牛；大黄牛，哞哞叫，拌草别忘加豆料；老牛倌，耸耸肩，坐下吸袋老旱烟。

鲁西南一带，举凡出行回家，必是“起脚饺子落脚面”。人出远门，离家时称“起脚”。人从远方归来，脚进家门称“落脚”。当地讲究远出离家前吃饺子，归来时吃面条。俗语无考，但饺子和面是大有讲究的。一种说法认为，饺子形似元宝，客人或是家人出远门时吃饺子，这是希望他们在外发财的意思，也就是给予他们一种祝福；面条就像绳子，能够牵住你的脚，希望回家的人不再外出，或者是客人能够多住几天，代表了留客的诚意。从居家的角度看，饺子和面条另有深意。在山东的饮食习惯中，饺子在日常饮食中占据着重要地位。在生活条件不好的年代，饺子是奢侈品，只在过年和重要的日子或重大喜事时才吃；反之，家里再穷，过年也要吃顿饺子，饺子意味着过年，意味着全家团圆。离家归来，一碗热乎的汤面既暖身又暖心，关键是做起来简单又是家常的味道。所以说，饺子和面都是让出行的人记着家，记着家的温暖，记着回家。

第三节　游于艺：生活的吟唱

一、豫剧与梆子

一个叫靳歌小丸子的网友在一篇网文中这样描写济宁人对戏剧的感情：

> 济宁本土的地方戏是山东梆子，但深受济宁人欢迎的却是河南豫剧，这里婚丧嫁娶基本上都是请豫剧班子来唱，街上老头老太的唱戏机里面放的也是豫剧，如果外地人在这里待上三天，保证你天天能听到豫剧的唱腔。
>
> 相比其他地方喜欢豫剧的人，济宁人对于豫剧的喜欢，并不是因为河南的《梨园春》，而是一代人接一代人，对这个很像济宁地方戏的剧种的“执念”。以我自己为例，我们全家祖孙

牛车

牛车是农家的宝贝，也是农家财富的象征。老式农家如果没有五十亩地，养不起一挂大车。为何呢？一挂大车须三头牛，须一座牛屋，须一人精心饲养，大车又须一座车屋，单这些附属设备，小户人家哪能置办得起。另外，打造一挂车需上好的槐木、枣木，还要用上几百斤上好的铁件，而且造车的工钱也不菲，这些开销加起来，可不是一笔小数目。不过，这种木制的老牛车就是结实耐用，三五十年也用不坏。

【儿歌】大牛车，槐木造，套起车来走大道。一走走到黄河涯，吭吭哧哧上不来；扭头再去东平湖，走到半路断了轴；拐弯去趟胡家坑，咯嘣一声断了绠；回头再去八里湾，劈劈啪啪打响鞭。响鞭打得咯嘣脆，累得老牛喘粗气，喘了粗气放响屁，臭得把式直倒气。

三代都好听戏，家里整整齐齐地罗列着爸爸妈妈多年来买来的成摞的戏曲影碟。记得小时候家里放得最多的是黄河音像出版社的《抬花轿》《蝴蝶杯》《打金枝》《七品芝麻官》《穆桂英挂帅》《五世请缨》《秦雪梅吊孝》《大祭桩》《花木兰》《朝阳沟》等等，经常能被演员唱得时而伤心流泪，时而热血沸腾。很小的时候我就知道马金凤、常香玉、宋桂玲、闫立品、唐喜成、李金枝等等豫剧“头号”人物。听着戏，姥姥经常跟我说，她年轻时候最喜欢赶会（逛庙会），戏班子咿咿呀呀能连唱三天，有时能唱上一个星期，十分热闹，十分过瘾，我那时经常幻想也能赶一次会，痛痛快快地听上一次大戏。

其实济宁人对豫剧痴迷并不为怪。一来，基于地理位置上的关系，济宁地区的方言（也就是鲁西南方言）与山东各地的方言大都不相同，却与河南话尤为接近，因而听豫剧实为在听亲切乡音。二来，豫剧的唱腔富于感染力，在伴奏、身段、念白的表现上比京剧更灵活，尤其是哭腔，这种豫剧特有的唱腔能够把观众带到戏里面去，赚足了人们的眼泪。同时，那高亢激昂的旋律又能鼓舞斗志，让人听了热血沸腾。

童年时代的邻居叔叔现在上海定居，上一次回济宁来我家做客，正巧家里在放刘忠河老师的《打金枝》，叔叔听了几句就哽咽了：“家乡戏，就是这个味儿，久违了。”[25]

济宁州、太白楼，小曲儿顺着运河流……济宁素有“戏乡艺海”之称，目前拥有山东梆子、四平调、枣梆、豫剧等9大地方戏曲剧种。菏泽市则享有“戏曲之乡”的美名，曲艺历史悠久，剧种繁多，异彩纷呈，是山东梆子、柳子戏、两夹弦、枣梆、大平调、大弦子戏、四平调的发祥地，现有山东梆子、柳子戏、两夹弦、枣梆、大平调、大弦子戏、曲剧、四平调和豫剧等传统地方戏剧种，有山东花鼓、山东落子、莺歌传书、山东琴书和河南坠子等曲艺。

鲁西南人热爱豫剧，与中原文化的影响有关，尤其是“中原官话”的方言语系使当地人对豫剧有一种天生的认同感。这是文化融合的魅力。发源于鲁西南的山东梆子也是因文化融合而生。

因运河之盛，山东是重要的贸易运输通道，明代时就有了规模庞大的山陕会馆。晋商和陕西商人在山东有着很强的经济实力，因此，山陕两地的梆子和秦腔等戏曲形式也流入山东，受当地语音的影响，唱腔有所变化融合，逐渐形成了具有地方特色的当地梆子——山东梆子。山东梆子原名高调梆子，简称“高调”或“高邦”，主要流行于菏泽、济宁、泰安、临沂、聊城等地区，均为运河及其辐射区域，2008年，入选国家级非物质文化遗产名录。以菏泽为中心的“曹州梆子”和以济宁为中心的“汶上梆子”共同构成了山东

唢呐班

鲁西南很多地方的唢呐曲驰名中外，电视剧《水浒传》的插曲“该出手时就出手”的曲调就取之于唢呐曲《锔大缸》，另有《百鸟朝凤》等名曲名噪一时。唢呐班子一般5—6人，唢呐2人，笙2人，锣鼓、梆子、镲等2人，这样的班子应付乡村一般的婚丧嫁娶是游刃有余的。有的班子里还配有善唱的人，在婚丧事的间隙里吼唱一番，以增加红白事的气氛。艺人们兴致高时可一嘴吹三四支喇叭，可把纸屑放进嘴里再从喇叭里吹出来，也可顶上一碗水，一边吹、一边扭来扭去地走动，这都会迎来观众的掌声。

【儿歌】响器班，响器响，呜呜哇哇去赶场。赶上一家正聚亲，吹他个喜鹊闹新春；赶上一家正发丧，吹个天鹅离故乡；赶上一家摆寿筵，吹个仙翁松间站；赶上一天没啥事，吹个“锔缸”解解闷；赶上一天吹三场，累得吐血地上躺。

梆子的主体。

巨野大姚班和定陶大兴班等古老山东梆子科班都有三百多年的历史。其中大兴班在新中国成立后来到菏泽，定名为“菏泽专署人民剧社”，1958年调到省里，成立了山东省梆子剧团。山东梆子的唱腔是“板式变化体”结构。起初，男声（主指黑红脸）唱腔采用大本腔（本嗓），后改用“二本腔”（假嗓）或“夹本腔”（真、假嗓结合），嗓音高亢洪亮，刚劲激越，富有浓郁的地方色彩。女声唱腔则以清新、明快、俏丽、挺拔而博得广大观众的喜爱。常用的唱腔板式可分为四大类：慢板（包括中慢板、破字慢板、金钩挂、上五音以及由此派生的二凡、一句正、一句落等）、流水板（包括快慢流水板、一串铃和由此派生的一锣切、仓令仓、倒送板等）、二八板（分为慢二八、中二八、紧二八以及由此派生的一鼓二锣、呱嗒嘴、倒白拨、嘟噜锤等）、散板（分为飞板、栽板、滚白、起板）。经常上演的传统剧目有600余出，其中基本剧目有“老十八本”“十七山”“十二关”“四大征”“五阵”“六州”等。

在鲁西南地区，与流传较广的山东梆子相比，同为梆子戏的枣梆则是全国仅有的，有“天下第一团”之称。

“枣梆”原名“本地傰（zhǎo）”，又叫“傰梆”，是山西上党梆子传入山东后，受到当地语言的影响，逐步形成的一个剧种，主要流行于古曹州（山东菏泽），因为学唱者多为本地人，故称“本地”，“傰”系由“山西人”三字拼成的一个造字（鲁西南一带称山西人为“傰子”），于此特指“山西梆子”，本地人唱山西梆子，故称“本地傰”。1960年，菏泽专属的剧团参加全省戏曲会演，在审验节目时，时任省委书记谭启龙认为“傰”带有讽刺意味，又因剧团击节所用的梆子皆枣木制作，二字又谐音，故“傰”字更换为“枣”字，从此，该剧种正式定名为“枣梆”。

枣梆迄今已有150年的历史。远在乾隆甲辰年（1774）以前，鲁西南一带就有山西人“背井离乡”，远服贾而通货贿[26]。山西商贾中有会唱山西戏的，便在闲暇时教当地人清唱。最早的一个教唱者是于1810年前后从山西晋城来的一个银匠，他教唱“山西泽州调”。学唱的人逐渐多了，便唱“围鼓戏”。清光绪初年（1875年左右），山西遭受灾荒，有个戏曲职业班“十万班”来到鲁西南，在菏泽、郓城等地流动演出一年多。因当地已有唱“泽州调”的基础，所以“十万班”的演出让山西梆子更加深入人心。于是，一些地方便聘山西职业艺人授艺。最早被聘为教师的山西艺人是潘朝绪（外号“大闺女”，枣梆艺人尊称他为“潘师爷”）。

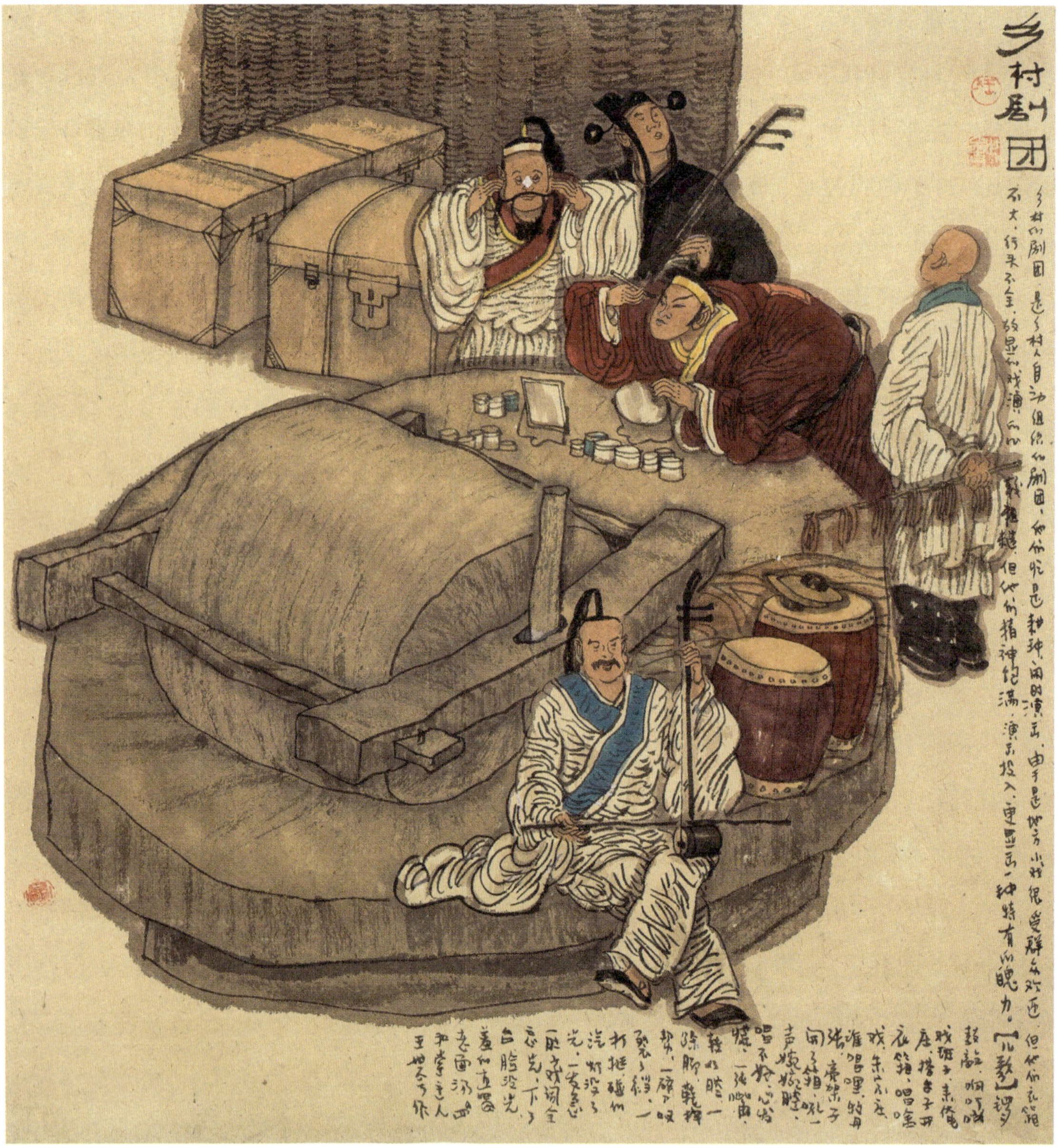

乡村剧团

乡村剧团曾经是乡村文化的主力军，演员们忙时生产，闲时演出，自娱自乐，很受乡亲们的欢迎。鲁西南地区戏曲十分繁荣，一般演出时常当街搭一戏台，吊上几只汽灯，锣鼓一敲，便唱了起来。因是乡村剧团，行头当然不会太好，外穿戏装，里面还是穿的大棉裤，一抬腿，一投脚，里面的大裤腰便露了出来。有一次，贾庄村的剧团应邀去双庙村演出，一个旦角演员又黑又高，满脸白粉都压不住黑气，大号的衫裙遮不住双腿，他在台上扭来摇去，拿腔作调，台下的观众一个个笑破了肚皮。

【儿歌】锣鼓敲，响叮当，戏班子，来俺庄。搭台子，开衣箱。唱啥戏？朱家庄。谁唱哩？牡丹张。亮架子，开了腔。吼一声，透天嗓，哼一声，婉婉腔；唱不好，心发慌，一张嘴，转了腔；一跺脚，鞋掉帮，一劈叉，裂了裆；一打挺，碰得汽灯没了光；一发急，一肚子戏词全忘光；下了台，脸没光，羞得光喝老面汤。

他先后在郓城县的刘口、樊庄、郭屯、于庙、张集、方庙（后划归梁山县）等地收徒传艺，教唱“泽州调”（或称“上党宫调”），教出珍珠帘、史文秀、樊武扎、庞石贵、侯福勤等徒弟。两年后，该地成立了第一个职业戏班“义盛班”。之后，郓城、鄄城、巨野等县一些地方的群众自动聘师学艺，筹办科班。1915—1938年间，全区先后办起了郓城县吕公堂科班、唐店科班、樊庄科班、于庙科班和鄄城县苏楼科班等。这些科班培养了一茬茬艺人，也培养出一批名伶，如樊武扎（旦）、吴凤珠（旦）、王新鼎（黑脸）、梁圣奇（红脸）、梁宝兴（黑脸）、桂相连（旦）、刘允臣（红脸）、赵凤来（红脸）、于恒久（旦）等。前几辈的艺人在演唱的过程中，不断学习和吸收本地剧种的精华，融合了一些民间小调的风格，从而逐渐形成了独具特色的地方剧种——枣梆。

枣梆作为梆子系统的一个剧种，唱腔板式有二板、二八铜、紧铜、流水、倒三拨、垛子、靠山吼、小载板、一串铃、金钩挂、二板、大花腔、大载板、三步歌、武包腔等，还有专戏专用的秦曲调、娃娃调等。其唱腔既高亢激昂，又委婉活泼，用真嗓吐词、假嗓拖腔，而且真假嗓音截然分开，由真嗓突然翻高而变假嗓。小生、小旦的拖腔用“咿”“呀”，黑脸、红脸的拖腔用“啊”“讴”，腔韵悠长，给观众余音缭绕之感，这是枣梆特有的韵律，因此外地人又称枣梆为“讴戏”。由于枣梆脱胎于上党梆子，剧词的韵脚仍旧保持着浓厚的山西方言特色。在一段唱词中，“天仙辙”与“沧桑辙”可以混用，例如《狄青借衣》中狄姐所唱：“门前车马闹嚷嚷，众乡亲来庆贺我的才郎。头上青丝绾水纂，鬓边斜插白玉簪。南京官粉净了面，苏州胭脂点辱尖……迈步且把二堂上，八幅罗裙响叮当。”按照山东地方戏曲的一般规律，韵脚中的“嚷”“郎”“当”属“沧桑辙”，“簪”“尖”属“天仙辙”，混用则为“跷辙”，唱不顺口，听来别扭，但是枣梆演员习惯了，唱来十分自然。因为脱胎于山西的上党梆子，因此很多剧目在剧情和唱法上很接近。比如枣梆的经典剧目《徐龙铡子》，与《中国地方戏曲集成》（山西卷）选载的上党梆子《徐公案》相比，仅主要人物的名字不同（上党梆子为徐延昭，枣梆称徐龙），剧情、结构、主要唱词基本相似。

枣梆主要流行于菏泽、郓城、梁山、巨野、鄄城、定陶、东明等县。东到嘉祥、济宁，南到成武、曹县以及陇海路以北的吴屯等地，西到河南省的长垣、兰考、内黄，北到黄河以北的观城、朝城、范县以及濮阳、彰德、大名、成安一带也较为流行枣梆。

《华东戏曲剧种介绍》记录的枣梆的传统剧目有七十二出，分别为：

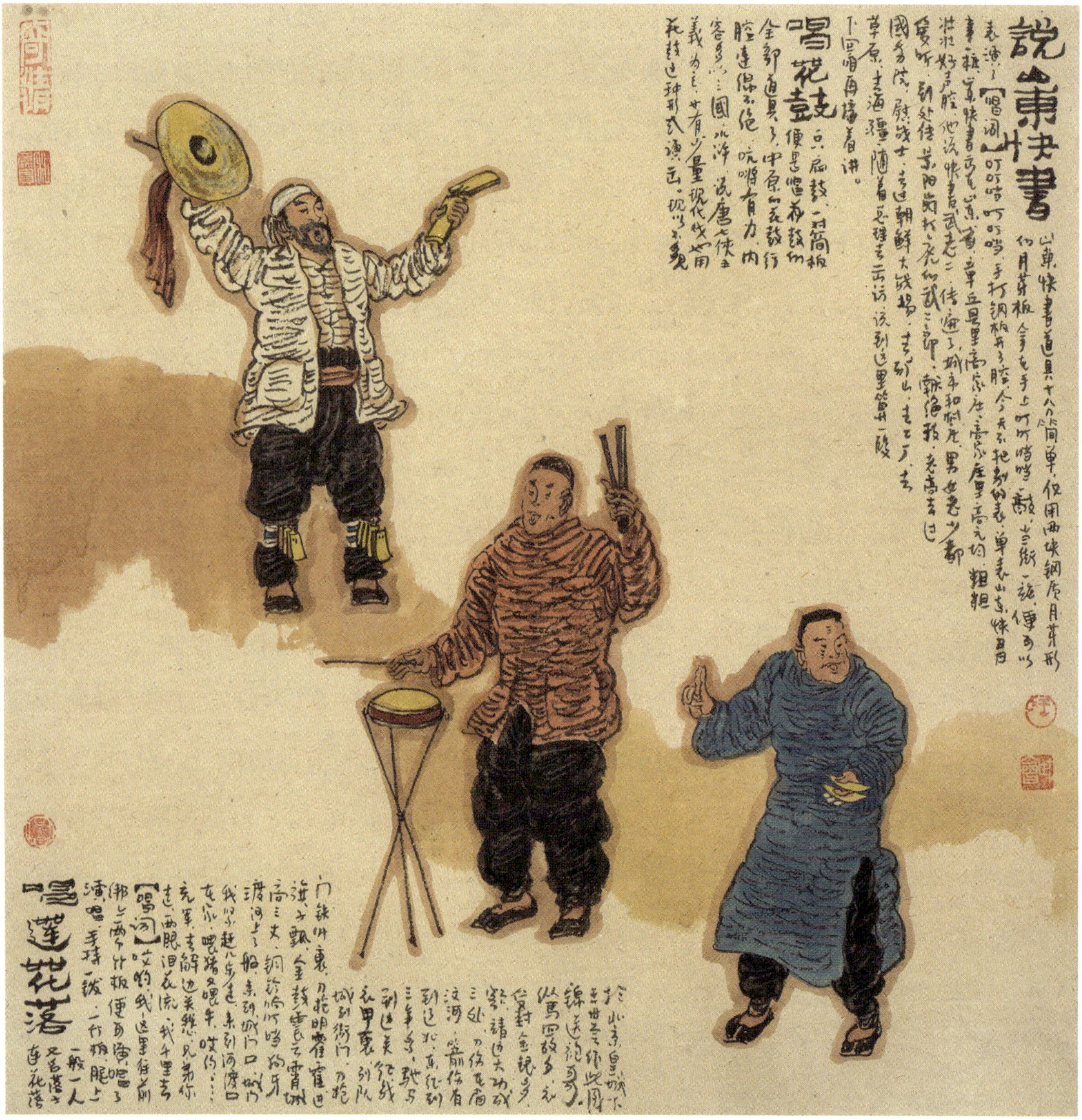

山东快书　莲花落　花鼓

山东快书这种说唱形式在乡村是家喻户晓的，两块月牙铜板，用山东话合辙押韵地说上一段故事。莲花落的道具也简单，一个铜钗，一个大竹板，腿上也可绑小竹板，也可不绑。花鼓唱腔洪亮，节奏快，一句赶一句，铿锵有力，雄壮大气，多用于说唱“水浒”“三国”这样题材的故事。

【儿歌】俺听快书武二郎，探兄路过景阳冈，一气喝酒十八碗，醉里打虎美名扬；俺听落子宋家庄，有个英雄名宋江，人都称他及时雨，百八好汉好儿郎。听快书听落子，俺也学学好样子。

《天波楼》《亚郎关》《海棠关》《访四川》《彩仙桥（秦英征西）》《审法司》《珍珠塔（方公子投亲）》《代州愿（代州观景）》《红石关》《蝴蝶杯》《对金刀》《小过山》《出祁山（曹丕射鹿）》《荐诸葛》《三节义（对罗裙）》《云台山》《迎风剑》《赤风剑》《徐龙铡子》《杀路》《连环计》《董家岭》《大金川》《绿牡丹》《桃山洞》《无底洞》《三山关》《双挂印（穆桂英挂帅）》《杀寺》《狄青借衣》《顶砖》《雷峰塔》《麒麟台》《三教堂》《青石岭》《铜花杯》《坐北楼（乌龙院）》《金玉锁》《求妻》《送京娘（倒送）》《晒鞋》《打城隍》《金水河》《斩韩信》《张万仓要饭》《大烟鬼游阴》《临潼山》《万历封神》《铡国太（访山东）》《三开膛》《李八件闹店》《转向壶》《八仙关（火烧余洪后部）》《背席筒》《五花马（绣襦记）》《三疑计》《马方困城》《双绒花》《双别窑》《时迁打铁》。（以上为梆子）

天水关、取巴州、沙陀国、黑风帕、翠屏山、梅龙镇、桑园会、坐宫、斩郑文、李密投唐、骂曹、打渔杀家。（以上为皮黄）

经常演出的剧目通常为“老八本”，包括《天波楼》《八仙关》《蝴蝶杯》《访四川》《代州缘》《彩仙桥》《红石关》《金玉锁》，以历史题材为主，多半取材于民间流传的演义小说。

二、包楞调：生活的花腔

包楞调是流行在鲁西南成武县的民歌，被称为中国民间的花腔独唱曲。

1962年10月，成武县文化馆魏传经到田集一带采风，听说程楼村65岁的周金英大娘自幼喜欢唱小曲。魏传经数次登门拜访，老大娘唱出了《包楞调》。1963年，由周金英演唱、魏传经填词、孙啸天与魏传经记谱整理的《包楞调》完成。程楼是个有千余人口的大村。据《程氏族谱》记载，明朝洪武十年（1377），程氏从河南省嵩县迁此立村。此后，包楞调经过学唱、演唱及灌制唱片受到了音乐界的关注。1980年，歌曲《包楞调》《我的家乡沂蒙山》震动京城音乐界，博得了广大听众和音乐专家的一致赞扬。自此，《包楞调》作为经典的汉族民歌，久唱不衰，发展成为包括扬琴曲、古筝曲、二胡曲、钢琴曲等在内的十几个曲种，并由演唱发展为合唱、舞曲、器乐曲及舞蹈，还被编入《中国民歌》，与其他《包楞调》曲子一起出现在了中央和地方的荧屏、舞台上，成了中国音乐学院、上海音乐学院等几百个大中型艺术院校学生的必学内容之一。

关于包楞调的起源，当地文化学者常方元认为，包楞调和宗教关系密切，包楞调应起源于“担经调”。历史上的成武庙宇众多且每年都举办庙会。在庙会上，一些农村妇女有

唱“瞎腔”

“瞎腔”是乡村盲人艺人演唱艺术的泛称。他们演唱的形式其实是很多的，比如坠子书、扬琴、莲花落等，但乡村的观众懒得分那么清，见是盲人演唱，便统称为“瞎腔”。“瞎腔”以说唱传统的“说唐”“三国”“水浒”“大八义”“小八义”为主，也时常来几出“刘巧儿”“小二黑结婚”等新戏。

【开场白】草棵子拧绳不如苘，黄河里吃水不如井，养儿不如亲生子，三伏天不如腊月冷。

“担经”的风俗。“担经”又称“担花篮”。在表演中，妇女们身穿花衣，肩挑以竹批制作的经挑，经挑子宽寸许，长五至六尺，两端分别饰以布或绢制作的花篮和鲤鱼。其中，一人打竹制的经板（也有不打经板直接唱的），在经板声中，表演者以佛经内容或自编的歌词为唱词，以源于自编或地方民歌的曲调来表演。到了清朝末年，随着社会进步，庙会不再兴盛，“担经”这种表演形式也衰落了。还有一种说法认为，包楞调起源于青山道士。据魏传经说，当年周金英老人介绍，她学到的《包楞调》是一个行走在乡间的叫李师傅的民间艺人教授的，由于当年周金英老人热情好客，又喜欢戏曲，李师傅就将《包楞调》曲子教给了她，同时，李师傅还把自己的师承告诉了周金英。在距离小程楼北面25公里的地方有个青山寺，李师傅就是跟青山寺里的一个道士学的，而且这是道士的师爷传下来的。魏传经分析，《包楞调》起源于成武民间是事实，在庙会发达的清朝中叶，有可能是这位精通音律而且具有极高文学修养的青山道士在庙会上听到了进香的人演唱《包楞调》，于是，他加以整理和创作，就出现了《包楞调》中那些大段的唱词，而唱词有64段，也暗合了道教的八八六十四卦之意。之所以叫作《包楞调》，是因为曲子的结尾有“紧包楞”的衬词，而“紧包楞”在当地方言中是紧紧相连的意思。相传过去农村妇女在一起纺棉花，她们边纺边聊天，从丈夫儿孙谈到乡间趣闻，从农事节气谈到丰收景象，什么都谈，越谈越投机，越纺越高兴，最后竟然对唱起来。还有一种说法认为“包楞”作为原民歌中的衬词，是由模仿飞快转动的纺车发出的“楞楞”声得来的。也就是说，《包楞调》是鲁西南农村妇女在用纺车纺线时对唱的歌谣。西周初武王封其弟曹叔振铎于曹国，建都陶丘（今山东省菏泽市定陶区）。《诗经》十五国风之一的曹风就是这一区域的歌谣。《国风·曹风》共四篇，其中的《蜉蝣》是这样吟唱的：

蜉蝣之羽，衣裳楚楚。心之忧矣，於我归处。
蜉蝣之翼，采采衣服。心之忧矣，於我归息。
蜉蝣掘阅，麻衣如雪。心之忧矣，於我归说。

在这不朽的诗句中，我们能够知道在鲁西南这块古老的土地上，先人们在岁月轮转中辛勤劳作，他们织出美丽的棉麻，他们感知着时间和万物，他们传唱着古老的歌。我们或可由此感性地推断，《包楞调》是大众智慧的结晶，劳作中的妇女从聊家常到哼担经调，逐渐形成了《包楞调》的唱词和唱腔。

端汤

20世纪五六十年代，鲁西南乡村比较流行小型的说唱艺术，如莲花落、扬琴、快板书、瞎腔等。那时演出的报酬很低，除了能吃饱，也就是赚几十个窝窝头。这些乡村演员们来到村里，先选好演出的场地，到了吃饭的时候，便会敲起锣鼓快板。村民们听到锣鼓响，便知道村里来了艺人。吃饭时，便主动端上稀饭或拿一个窝头，给艺人们送去。艺人们会把稀饭喝光，窝头则存起来。因此，那些艺人都成了喝汤的好手，十碗八碗“刺刺溜溜”一会儿便进了肚。有人便戏称他们为“瞎八碗”。这样戏称也是因为凡是这样吃饭的人多是盲人艺人，明眼的艺人由于演出水平较高，故而收入也较高，便不这样吃饭。

【儿歌】瞎子腔，来俺庄，天黑俺去送干粮，捎上一碗小米汤，带上两棵绿葱秧，秫秸梃子折两双，晚上唱戏大祭桩，又吹又拉梆子腔，唱到了半夜不算完，一气唱到天放光。

《包楞调》的唱词内容由“晴空明镜，松峰凤鸣，星亭清静，景动风轻”这首诗组成，这首诗当中的每一个字就是每部分唱词的题目，每个部分有4段唱词，共组成64段唱词，每段唱词四句，共256句。64段唱词每段唱词的第一句结尾一律都是“白楞楞楞”，第二句结尾一律都是“一点红”，第四句结尾一律都是“紧包楞”。歌词内容广泛，春夏秋冬、风云雨露、山水花草、名胜古迹、飞禽走兽、日月星辰、君王贤士、文官武将、公子小姐、天仙神怪、琴棋书画、格言哲理、土特产品、乡土民情等几乎无所不包，犹如一幅生活画卷。《包楞调》具有的花腔特色引人入胜。花腔是中西皆有的一种发声唱法，以声调多转折、拖腔格外长为特点，主要是在高音区的炫技演唱，西方应用更为广泛，所以国外音乐界学者们普遍认为只有欧美才有民间花腔，而中国没有。《包楞调》的出现打破了这个论断，填补了我国民间声乐中民间花腔的空白。（附：《包楞调》）

附：《包楞调》原词[27]

晴

梨树开花白楞楞楞，桃树开花一点红，
春雨满地天刚晴，桃梨相映紧包楞。

风吹水波白楞楞楞，水中的莲花一点红，
夏雨迅猛天快晴，莲花莲籽紧包楞。

长长的豆角白楞楞楞，尖尖的辣椒一点红，
秋雨连绵天放晴，辣椒豆角紧包楞。

雪花飞舞白楞楞楞，梅花开放一点红，
冬雪盖地天大晴，雪抱梅花紧包楞。

空

茉莉开花白楞楞楞，石榴开花一点红，
南园的青竹腹中空，竹杆竹叶紧包楞。

纸糊的风筝白楞楞楞，风筝的穗穗一点红，

线牵风筝飘在空，风筝线绳紧包楞。

黄河的鲤鱼白楞楞楞，鲤鱼的尾巴一点红，
鱼跳龙门飞在空，鱼和水来紧包楞。

纸卷的炮仗白楞楞楞，燃着药捻一点红，
炮仗声声响在空，闪光雷鸣紧包楞。

明

崂山的泉水白楞楞楞，乐陵的小枣一点红，
蓬莱的仙阁放光明，八仙过海紧包楞。

泰岳的肥桃白楞楞楞，肥桃尖尖一点红，
月照桃园一片明，月光肥桃紧包楞。

茫茫的海潮白楞楞楞，海中的珊瑚一点红，
珊瑚颗颗透水明，海水珊瑚紧包楞。

悬崖的瀑布白楞楞楞，山峰的野花一点红，
水洗滑石照眼明，水动花飘紧包楞。

镜

天上的银河白楞楞楞，织女的头绳一点红，
鹊桥通天水如镜，牛郎织女紧包楞。

嫦娥奔月白楞楞楞，天女散花一点红，
中秋月圆明如镜，星星月亮紧包楞。

玉马如生白楞楞楞，马铃的缨缨一点红，
金童马背托宝镜，金童玉马紧包楞。

少女素妆白楞楞楞，指甲拨琴一点红，

月夜晴空悬明镜，少女月琴紧包楞。

松

仙鹤展翅白楞楞楞，仙鹤的头顶一点红，
狂风呼啸知劲松，青松仙翁紧包楞。

仙翁的银发白楞楞楞，拐杖的龙珠一点红，
仙翁高山育青松，青松仙翁紧包楞。

冰山雪岭白楞楞楞，山前的庙宇一点红，
庙宇门前一棵松，青松古庙紧包楞。

月宫的玉兔白楞楞楞，玉兔的眼睛一点红，
月宫院内不老松，青松玉兔紧包楞。

峰

唐僧的龙马白楞楞楞，孙猴的小脸一点红，
西天取经越山峰，妖魔鬼怪紧包楞。

山腰的羊群白楞楞楞，牧童的鞭稍一点红，
山歌婉转绕山峰，羊群牧童紧包楞。

梨子熟了白楞楞楞，山楂熟了一点红，
山楂梨树满山峰，青山果树紧包楞。

天上的星星白楞楞楞，地上的灯笼一点红，
灯笼高高挂山峰，星星灯笼紧包楞。

凤

绣花的银针白楞楞楞，针上的绒线一点红，
飞针走线绣彩凤，银针绒线紧包楞。

谷雨的露水白楞楞楞，牡丹开花一点红，
牡丹花中飞彩凤，凤凰牡丹紧包楞。

月洒银辉白楞楞楞，夜香花开一点红，
花好月圆出彩凤，凤舞花枝紧包楞。

高山的流水白楞楞楞，花染春光一点红，
山清水秀鸟朝凤，鸟语花香紧包楞。

鸣

岳飞的银枪白楞楞楞，风吹盔缨一点红，
精忠报国世长鸣，英雄千古紧包楞。

韩世忠的战袍白楞楞楞，梁红玉女将一点红，
红玉退敌点鼓鸣，鼓声杀声紧包楞。

赵子龙浑身白楞楞楞，长坂坡前一点红，
力敌百将战马鸣，怀抱阿斗紧包楞。

月下的张生白楞楞楞，西厢的莺莺一点红，
谯楼五更雄鸡鸣，梆鸣鸡鸣紧包楞。

星

曹州的耿饼白楞楞楞，柿子熟了一点红，
夜半古筝伴星星，柿园古筝紧包楞。

西湖的水波白楞楞楞，少林寺的大门一点红，
拳术快速赛流星，神拳飞脚紧包楞。

黄山的云雾白楞楞楞，山中的芙蓉一点红，
松涛云海半天星，星星云海紧包楞。

燕山的冰雪白楞楞楞，长城的烽火一点红，
长城连天接星星，星星长城紧包楞。

亭

一排排石桌白楞楞楞，油漆的石鼓一点红，
松峰峻岭一琴亭，琴声歌声紧包楞。

小小的酒盅白楞楞楞，樱桃酒肴一点红，
深山峡谷一酒亭，猜拳行令紧包楞。

河中的帆船白楞楞楞，船头的花瓶一点红，
山前河湾一花亭，山歌渔歌紧包楞。

小小的银钩白楞楞楞，钩上的鱼饵一点红，
江边一座钓鱼亭，鱼上银钩紧包楞。

清

玉兰花开白楞楞楞，月季开花一点红，
花映水中看得清，落花流水紧包楞。

鹅毛大雪白楞楞楞，雪中的新娘一点红，
雪水烹茶甜又清，洞房花烛紧包楞。

露水滚珠白楞楞楞，花染水珠一点红，
露水绿叶分外清，花噙水珠紧包楞。

深秋的晨霜白楞楞楞，霜叶片片一点红，
鱼翔浅底河水清，秋风落叶紧包楞。

静

光天化日白楞楞楞，花儿朵朵一点红，
世无欺心人平静，春夏秋冬紧包楞。

诗书画卷白楞楞楞，中了状元一点红，
寒窗苦读心安静，苦和甜来紧包楞。

关公的大刀白楞楞楞，赤兔战马一点红，
闯过五关不平静，又斩蔡阳紧包楞。

大江东去白楞楞楞，火烧战船一点红，
三国鼎立难平静，争权夺利紧包楞。

景

冰雪融化白楞楞楞，春暖花开一点红。
万里河山尽美景，山清水秀紧包楞。

长江三峡白楞楞楞，崖畔山花一点红，
诗情画意山川景，江水龙舟紧包楞。

东海的龙宫白楞楞楞，哪吒闹海一点红，
翻江倒海水战景，鱼鳖虾蟹紧包楞。

雁池秋月白楞楞楞，西浦荷花一点红，
斗鸡台前十大景，文亭成武紧包楞。

动

桌上的灯台白楞楞楞，点上银灯一点红，
灯光闪闪影影动，灯光灯捻紧包楞。

佛前的香炉白楞楞楞，烧上高香一点红，
香烟缕缕微微动，香头香灰紧包楞。

苏州的官粉白楞楞楞，杭州的胭脂一点红，
佳人婀娜飘飘动，合手念佛紧包楞。

月明地出来白楞楞楞，太阳出来一点红，
太阳落山星星动，月亮太阳紧包楞。

风

说书的姑娘白楞楞楞，灵巧的小嘴一点红，
鼓词名艺满城风，历代风云紧包楞。

月下的萧何白楞楞楞，追赶韩信一点红，
战马加鞭快如风，文官武将紧包楞。

渭河的浪花白楞楞楞，姜子牙钓鱼一点红，
文王拉纤走顶风，明君贤臣紧包楞。

人挖的运河白楞楞楞，杨广的花船一点红，
花天酒地刮臭风，祸国殃民紧包楞。

轻

月下游春白楞楞楞，花心半开一点红，
酒饮微醉脚下轻，风花雪月紧包楞。

夏云多变白楞楞楞，烘云托月一点红，
浮云飘飘轻又轻，雷雨云雾紧包楞。

满天星斗白楞楞楞，洞房花烛一点红，
听房的小伙脚步轻，悄手蹑脚紧包楞。

桑蚕老了白楞楞楞，蚕老变蛹一点红，
蚕吐银丝一身轻，丝茧裹身紧包楞。

注 释

①据《战国策·秦策二》。

②武氏祠为汉代祠堂和墓地，位于嘉祥县纸坊镇武翟山村北，始建于东汉桓帝、灵帝时期，全石结构，石刻画像，内容丰富，雕制精巧，取材广泛，从各个不同的角度反映了东汉时期的社会状况、风土人情、典章制度、宗教信仰等，被称为“汉代社会的百科全书”。武氏祠汉石刻、画像石是中国最大、保存最完整的汉碑、汉画像石群。1961年，“武氏墓群石刻”被列入第一批全国重点文物保护单位。

③见刘向：《列女传·母仪·邹孟轲母》。

④青堌堆文化遗址位于梁山县城东北方向20公里、小安山镇董庄村西约500米处。这里原是一个高大的堌堆，东西800米，南北400米。多年来，由于雨水的冲刷和人为的破坏，面积大大缩小，现仅存地面以上东西61米、南北40米、高约3米的缓坡土堆，且其上大部分已被当地农民种上了庄稼。堌堆上曾建有一座庙宇，如今已毁。考古人员先后于1959年、1976年两次进行挖掘。

⑤讲唱者：王香云，搜集者：崔晓英。见山东省菏泽市三套集成办公室编：《中国民间文学集成·菏泽市民间歌谣谚语卷》，内部资料，1988，第114—116页。

⑥关于“福本子”的记录根据如下文献整理：潘鲁生主编：《福本子》，河北美术出版社，2003，第19页。

⑦邓石如（1743—1805），初名琰，字石如，避嘉庆帝讳，遂以字行，后更字顽伯，因居皖公山下，又号笈游道人、完白山人、凤水渔长、龙山樵长，安徽怀宁县白麟畈（今安徽省安庆市宜秀区五横乡白麟村）邓家大屋人，清代篆刻家、书法家，邓派篆刻创始人。少好篆刻，客居金陵梅镠家八年，尽摹所藏秦汉以来金石善本。遂工四体书，尤长于篆书，以秦李斯、唐李阳冰为宗，稍参隶意，称为“神品”。性廉介，遍游名山水，以书刻自给。有《完白山人篆刻偶存》存世。

⑧孟德斯鸠著：《论法的精神》上册，张雁深译，商务印书馆，1997，第128页。

⑨《诗经·陈风·衡门》。

⑩《太平广记》卷四六六引《三秦记》。

⑪光绪《东明县志·异闻》。

⑫中国民间文艺家协会山东分会编：《秃尾巴老李的传说》，内部资料，第147页。

⑬见载于干宝《搜神记》卷十一。

⑭刁书文编：《鲁西菜点谱》，山东省出版总社聊城分社，1989。

⑮姜波：《山东民居概述》，《华中建筑》1998年第2期。

⑯王光峰、郝霞光：《中国民居的特点及发展》，《济宁师范专科学校学报》2006年第4期。

⑰赵君：《鲁西南农村民居文化探讨》，《文教资料》2010年第3期。

⑱麻国庆：《分家：分中有继也有合——中国分家制度研究》，《中国社会科学》1999年第1期。

⑲戚，当地方言，用刀杀的意思。

⑳巴，当地方言，盼望。

㉑拾子儿：一种用手捡拾小石子的儿童游戏。

㉒讲唱者：任先长，搜集者：兰孟周。见山东省菏泽市三套集成办公室编：《中国民间文学集成·菏泽市民间歌谣谚语卷》，内部资料，1988，第4—6页。

㉓郭紫宇：《鲁西南地区“泰山石敢当”习俗文化内涵分析——以山东省枣庄市Y镇为例》，《美与时代·城市版》2018年第7期。

㉔《孟子·万章下》。

㉕靳歌小丸子：《好听戏的济宁人》，https://www.jianshu.com/p/3bb43044ac27，访问日期：2020年4月20日。有删改。

㉖见今菏泽山西会馆中道光十一年（1831）所立的碑碣。

㉗菏泽地区文化艺术志编纂委员会：《菏泽地区 文化艺术志（征求意见稿）（下）》，内部资料，1988。

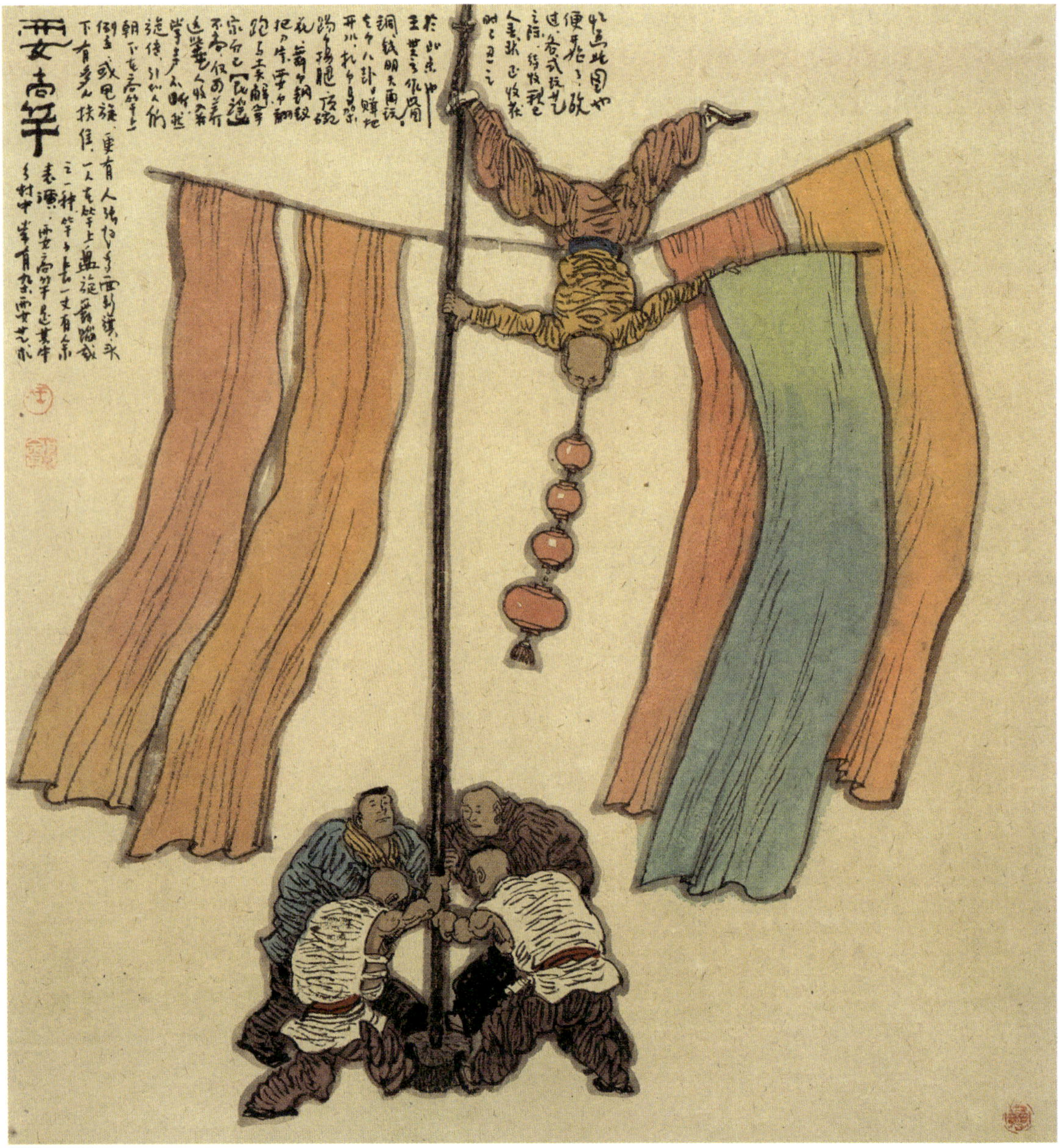

耍高杆

乡村杂耍班子常有耍高杆表演。高杆长丈余，下部由多人扶牢，杆上一人盘旋舞蹈，一会侧翻，一会倒立，一会张起彩旗转圈，一会垂下一串红灯。人们多惊叹于杆上人的高超演技。

【儿歌】跑马卖药，拿把刀片，耍个翻花，舞个钢叉，踢个拐腿，顶碗开水，扎个马架，走个八卦，赚把铜钱，明天再耍。

第六章 时间与信仰

第一节 四时轮转：中国人的时间轴

一、十二月歌

正月里，正月歌，
新娶的媳妇拜公婆。
大红衫子绿甩袖，
八幅罗裙地上拖。
二月里，二月歌，
二月燕子来垒窝。
大姐二姐观燕子，
一对起来一对落。
三月里，三月歌，
三月牡丹开的多。
大姐抱着二姐耍，
砸死牡丹一大棵。
四月里，四月歌，
四月桑蚕老的多。
老蚕不吃干桑叶，
累死采桑女娇娥。
五月里，五月歌，
五月麦子熟得多。
头里割麦哧啦响，
后边割麦紧跟着。
六月里，六月歌，

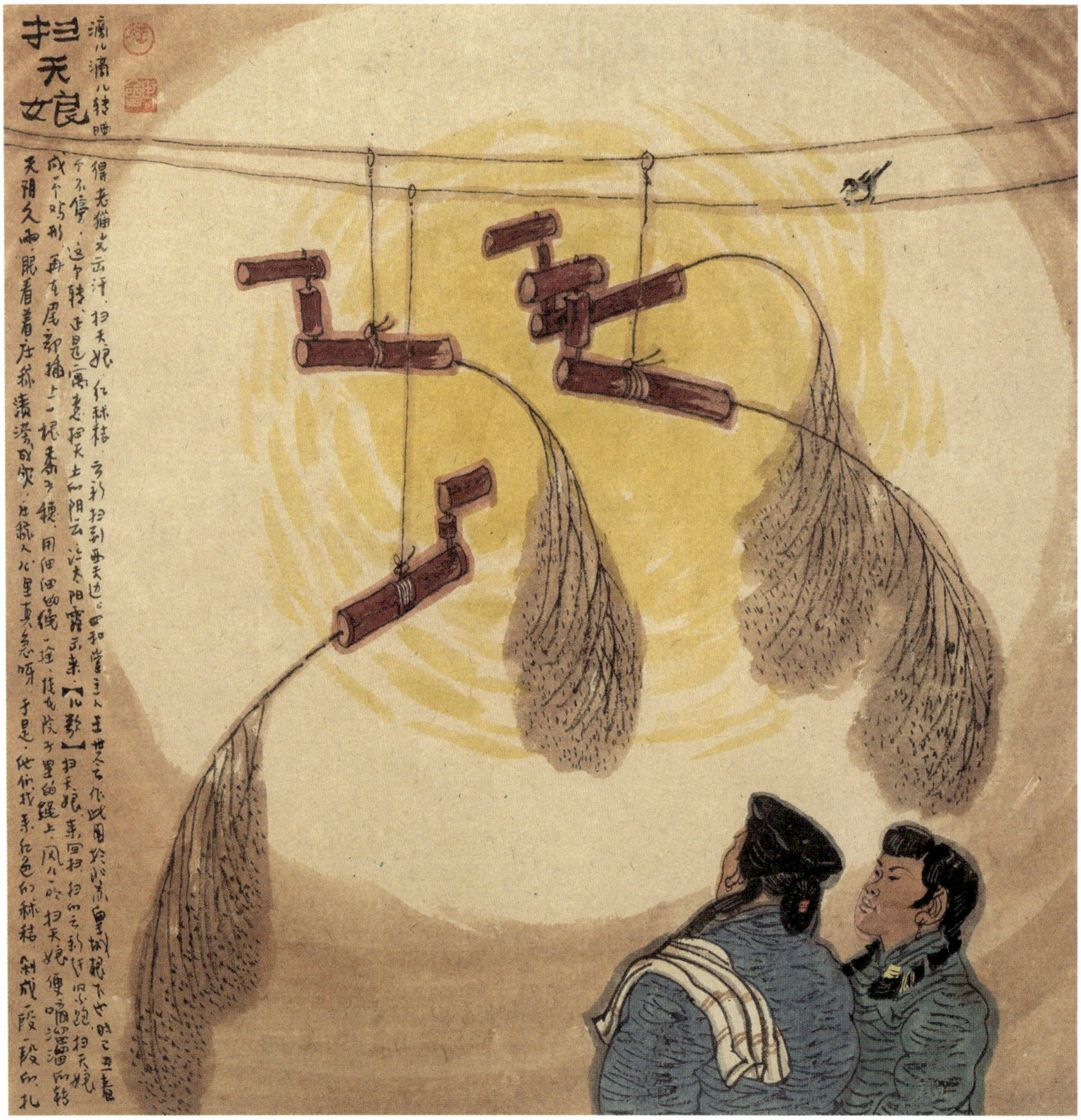

扫天娘

天阴久雨，眼看着庄稼要渍涝成灾，庄稼人心里真急呀。于是，他们便找来红色的秫秸，剁成一段段的，扎成鸡形，然后找一个菽子箧，绑在“鸡”的后部，挂在晾衣服的铁条上，风一吹，“小鸡”便团团转起来，像一个扫云彩的神仙。农人们称它为“扫天娘”，请它扫去阴云，露出温暖的阳光。

【儿歌】扫天娘，来回扫，扫得云彩赶紧跑；扫天娘，嘀嘀转，日头晒得猫出汗；扫天娘，红秫秸，龙王见了快躲开；扫天娘，天天转，又不涝来又不旱。

六月稷子做酒喝。
男喝三杯他不醉，
女喝三杯醉得多。
七月里，七月歌，
牛郎织女会天河。
夫妻相见叙情义，
泪珠点点往下落。
八月里，八月歌，
天上月亮照天河。
中秋佳节观月圆，
吴刚捧酒敬嫦娥。
九月里，九月歌，
秋凉风寒下霜雪。
大秋小秋都收尽，
种上麦子绿地坡。
十月里，十月歌，
大雁南飞过山河。
群雁结伴连成队，
同生同死不分割。
十一月，下大雪，
天寒地冻封江河。
年轻小伙去滑冰，
绣花姑娘把手搓。
腊月里，腊月歌，
腊月梅花喜爱雪。
梅花含笑迎新春，
春满人间喜事多。[①]

在农业社会中，天地和四季是空间与时间的展现，天地为人提供了生活空间，四季则构成了人的生活时间，天地和四季构成了最恒定的时空观。天地不易，四季轮转，它们恒定不变，却又变化莫测，天地间有气候变幻、干旱洪涝，四季中有寒暑易节、阴阳不定。人对自然的认识是从其变幻中寻到不变的过程，这是一种把握自然规律的过程。对人类而言，这个过程中最重要的认识当是四季轮转，而且这种轮转是春夏秋冬四季十二月的循环，有始有

祈雨

旧时，乡村里久旱不雨，乡人们便聚集起来，举行一道道仪式，向龙王祈雨。他们取一铜盆，里面盛上水，放在由四人抬着的八仙桌上，或快走，或慢行，或肩扛，或手抬，或穿花，或跳圈，尽力走出各种好看优美的姿势，引得乡人们一阵阵喝彩，但不管怎么走怎么跳，铜盆里的水都不许溅出来。

【民谣】人人都说龙王灵，俺在家乡搭神棚；龙王龙王到俺家，先请吸烟喝口茶；老天久旱不下雨，干得庄稼焦煳啦；百姓饿死不要紧，谁给龙王把香拿；先叫风婆前头走，再叫雷公紧合撒；先叫小雨慢慢飘，再叫大雨可劲下；透雨下个一天半，后天咱就种庄稼；五谷丰登收齐了，给龙王唱戏三黑家。

终，又无始无终，这是人对无形的时间的把握。人们可以从这种既有限又无限的循环中从容应对自然，确立生活秩序。年、四季、月份、节气构成的这种循环组成了中国人特有的“时间轴”，它既是生产的循环，也是生活的循环，更是生命的循环。鲁西南一带有很多版本的《十二月歌》。《十二月歌》唱出了一年四季十二个月的时间变化——自然的有规律的变化和人的生产、生活节奏，这是人对时间的感应。

《十二月歌》反映了农耕社会中人的生活常态。这首歌所描述的既适用于去年，也适用于今年，同样适用于明年，年复一年，花开花落，燕来燕归，播种与收获，人的生产和生活随着时节流转，仿佛是一个无始无终的循环。这种生活常态塑造了中国人的思维。自然而然的，四季十二月也成为人们安排生产生活的最重要一条线索——一种统筹事物的线索或者独特角度。下面是同样流传于鲁西南一带的《十二月歌》。人们就把精神生活中的历史传说、曲艺故事镶嵌到时间的模型之中：

正月里，正月正，
秦琼打马到临潼。
杀败杨广立了阵，
救下李渊唐国公。
二月里，龙抬头，
七郎八虎闯幽州。
李陵碑碰死杨老将，
杨七郎搬兵没回头。
三月里，三月三，
三人结拜在桃园。
弟兄三人战吕布，
关公月下斩貂蝉。
四月里，麦梢黄，
项羽入关封汉王。
十三太保李存孝，
五龙二虎斗彦章。
五月里，五端阳，
韩信领兵追霸王。
追得霸王无其奈，

赶天狗

从前，鲁西南很多地方有赶天狗的民俗。每当日食或月食之际，乡里人便拿出铜盆、铁桶、锣鼓等一阵猛敲，并拿出笤帚、铁锨等物，一边摇晃，一边大声吆喝，意为吓跑正吞吃太阳或月亮的天狗。天狗倒也听话，竟也会慢慢将吞下肚的太阳或月亮一点一点再吐出来。

【儿歌】扫扫天，扫扫地，天狗天狗回家去；跺跺脚，拍拍手，天狗天狗快快走；打打鼓，敲敲锣，天狗听见挪一挪。天狗天狗闪一闪，快把日头还给俺。

连人带马投乌江。
六月里，热难熬，
关公骑马辞了曹。
闯过五关斩六将，
黄河沿上刀挑袍。
七月里，立了秋，
鲁班造桥名赵州。
张果老骑驴前头走，
柴王推车轧道沟。
八月里来八月八，
战台封神姜子牙。
头前带队雷震子，
二阵杨戬和哪吒。
九月里，九重阳，
兵统六国秦始皇。
枪刀入库传二世，
推翻项羽汉刘邦。
十月里，立了冬，
白马银枪小罗成。
一十二岁打登州，
黑夜入城救秦琼。
十一月里下大雪，
赵云独自战张郃。
曹操雄兵有百万，
赵云大战长坂坡。
十二个月整一年，
孔明巧计定连环。
江心战舰联合就，
祭起东风烧阿瞒。[②]

这首《十二月歌》中不仅有脍炙人口的历史演义，如楚汉之争、三国演义、隋唐演义等，也有神话故事，如封神榜、鲁班传说等。其他的《十二月歌》中还有燕王扫北、清军入关及水浒故事等。这些故事在民间一代代传唱，几无变化。

赶庙会

鲁西南一带，凡较有名气的大庙，必有庙会。庙会上自然少不了参佛、敬神、唱大戏，有的庙会还有粮食、牲畜及日用百货的交易活动。庙会会期有的一天，有的三天。会上人声喧嚷，香火缭绕，一派繁荣祥和的景象。后来，庙会只侧重于商品交易及文娱活动。如今这一活动已基本消失。

【民谣】莲台起庙会，唱戏天仙配，庙内参参佛，庙外逛一会，买头大骡马，买床缎子被，买双绣花鞋，买对小石坠，回头去饭铺，唱个二两醉。

从风俗演化的视角看，循规蹈矩，自给自足，无须改变。这是中国人生活中的常数。古时的变数则来自天灾和人祸（战乱、暴政等），近代以来最大的变数，是“现代化”。基于科技的工业文明带来了冲击，中国几千年以来的农耕社会沦陷。从农耕社会到工业社会，世界成为被改造的对象，时间成为被攫取的资源，生命的规律被生产的效率取代。我们已经无暇顾及时间的流转，开始漠视对时间的感知。在时间面前，我们甚至变得迟钝，我们失去了对风俗和仪式最基本的尊重。

对时间的感知（感时）与文化的浸染（化成），从感性和理性两个方面交互造就了中国人的时令观念。一方面，如二十四节气这种直接根据时间变化而指导生产生活的时令，是对时间感知的总结和理性提炼，是偏感知系统的时间文化；另一方面，如春节、清明、端午、中秋节等日常生活中重要时间节点的节日，是在时间感知基础上孕育的文化，最终形成一种强大的文化体系，是偏化成的时间文化。

基于节日的时间文化又是中国民间信仰的重要承载体。西方普遍认为中国人缺乏宗教信仰，但著名汉学家易劳逸则发现了中国的民间信仰，在他看来，民间信仰在中国社会存在的时间如此之久、对社会浸润如此之广，充分证明了它能满足中国人最基本的宗教需求。[③]易劳逸在对中国社会的认识中提出了“家庭主义”的概念，民间信仰是中国传统社会家庭主义的主要支撑力量。由于持有祖先崇拜的信仰，中国的家庭并不仅仅是社会和经济组织，而是兼有宗教组织性质。[④]确实，中国人的祭祀和禁忌是以祖先崇拜（鬼）为核心展开的，进而扩展到神和精怪，宗教文化催生的各类神（如泰山老奶奶、土地神、灶神、门神、石敢当、关老爷等）和禁忌文化催生的各种精怪（如“五大门”[⑤]）都具有世俗性和自然性。鬼神与精怪构成了民间信仰的主体，即使是宗教文化中的观音也被完全世俗化了。总之，作为核心的祖先崇拜决定了中国文化中“家”的神圣性。

二、“家”与“社”

中国的重要节日都围绕“家”展开。但在风俗的视角下，“家”并非单纯如易劳逸所述是“家庭场合的”（domestic）[⑥]，而是在“家庭—家族—家国”这样一个“家”的递进层面展开。家庭可以理解为费孝通提出的“父母子的三角”[⑦]的小家庭的意思，或可理解为“夫妻核

挑花经

鲁西南一带的乡村庙会上有挑花经的。女人们是主角，她们将小竹篮装饰得花枝招展，扭着有节奏的脚步，来回舞动，嘴里念念有词，词的意思大多是请求神仙保佑他们一家平安，无病无灾，日子过得富裕美满。有时她们也收别人些许酬金，替别人挑上一段花经。

【经词】小香炉，脚儿短，今天烧香来得晚，也没米，也没面，喝口凉水也行善。挑经挑上九十转，没病没灾能吃饭，挑经挑上俩时辰，粮满囤来福满门，阿弥陀佛。

心”家庭，即夫妻作为家庭的核心，上下都是直系的有血缘关系的亲属，没有上一代或上一代是父母，下一代是孩子——不存在“夫妻”关系的构成；家族即费孝通所认为的，是中国乡土社会中的基本社群，所谓族是由许多家组成的，是一个社群的社群[8]。我们由此知道，家必须是延续的，不因个人的长成而分裂，不因个人的死亡而结束，于是家的性质变成了族。[9]家国则是一个国家的概念，是封建社会中的“家天下”；皇帝是“天下一人”，天下是一人之天下，这其实是对家的概念的放大。重要的节日活动体现在家庭中，是人所共见的“团圆”主题（春节和中秋节尤为明显），即使祭拜，也是对直系祖先的延请，请他们回家（春节的牌位祭拜）或者探望他们（清明的扫墓），也是团圆的体现；体现在家族中，“团圆”主题则退而为次（但大团圆依然重要），祭祖成为最重要的主题，而且成为大团圆的征召令，祭祀场所也从家庭转移到宗祠或家族长者的家中；体现在家国中，最重要的主题则是“祭天”，祭祖与民间义同。在一定程度上，皇室的祭祖和祭天类似于民间的家庭之祭和家族之祭。

节日在“家”的不同层面上，都围绕着“团圆”和“祭拜”展开。祭拜以祭祖为核心，对祖先的祭祀包括清明节、农历七月十五日、农历十月一日上坟祭祀以及过年祭祖。除夕当天，家家在堂屋挂上家堂轴子，烧香摆供祭祀。初一五更吃过水饺后，同一家族的成年男性带着烧纸至祠堂共同祭祖。过年期间一直供奉，正月十五送走祖先，将家堂轴子收起放好，以备来年再用。同时，鲁西南乡民家中也大都供神，常见的有财神、灶神、天地、观音、保家神等。各地的保家神形象不一，曹县韩集镇人民供的是五尊神（即佛祖或称佛爷）、南海大士、白衣奶奶、无生老母、泰山奶奶的组合，有的是四尊神（不包括无生老母）；有的则供仙家爷、仙家奶（或称西仙爷、西仙奶），认为可保全家平安、传宗接代。平时每月初一、十五上香，过年时每尊神前都要摆供（酥肉或大肉块）祭祀。

春节是四时轮转的结束和开始，是终点，也是起点，是一个轮回结束的狂欢和又一个轮回开始的祝愿。经历长期的辛苦劳作，冬天是天地赐予人的漫漫长假，对时间的感知（闲暇）和家文化的浸润（孝悌）造就了春节——这个中国人时间乐章的最高潮部分；清明节是生命对春天的感应，天气转暖，万物复苏，新一年的劳作即将开始，经历漫长而寒冷的一个冬季的蛰伏，人走入天地之中，踏青郊游，扫墓祭祖——人们既要与自然进行心灵的沟通，也要与先人进行心灵的沟通，天、地、人在此合一，过去、现在和未来在此刻交汇。中秋节是生命对秋天的感应，其中满含着丰收的喜悦和一年辛苦劳作即将结束的欢愉——没有比生命

清明节

古人云：清明时节雨纷纷，路上行人欲断魂。清明节前后的三天时间都是活着的人对故去的人烧纸、上供、悼念的日子。男人们要添坟，女人们要大哭一场。在外的游子也免不了遥祭一番。

【民谣】白帽子，白衣衫，一条白布把脚缦，左手拿着千张纸，右手拖着木托盘，木托盘上三样宝，火筒火石并火镰。叮叮当打着火，点着草纸冒了烟，端上供品四样菜，倒上两盅老白干，那方的亲人请受用，请收送的银子钱。子孙烟火永不断，源远流长万万年。

中的富足更令人欣喜，这意味着家作为一个生命体有生生不息的基础，家成为一种信仰，因此，中秋是对家的礼赞，是对一个更强大、更长久的生命的祈祷。

再如农历十月初一。农历十月初一这一天被人们称为“鬼节”，又称“祭祖节”“送寒衣节”，山东俗称十月一，与清明节、中元节（七月十五）并称中国三大“鬼节”。每到十月一，人们会为死去的亲人上坟，他们会将自己秋收的物品为死去的亲人供上，向祖先报告一年的丰收成果，还会用彩纸剪成衣服，为去世的亲人焚烧，谓之“送寒衣”，后逐渐演化为烧纸钱，送钱买寒衣。鲁中一带流行傍晚在野外路口烧寒衣，为无后人的死者或孤魂野鬼祭祀。鲁西南一带，寒衣节除了准备寒衣，还以亡者生前喜爱的戏曲或神话故事为题材制作纸扎供阴间娱乐。十月一[10]的来历有多种传说，但在鲁西南一带，与蚩尤有关。

秦始皇一统中原建立秦朝后，因北方苦寒，冬日无法劳作，便以十月（农历）为岁首，故此有“十月朔”“秦岁首”等别称来称呼农历十月一，并将之作为立冬的一部分，成为风俗延续下来。秦汉之际，是要祭天、祭地、大祭祖先的。秦朝除了祭天地，还要祭祀“兵主”蚩尤。秦始皇曾封泰山，祠天、地、兵、阴、阳、日、月、四时八神，这八神中的第三位就是蚩尤，“三曰兵主，祠蚩尤。蚩尤在东平陆监乡，齐之西境也”（《史记·封禅书》）。蚩尤在上古时代是真正的战神。南宋罗沁《路史·后纪四》注引《世本》即言蚩尤作五兵：戈、矛、戟、酋矛、夷矛。东汉许慎在《五经异义·公羊》中解释说，甲午祠兵。祠者，祠五兵：矛、戟、剑、盾、弓矢，及祠蚩尤之造兵者。《世本·作篇》说，蚩尤以金作兵。这表明在当时的黑陶文化时期，蚩尤已掌握了金属冶炼。刘邦起义时，也“祠黄帝、祭蚩尤于沛庭”，他登基后的第六年就“令祝官立蚩尤之祠于长安”。东汉时期，在都城洛阳也建起了蚩尤祠，并且距兵器库较近，名将马严拜将军长史时，皇帝令他“过武库，祭蚩尤”。唐朝时期，仍保留着祭蚩尤的风俗。李筌所著的《神机制敌太白阴经》保留有当时祭祀蚩尤的全部祭文。由此可以推断，官方“祠兵”带动了民间祭祀蚩尤的活动，由于秦时以十月为岁首，所以祭祀蚩尤的活动集中在十月间。

鲁西南一带之所以有蚩尤祭祀风俗，不仅因为蚩尤是东夷族的领袖，更因为蚩尤部族在与炎黄部落的战争中失败后，蚩尤被杀害并葬于鲁西南各地。《汉书·地理志》称：“东郡，秦置……属兖州。县二十二，寿良，蚩尤祠在西北泲上。”据考证，这里的“泲”应为后来的“济水”，即位置在济水之滨，后来黄河改道，夺济水而行之。《皇览·墓冢记》[11]认为，蚩尤首级冢在“东平郡寿张县阚乡城中”，肩髀埋葬在“山阳郡巨野重聚”。也就是说，黄帝擒杀

吹猪

一进入腊月十五，鲁西南一带的农家人便开始杀猪，以准备腊月二十年集卖肉。农家杀猪可是件大喜事，一可换钱，二可吃肉。下货也大有用途：苦胆可做刀创药，胰子可做护手油，尿泡可做气球，猪脚壳可做灯碗，碎油可做蜡烛，猪头或肠子可给杀猪师傅作报酬。

【儿歌】过年哩，杀猪哩，小刀子，怪快哩。小猪看见怪怕哩，小猪小猪你别怕，我就牵你去赵坝，过了赵坝过黄河，叫杀猪的找不着。过了年，再回来，明年咱再一起玩。

蚩尤后分尸而葬，首级葬于寿张阚乡（一说为今阳谷县“皇姑冢”，一说处于今山东省汶上县南旺镇），身体葬于巨野重聚（菏泽巨野县），部分尸骨葬于台前（原属寿张县，今属濮阳）境内。在今天阳谷县境内，当地文化局还搜集到一首流传久远的蚩尤戏民谣：“敬敬天，拍拍地，咱们来玩蚩尤戏，一二三，三二一，头抵头，膝抵膝，你钻圈圈我舞旗，又翻跟斗又抵石，一二三，三二一，竞技游戏蚩尤戏……”

《史记·五帝本纪》裴骃集解云：“蚩尤冢在东平郡寿张县阚乡城中，高七丈，民常十月祀之。有赤气出，如匹降帛，民名为蚩尤旗。肩髀冢在山阳郡巨野县重聚，大小与阚冢等。传言黄帝与蚩尤战于涿鹿之野，黄帝杀之，身体异处，故别葬之。”从“祠兵”到“十月祀蚩尤”，可以看到蚩尤祭祀从官方到民间的演变，而蚩尤后来被定性为“犯上作乱”，蚩尤之祭转变为一种纯粹的民间信仰，这显然又经历了从“神”到“人”的演变，在这个演变过程中，人们祭祀的对象从“部落首领”转向了宗亲。《唐大诏令集》载唐玄宗天宝二年八月制曰：“禋祀者，所以展诚敬之心……自今以后，每至九月一日，荐衣于陵寝，贻范千载，庶展孝思。”这无疑直接影响了古人在立冬前后上坟送衣风俗的形成，因为九月尚未入冬，到宋代，这个上坟送衣的时间延后到了十月一，即立冬前后，和所谓的“十月一”相结合了。这是典型的感时与文化（历史、神话、祖先崇拜）、家庭和族群文化的融合影响。

民间信仰围绕“家”展开，同时又在“社”的层面展开。

在中国古代的信仰中，“社”是土神，“稷”是谷神，社在古代又指祭祀土神的地方、日子以及祭礼。所以，祭祀社神的日子又叫“社日”，一年两次，春天举行时叫“春社”，秋天举行时叫“秋社”。春社祈谷，祈求社神赐福、五谷丰登。秋社报神，在丰收之后，向社神报告丰收喜讯，答谢社神。春社多在春分后的戊日进行，一般为立春之后的第五个戊日。秋社在立秋后的第五个戊日举行。

在商、西周时期，春社是男女幽会的狂欢节日。《周礼·地官·媒氏》载：“中春之月，令会男女。于是时也，奔者不禁。”后受礼教的影响，人们认为上古之风不合时宜，才改为祭祀土地神。社祭分为官社和民社。官社庄重肃穆，礼仪繁缛，而民社则充满生活气息，成为邻里娱乐聚会的日子，还有各种娱乐活动，有敲社鼓、食社饭、饮社酒、观社戏等诸多风俗。南朝宗懔《荆楚岁时记》载：“社日，四邻并结综会社，牲牢，为屋于树下，先祭神，然后享其胙。”唐王驾《社日》：“鹅湖山下稻粱肥，豚栅鸡栖半掩扉。桑柘影斜春社散，家家扶

贴门对

腊月三十是贴对联的日子，院门、房门、迎门墙、粮囤、大车、锅灶、牲口圈、犁、耙等上都要贴，贴完了，满院满屋一片火红，过年的气氛浓极了。

【民谣】大红纸，写墨字，贴到门上添喜气，贴到院里添瑞气，贴到柜上添财气，贴到囤上添福气，拿在手上添年气，贴到脸上添乐气。

得醉人归。”这些都是对这一节日活动的描绘。关于春社的兴衰过程，有学者归结为“起源三代，初兴于秦汉，传承于魏晋南北朝，兴盛于唐宋，衰微于元明及清”。此处所谓“社”，并非单纯指社日之社，而是作为与“家”相对的概念出现的，取其“以信仰（祭神）为由”和“摆脱家庭的集会”（以地缘而非血缘关系的集会）二义。“社会”一词即起源于民社时的聚会活动。

家是人的纵向的坐标，是血缘关系的集合；社则是横向的坐标，是地缘关系的集合，它是一个人在空间中移动的关系总和。民间信仰在社的层面的展现是以宗教为主导的，但它依然缺乏宗教的严格程式——那些程式主要适用于“出家人”——职业的僧侣、道士。因此，宗教主导的在社的层面所展现的信仰依然是民间信仰，是完全世俗化的、社会化的。以此观之，这些形式中最典型的是庙会。庙会是民间的宗教性节日。庙会的出现必须具备两个条件，一是宗教繁荣、寺庙广建，而且宗教活动丰富多彩；二是商品货币经济的发展使商业活动增加、城镇墟集增加。[12]全国各地都有许多庙宇，其中供奉佛道众神，如佛祖、观音、菩萨、城隍、药王爷等，香火更胜的是供奉民间众神的庙宇，在鲁西南一带如龙王庙、大王庙（人间敕封的水神）、关帝庙，奶奶庙等。这些庙宇中所供神佛诞辰等重要纪念日就是举办庙会的日子。庙会的实质在于民间信仰，其核心在于对神灵的供奉。它可以是一种很大规模的群体性的信仰活动，也可以是一个村庄、一个家族的信仰活动。所有的娱乐都应该是围绕某种信仰活动的具体展开而进行的。庙会的历史其实就是民间信仰的历史。[13]庙会或源于集市，相传，神农时代“日中为市”；或源于信仰的庆典、祭祀、弘法、朝拜等各项活动；或其本就二者（市集与巫术）兼而有之，由此发展、演变为群众性庙会活动。尤其是在明清时期，江南工商业的发达、运河商业文化的形成使得庙会更加广布，而且使庙会承载了更重要的商贸功能和娱乐功能，从而深刻地影响了人们的经济生活、精神生活和文化生活。

“家”与“社”，一种是“团聚”，一种是“集会”；一种是弱化个人而追求家庭成员间关系的规范，以人伦为目的，一种是在既定的伦理规范中追求自我，以天性为目的，在一定程度上是对家的摆脱。社会交往使得人走出家庭，以自我为中心确立在世界中的关系网络——在庙会这样的场合，这种关系网络可能是暂时的，但非常重要，因为其目的是自我释放。又如一个人离家读书或经商，追求的是自我实现，也会形成社交关系网络（如同窗、同乡、朋党）——这是“社”的另一种展现方式。在庙会中，以信仰为由，在仪式中会使心灵获得安

祭祖

过年期间，祭祖是乡村里最隆重的大事。每年年三十下午，全族老少爷们齐聚祖坟上，点香、烧纸、放鞭炮，然后一揖四叩首，再揖、再叩首，礼毕。各分支将从祖坟上引燃的香火插在近亲的先辈坟上，再揖、再叩首，然后手捧香火再到自家的祠堂内再揖、再叩首，礼毕。这几套程序走下来，天就差不多黑了。女人不参与上坟，她们在家忙着准备贡品和过年的菜肴。大年三十的下午让人倍感家族的亲和，倍感家族的源远流长。一个国家、一个民族的凝聚力、向心力应是源自每一个家族的凝聚力吧。

【祭祠】赫赫吾祖，恩泽绵长，福佑子孙，万世永昌；列祖列宗在上，阖族后辈在此叩首。

宁，但更重要的是欢娱，这才是真正的目的。明末刘侗、于正弈的《帝京景物略》一书记载了北京附近庙会的情况："城隍庙市，月朔、望、念五日，东弼教坊，西逮庙墀庑，列肆三里……市之日，族族行而观者六，贸迁者三，谒乎庙者一。"即到庙会上看热闹、游玩观光的人占60%，买卖东西的人占30%，而真正谒庙烧香磕头的人只占10%，说明当时庙会是在佛寺道观内或其附近形成集宗教、商贸、游艺于一体的民间聚会。

在一定程度上，中国人对时间的感知从根本上孕育了时间文化。《逸周书·周月》云："凡四时成岁，有春夏秋冬。"而"万物春生，夏长，秋收，冬藏，天地之正，四时之极，不易之道"。历史、神话、巫术、宗教等文化形式又赋予时间以文化内核，从而形成节日，节日又反过来成为民间信仰的支撑。这种支撑在"家"与"社"两个层面上展开。在"家"的层面，一个核心的主题是回家，是团圆；在"社"的层面，人们要走出家门，寻求对自我生命的探寻。

第二节　庙会：风俗中的民间信仰

一、庙会之盛

夏镇泰山庙坐落于微山县城南端的泰山村，庙南和庙西被老运河环绕。据载，泰山庙始建于明朝天启年间。庙会定在每年的农历四月十八日，会期四天。从农历四月十日开始，周围几百里甚至一两千里的善男信女就携带铺盖，陆续从四面八方赶来。周围数百里的商客也络绎不绝地云集此地，参加或观看圣母出巡或进行商品交易。会期未至，各家旅店爆满，街面

包扁食

鲁西南一带称饺子为"扁食"，鲁西南地区人们过年时必吃的食品，有"好吃不过饺子"的俗语。旧时，扁食是过年过节或者招待重要客人时才能吃到的食品，要是平时没事没由就包扁食吃，人们会说这家人不会过日子。另外，家里有人出行也会包扁食相送，有"抬脚饺子落脚面"之说。

【儿歌】小扁食，包猪肉，小子三碗没吃够，推起小车下济南，推回一车肥猪肉；小扁食，包韭菜，小妮吃了一点点，拿起针线绣啥花？绣把绿绿嫩韭芽。

人山人海。会址南起火神庙，北到华祖阁，西自运河西沿，东到小新河西岸，每日赶庙会人数不下五六万人。南从南庄、北到造纸厂5公里多的运河里，渔船你挨我、我靠你，整个河筒看不见水面。正会期间（四月十五至四月十八日），周围三五十里的村庄、小寨的男男女女、老老少少，着上新衣裳，结队前来赶会。周边一二十里的村庄的人们大多全部出动，庙会人员可达十万之众。夏镇泰山庙会的主要内容有三：一是香客敬佛；二是举办大型文化娱乐活动；三是进行物资交易。泰山庙会的这种盛景自明朝漕运兴起以来，一直长盛不衰，并随社会的发展进步、漕运规模的扩大而越来越兴旺。由于知名度较高，1910年虽漕运停止，泰山庙会规模气势仍不减当年，盛况一直延续到“文革”拆除泰山庙之前。[14]

庙会与集市共同构成了明清时期山东运河区域的农村市场网络。这一网络体系的突出特点是以京杭运河为轴心，以临清、济宁、聊城、德州、张秋等运河重要码头城市为支撑，联结遍布州县城乡的市镇、集市和庙会，形成了环环相扣、层层铺开的合理布局。[15]据《山东庙会调查》记载，20世纪30年代济宁境内较著名的庙会有寺固堆庙会、王贵屯庙会、王母阁庙会、火神庙庙会、华佗庙庙会、南海大土香会、鲁桥会、爷娘庙庙会等。[16]仅金乡一地，全县境内就有香火会和骡马会140余处[17]。

汶上土地庙子会是周边几个省区有名的骡马古会，因会址汶上县南站乡有一座土地庙而得名。现存清乾隆三十二年（1767）碑载：汶邑南齐高地方有土地庙一座，自宋以来逢二月初二日，民便交易。庙子会原来的会期是从农历二月初二起，到二月初六止；但远路客商多从正月二十左右陆续到会，正月二十五六，骡马即上市成交，正月底即开鞭返回，到正式会期还有半月之久。每逢会期，土地庙内的香火分外旺盛。[18]

庙会之功能有三：一为信仰活动，烧香祈福。二为商贸交易。清时，夏镇泰山庙会每天经营额不下20多万吊，整个庙会期间商业经贸额多在200万吊左右。除来自上海、江浙、西安、郑州、唐山、青岛等地的香客外，苏北、豫北、皖北、鲁南、鲁西六七十个县的商贾摊贩，云集庙会。卖布的、卖绸缎的、卖京广杂货的、经营五金的，从事百货、日用品、饮餐服务的，经销铁、木、草编、苇编的，卖针头线脑、儿童玩具的，卖猪、马、牛、羊、驴、骡大牲畜的，卖香帛纸、耗子药、狍皮膏药、大力丸的，还有拔牙的、点痣的，算卦、拆字、合年命的，无所不有，一应俱全。[19]三为文化娱乐。穷苦的乡村民众无知无识，庙会期间开展的文化娱乐活动弥补了他们知识上的缺陷，通俗的戏曲、杂剧让他们在愉悦身心的同时又受

六十大寿

鲁西南一带有为老人庆六十大寿的风俗，一般选在腊月二十六或者正月初六。如是为老太太庆寿，闺女都要给老太太做一个大红色的新棉袄，以示祝贺。老太太穿上闺女给做的红棉袄，便会走亲串友、赶集上店，到处夸耀。就是外罩一件衣服，也要露出一段红棉袄的下摆，生怕别人瞧不见，心里的那个美劲就别提了。

【儿歌】六十岁，穿红袄，扭扭拉拉不显老，走到街上站一站，惊得小狗汪汪咬。大红袄，闺女做，细针细线缝半月，做好送往娘家去，捎上鸡蛋一百个，愿娘活上一百岁，无灾无病乐哈哈。

到了文化的洗礼，在潜移默化中提高了文化涵养，以至《三国演义》《水浒传》《西游记》《封神演义》《隋唐演义》《杨家将》等通俗小说在民间广为流传。一定程度上可以说，庙会是普及知识、对人们进行文化教育的有效形式。[20]鲁西南一带庙会流行“担经调”，即以喜闻乐见的形式表演经歌，多为生死报应、劝人行善、要求孝道等内容。庙会的休闲娱乐亦包括走亲访友、同事聚会、故交叙旧等社交活动。庙会期间也是农村青年男女交友觅伴、见面相亲的大好时机。

庙会“以信仰为由”，久而久之，商贸交易和文化娱乐却成最重要目的。据民国《清平县志》载，庙会之说始于唐时，风气相沿，于今为烈，僧徒假神道以罔布施，居民亦乘暇日以恣徉狂。每过会场，间商贾贸易寥落晨星，而前往游戏者十九而强，是庙会之设实娱乐之一端。[21]民国《夏津县志续编》卷五《典礼志·赛会》载：“凡大庙宇皆有庙会，迩来民智渐开，香火日趋冷落。所谓赛神者，虚有其名。临时市场，百货萃止，利商便民，亦良俗也。惟男女混杂，有伤风化。吴家珍、张汝钧两公任内，曾于城关庙会先后取缔，秩序井井，口碑载道。赵公尔萃并有禁止妇女赶会之计划，惜未施行，丁忧以去。尤骇听闻者，各处庙会宝棚林立，公然开赌，流毒社会，至为酷烈。谢公锡文下车伊始，悉此颓风，慨然曰，此盗源也，亟应铲除。适值会期，临时逮捕，虽纷纷逃窜，无一弋获，然各会博风现已绝迹云。”[22]于这些记载中可见庙会功能由宗教向娱乐的转变。

二、时间与空间的调节

庙会这种摆脱了“家”转而以“社”为生活空间的民间信仰活动具有时间性和文化性的特点，主要体现为“时间上的刻意性”和“空间上的本土化”。人对时间的感知和文化的影响在其中起着决定性作用，活动本身的沿袭又构成了新的文化内涵。全国各地比较热闹的庙会以农历四月为多。鲁西南一带的庙会集中在春天的三四月间，其中一个原因是这个月里庙内法事多。四月初八是佛祖释迦牟尼的诞辰，又称浴佛节、放生节。四月十八是娘娘庙会。四月二十八是药王庙会。另一个重要的原因是自正月过年后，至此时已有很长时间没有重要节日，一到春天风和日丽、春暖花开的时候，人们就渴望走出家门，舒展筋骨和精神，而在这个时节，春耕已过，比较空闲，麦收将至，又即将迎来辛苦紧张的劳作，因此，庙会就成为一场

放天灯

正月十五元宵节也是鲁西南一带放天灯的日子。天灯由极细的苇蔑扎成骨架，外糊灯笼纸，扎成后像一个倒扣的小水缸，底部用细铁丝捆上一团沾了油的棉花，点着，纸筒里的空气受热膨胀，天灯便徐徐升了起来。在幽蓝的夜空中，飘飘悠悠的天灯让人感觉很奇妙，也令人遐想不断。天灯一般不单个放，通常是数个天灯一齐放上天空，同时，还有不少人往天上放烟火。元宵之夜，天灯闪烁，外加“乒乓”作响的鞭炮声，欢乐的元宵节永远留在了人们的美好记忆中。燃放天灯，除了娱乐，还有祈求天官赐福的寓意。

【歌谣】扎天灯，放天灯，放灯就在俺家东。一放二放龙嬉水，风调雨顺好年成；三放四放凤展翅，保俺日子过安生；五放六放金元宝，让俺银钱花不清；七放八放文昌星，保俺念书把官升；九放十放仙鹤图，人人都成老寿星。

关于春天的狂欢，旨在放飞自我、犒劳自己。

时间上的刻意性。庙会的时间体现了人们对时间的感知，人们更倾向于根据农耕的节奏来调节对神佛的纪念，甚至可以“随意”篡改他们的诞辰。这种看似“随意”的举动其实体现了时间上的“刻意性”。比如盛行于山东的“秃尾巴老李”信仰，山东各地流传的“秃尾巴老李”的生日都不一样：潍河流域的昌邑、高密、诸城、安丘、昌乐等地区认为黑龙的生日为五月初；文登地区以及胶东其他地区认为黑龙的生日是六月初八，龙母的生日是三月初二，而“秃尾巴老李”大战小白龙是在五月初一（大部分地方并没有这样一个确切的日期）。后来当地人们把黑龙的生日与端午节五月初五结合起来，并演化出端午祭黑龙、吃粽子的风俗。因此，每到五月初一，胶东一带就过“小端午”，纪念“秃尾巴老李”，五月初五过“大端午”，纪念屈原。[23]这些日子又都和当地的庙会结合在一起。就连影响较大的泰山老奶奶也被篡改过生日，历史上泰山奶奶碧霞元君的生日本为农历四月十八日，在明代万历年间，明朝皇宫在泰山所铸《碧霞元君护世弘济妙经》铜钟铭文中这样写道：“孟夏十八，化现母前；修真合道，受命天仙。”孟夏就是农历夏天第一个月，也就是四月，“孟夏十八”指的就是“四月十八”。另外，成书于明代、被收入《续道藏》的《碧霞元君护国庇民普济保生妙经》亦云：“（元君）于四月十八日分真化气，现是慈颜，陟降泰山。”乾隆皇帝笃信碧霞元君，在乾隆二十四年（1759），专门下达了一道祭祀泰山碧霞元君的诏令，规定每年的四月十八日，大臣都要代表皇帝带着御制的大藏香和银法轮向碧霞元君焚香叩拜，这样就确定了四月遣使祭的朝廷制度。为确保皇帝能烧到四月十八的第一炉香，政府就采取了封山的办法，只有钦差才能登上山顶替皇帝祭祀。这个法令一直延续到宣统，延续了一百多年。学者周郢通过研究发现，清朝的封山行为对泰山香会产生了严重的影响，皇帝把碧霞元君的生日朝会垄断了，不允许百姓在老奶奶生辰当天进香叩拜。民众在气愤之余，想出了一个办法，就是调整典礼日期。人们发现在四月十八之前，还有一个非常神圣的日期，即三月十五。这个时候，春意渐浓，在宫殿中的碧霞元君也要脱掉冬天的袍服，换上春天的神装，人们就在这天举行换袍仪式，并把这一天称作“换袍日”。于是，天下的香客就避开皇宫朝会，在三月十五这天都来到泰山，在碧霞祠、红门宫、小泰山、灵应宫等地，举行盛大的朝拜元君的典礼。这样约定俗成地，人们也就把老奶奶的诞辰日调整到了三月十五。随着清朝的灭亡，四月十八日致祭典礼渐渐地被人们淡忘，三月十五却成为泰山一

抬司衙

每年的元宵节前后，乡村里的各式游艺活动便热闹上演。其中抬司衙在鲁西南较常见，坐在抬竿上的衙官可做出各种动作，引笑前来看热闹的观众。司衙官还可在官府前与官员们互相戏闹，还可以当众评判本村本地的是非，甚至可以当场断事，而且说了就算。有时婆媳不和、儿子不孝、乡邻纠纷，司衙官的判词便是今后处理这事的依据。不过，衙官的衙竿并不好坐，弄不好便会摔下来。

【儿歌】长扁担，九尺三，悠儿悠儿颤得欢，红袍司衙坐上边，腚锤好似粘胶粘；抖膀子，摇长衫，烟袋耍得像花圈，遇着一段疙瘩路，扁担断了三截三，衙官摔得脸朝天，龇牙咧嘴疼半天。

个新生的民俗节日，一直延续到今天。[24]

地理上的本土化。山东民间盛行“泰山老奶奶”信仰（有的地方也称其为“娘娘”，建“娘娘庙”），泰山信仰文化对鲁西南的影响尤为深远。泰山碧霞祠奉祀碧霞元君、眼光娘娘、送子娘娘；或说她们三位一体，皆为元君化身；或说系三姊妹，或说眼光娘娘、送子娘娘两神为碧霞元君下属。传说眼光娘娘主治眼疾，又演化为无病不治。也有人说眼光娘娘主光明，延伸为主宰人的前程。送子娘娘，顾名思义即赐子的神，她还能保佑儿童健康成长。不管是一人化身，还是三姐妹，还是下属，泰山老奶奶的这种“三位一体”的模式被完整地继承了下来，但其移植于各地出现了不同的版本。如在巨野金山庙会中，三姐妹变成了泰山奶奶、峄山奶奶、金山奶奶。金山庙会一说起源于金大定年间（1161），一说兴起于明初，至清代达到鼎盛。金山庙会一年两次，分别在每年的正月初一和三月初九至十一举办。后来，随着庙会规模的不断扩大和内容的不断丰富，金山庙会逐渐从单纯的香火会演变为集商贸经济、文化娱乐为一体的综合性庙会，就又增加了每年的六月初一、九月初九为金山香火庙会会期。因为金山、峄山都是泰山余脉，所以金山、泰山、峄山习惯上又合称“姊妹三山”，并且按照时间顺序，先后前往三地进香赶会。每年春节过后不久，香客首先前往泰山朝山进香，紧接着就去赶金山三月庙会，所以有民间歌谣唱道：“泰山起，金山落，峄山会后把麦割。泰山奶奶心良善，乐善好施赠银钱，金山奶奶灵验高，为民办事不辞劳，峄山奶奶心眼好，有求必应照顾到，朝完金山进完香，再去峄山去溜逛。”再后来，二月初二、十一月二十六、十二月十六也成为庙会会期，而且规模都相当大。

在梁山的翠平山庙会中，三姐妹又变成了泰山奶奶、土山奶奶、翠平山奶奶。土山奶奶是谁已不可知。翠平山是梁山赵堌堆村东的小土山，原系半石半土，由于天长日久被洪水冲涤而逐渐缩小。后来，该村小学曾挖出一石，上书“翠平山”，与《水浒传》中杨雄杀妻的“翠平山”一致。山上建有泰山行宫，行宫中即供奉泰山奶奶。翠平山庙会从每年的农历三月二十八日起，一连三天。远在台前、阳谷、郓城、汶上、东平的善男信女也都会赶来，进庙烧香拜佛，游逛娱乐。据说，每年的农历二十八这一天必须是三开箱，一整天不歇，百姓们称为“正中会”。

在长清马山庙会中，三姐妹又变成了泰山奶奶、马山奶奶、五峰山奶奶。马山奶奶道场位于山东省济南市长清区城南处马山上，山中有洞位于马山主峰下方山腰处，如把马山比作

揣孩子

鲁西南很多农村孩子多、人手少，妇女们既要照顾孩子，还要忙活农活家务等，她们就把年幼的孩子揣在怀中。冬日农村妇女穿的都是老式的对襟棉袄，取两片半截小被，用两条缠带往腰中腋下一扎，就为孩子创造了舒适的温床。孩子在母亲温暖的怀抱中或玩耍或睡觉，尽情享受母爱的温馨，而母亲也要准备时时接受风寒的袭扰。这样既照顾了孩子，也不妨碍她们纳鞋底、纺棉花、养猪、喂羊。

【儿歌】二婶子，揣小孩，大腰棉裤像小船，大襟棉袄像风帆，青色的缠带缠起来，哧啦一泡童子尿，浇得二婶跳三跳，扑哧一个童子屁，臭得二婶倒喘气，咔嚓一踹童子脚，痛得二婶立眼角。

一匹马，这里就是马心的位置，故名穿心洞。传说泰山奶奶、马山奶奶和五峰山奶奶是东岳大帝的三个女儿，三姐妹原无大小之分，便约定每人造一大山，谁造得快、造得高，谁就是姐姐。马山奶奶造得最快，一夜之间便超过了泰山奶奶，五峰山奶奶毫不示弱，也在一夜之间赶超泰山奶奶。泰山奶奶造得最慢，便起了妒忌之心，于是她套上一架铁轮马车，径直向马山和五峰山轧了过来。马山奶奶为着把山造得更高更大，正闭目运功，根本没有留意泰山奶奶的马车轧过来，只觉身上一阵疼痛，便昏了过去。从此，马山不但没有再增高，连车辙沟和车辙峰至今也没有长拢。泰山奶奶又用簪子从马心处穿过，留下了“穿心洞”。五峰山奶奶目睹了马山奶奶的惨状，也不敢由着自己的性子来，而是急中生智，变单山头往高增长为多山头横向发展。于是，五峰山腰间生出了迎仙、望仙、会仙、志仙和群仙五个秀丽山峰。马山山顶有马山圣母殿，半山腰有马山圣母影堂。可见其在当地老百姓心中的崇高地位，每年三月三的马山庙会尤为热闹。

距离泰山不远的大寨山（位于济南平阴县）供奉的是“大寨山老奶奶”。此间传说泰山老奶奶姊妹三个，老大在泰山，老二在东阿镇的少岱山，老三便在这大寨山。有的地方实在没有山，就保持了泰山碧霞祠的模式，即拜泰山奶奶、眼光奶奶、送子奶奶，但当地庙宇仍被称为泰山奶奶的行宫；有的地方则是拜送子娘娘、眼光娘娘、豆疹娘，盖因旧时当地多有痘疹流行；还有的地方索性就拜大送子奶奶、二送子奶奶、三送子奶奶，全是关于求子的。

这是一种深刻的信仰心理，李亦园认为在我们的生活中，尤其是远古时代的先人的意识中，对自然和事物的认知过程往往与信仰有着密切的关系。这也说明，人类文化生活的历程是一体性的。为了研究的便利，研究者可以把文化体系分成宗教、社会、政治、文学、经济等诸多方面，分别加以处理，但所有这些都是文化体系的一个组成部分，表面看上去各有存在的价值，但在深层次，其相互间的关联又密不可分。[25]因此，无论是“时间上的刻意性”还是“地理上的本土化”，这种看似随意的做法其实是民间智慧的体现，没有了人的参与，神也将不存。恰恰是这种根据农忙农闲时节的时间调节以及与身边地理文化的结合，保证了人们对民间信仰的参与和热情，使信仰保持了延绵不绝的生命力。

黑狗去　白狗来

农闲时期，鲁西南一些地方的妇女回娘家时，母亲常常用锅底灰把3岁以下的小孩子脸涂黑，然后抱到姥姥家。吃过午饭，姥姥会把小外孙的脸洗净，然后抓把白面再涂在孩子的脸上，让孩子的母亲抱回家去。这就是黑“狗”去，白“狗”来。据说，此举是为了在路上防止鬼魅吓着孩子。“狗”是孩子的贱称，名虽贱，孩子实是宝贝蛋。

【儿歌】荠荠菜，包扁食，俺给姥娘送碗去，姥娘姥娘把俺喊，吃着扁食心喜欢。姥娘疼俺，妗子瞅俺。妗子妗子你别瞅，俺住姥娘赶不走，姥娘的儿子俺的舅，你咋生气俺也得住够。

第三节　山东人的“秃尾巴老李”

“秃尾巴老李”和“泰山奶奶”一样是最具本土性的山东民间信仰。它们均源出于山东而辐射至全国不同的地域。泰山奶奶（碧霞元君）属于道教体系，而且受到历代帝王的敕封，因此流布更广，更具宗教色彩。“秃尾巴老李”信仰则是一个民间的、底层的信仰，它在“闯关东”的历史背景下不断丰富，先天带有山东人的烙印，几乎是一个彻底的山东人的民间信仰，它与治水有关，与天气雨水有关，与移民的生存斗争有关，与母亲和家乡有关，与孝道和仁义有关。从“秃尾巴老李”的流变中，尤其是从它在胶东与端午节的融合、在鲁西南与水神崇拜的融合中，我们能够看到民间信仰的“时间中的刻意性”和“空间中的本土化”。

一、“秃尾巴老李”与“小端午”

“节分端午自谁言，万古传闻为屈原”，一说起端午，全国最普遍的说法就是纪念诗人屈原。有些地方也有纪念介子推、伍子胥、曹娥等历史人物的说法。但在山东一些地方，端午节是为纪念“秃尾巴老李”。此说在胶东一带（青岛、烟台、潍坊等地）尤为盛行，在鲁西、鲁南等地也代代相传。

乾隆五十三年（1788），袁枚《子不语》有“秃尾龙”篇：

山东文登县毕氏妇，三月间沤衣池上。见树上有李，大如鸡卵，心异之，以为暮春时不应有李，采而食焉。甘美异常，自此腹中拳然，遂有孕。十四月产一小龙，长二尺许，坠地即飞去，到清晨必来，饮其母之乳。父恶而持刀逐之，断其尾，小龙从此不来。后数年，其母死，殡于村中，一夕，雷电风雨，晦冥中若有物蟠旋者。次日视之，棺已葬矣，隆然成一大坟，又数年，其父死，邻人为合葬焉。其夕，雷电又作。次日见其父棺从穴中掀出，若不容其合葬者。嗣后。村人呼为秃尾龙母坟，祈晴祷雨，无不应。此事陶悔轩方伯为余言之，且云偶阅《群芳谱》云：“天罚乖龙，必割其耳，耳坠于地，辄化为李。”毕妇所食之李，乃龙耳也，故感气化而生小龙。[26]

看姥娘

农闲时节是媳妇回娘家的好时期，带上儿女，拎上二斤油条、几包炉果等大包小包的礼物，顺便捎带上老公作车夫。于是，一条条乡间小路，一个个小家庭，一辆辆胶轮车，还有那撒满一路的欢声笑语，构成了当年一幅幅简朴而充实的农家生活画面。

【儿歌】三月里，暖洋洋，俺到前庄看姥娘。姥娘给俺摊鸡蛋，姥爷给俺芝麻糖，大舅给俺杀只鸡，妗子给俺花衣裳。俺住姥娘怪恣哩，仨月不想俺爹娘，俺爹来叫俺不走，俺娘来叫俺就藏，惹得俺爹皱眉头，气得俺娘抡巴掌，娘哩娘哩别打啦，俺这就跟您回家吧。

天上的龙调皮，触犯天条，玉帝就割下它的耳朵扔下地来，变成李子，成年女子吃了龙耳变的李子，受了龙气，生下了小龙。《子不语》所载仅“述异”而已，当地更早之前的传说则将其与民间风俗联系在一起。清雍正三年文登县令王一夔主持编修刊刻的《文登县志》载：

县南柘阳山有龙母庙。相传山下郭姓妻汲水河崖，感而有孕，三年不产，忽一夜雷雨大作，电光绕室，孕虽娩，无儿胞之形。后每夜有物就乳，状如巨蛇，攀梁上，有鳞角，怪之，以告李。李候其来，飞刃击之，（物）腾跃而去，似中其尾。后妻死，葬山下。一日，云雾四塞，乡人遥望，一龙旋绕山顶。及晴，见冢移山上，土高数尺，人以为神龙迁葬云。后，秃尾龙见，年即丰。每见云雾集，土人习而知之，因构祠祀之。后，柘阳寺僧取龙母墓石，风雨大作，雹随之，其大如斗，寺中尽黑气，咫尺不见。周围里许，二麦尽伤，独龙母庙内花木皆无恙。

这个故事说，因神迹而祭祀，却未出现“秃尾巴老李”一名，有感孕而生、为母迁葬、佑乡护母等情节。从之后的道光《文登县志》所记可知，龙母“郭姓妻”应为“李姓妻郭氏”之误。道光《文登县志》所记情节同上，唯改“郭姓妻”为“李姓妻郭氏”。“自明祀神龙于柘阳山，山之后多郭氏，山之前多李姓也”（光绪《文登县志》）解释了黑龙姓李的由来。

清道光二十五年（1845）三月十二日，文登知县欧文向山东巡抚上书，转请对文登柘阳山神龙加封。[27]道光二十八年（1848）九月二十五日，道光帝封神龙“溥惠佑民”四字，神龙遂列入国家祀典。除专设李龙王、龙母庙数处外，境内近百处寺观大都增建“李龙王庙”或“龙母大殿”。民间为纪念神龙，定农历六月八日为李龙爷的生日，每年农历三月二日为柘阳山庙会。人们都要蒸饽饽赶庙会祭祀龙母。今文登城南20公里处的柘阳山上尚有龙母坟，其他建筑已不存。

清光绪《文登县志》记载了康熙年间山东文登邑人赛珠的《龙母宫吟·呈明府王公》：

柘阳山顶龙母宫，下瞰万井上撑空。
龙母宫畔龙母墓，樵采不入松楸路。
当年龙母产龙子，峥嵘头鱼秃厥尾。
磨牙攫爪腾空去，朝泛清江暮黑水。
异物不忘母氏恩，竭来归葬岩谷里。
风姨执绋鼋鼍赗，水晶珊瑚来海底。
至今膜呗走千村，珠宫贝阙山头起。
曾无碑碣镌年代，土人荒唐呼老李。
祈晴祷雨剧有灵，龙兮归来禾黍登。

闻说老僧小不谨，轰雷掣电一时迸。
迩来一去不知还，前年移向回龙山。
雕甍甃石穷民力，更筑龙宫辟荆棘。
庙貌巍峨总一般，喜新厌故理或然。
但是年年收玉粒，不惜处处抛金钱。
却怪今秋大雨雹，霡霂连旬失望朔。
稻子熟时未上场，狂飙哮吼奔如削。
可怜野哭满沟塍，拜上龙宫知未曾？
咄哉愚卤真难晓，转悔山场事不了。
明府王公智以廉，洞察民隐知神奸。
愿上此诗到公府，传谕千家晓万户。
更假明威呼盂劳，铲断灵根开聋瞽。
龙归大海不回首，自今以始岁其有。

此诗记述了当地人对“老李”祭祀的变迁，从中可见这一民间信仰的面貌。诗注云：“康熙甲午移祀神龙于昌山，重起祠庙，改名‘回龙山’。”可见至迟在康熙年间，“秃尾巴老李”传说已经风靡山东文登地区，并且与之相关的风物十分丰富。

“秃尾巴老李”的故事各地传说不一，但故事主体大致都符合“奇孕、异生、断尾、离家、孝母、显灵”的线索，都将这个传说和治水、神灵保佑联系在一起。1988年，中国民间文艺家协会山东分会主编的《秃尾巴老李的传说》是一本资料专集。该书共搜集到流传在山东境内的103篇196则故事，连同山东大学李万鹏教授搜集到的县志及历代笔记小说的记载，较为系统地展现了“秃尾巴老李”传说在山东地区的流传面貌，流传地区遍及山东的烟台、潍坊、青岛、聊城、菏泽、济宁、惠民（今山东滨州）、临沂、枣庄9个市。“秃尾巴老李”的老家分布在山东的35处，其中真实地名有24处。“秃尾巴老李”的叫法也有多种，有的地方称之为“朱龙王”“龙王冯”“秃尾巴”，有的地方叫“小黑龙”或干脆呼为“老李的传说”。山东全省“秃尾巴老李的传说”入选第二批国家级非物质文化遗产的地方有即墨、莒县、文登、诸城四市。

清朝末年，随着山东人闯关东，“秃尾巴老李”的故事传到了东北，“秃尾巴老李”的故事与当地风土民情相结合，又发展出“龙斗”（大战小白龙）、“佑乡”（守护黑龙江及山东老乡）与“返乡”（回乡为母上坟）的故事。

清代山东往东北移民大致有两种情况，一是将山东触犯刑律的人发配东北，史称“流人”；二是山东人远奔东北寻求土地、觅食谋生，史称“流民”。据路遇推算，1911年统计的东北地区1841万人口中，鲁、冀、豫三省移入的贫苦农民可达1000万人，而其中以山东人为最，占70%—80%。那么，清代山东往东北的移民约在700万—800万人之间。[28]

著名民俗学家山曼在《山东人的保护神——秃尾巴老李》一文中这样推断：山东移民东北是“秃尾巴老李”故事大发展和升华为神的酵母。他在文章中说，“秃尾龙”的故事虽然起源很早，但其在山东突然爆发成为一个尽人皆知的故事，则是清代时大量山东人移民东北的历史造成的。山东移民到了东北，举目无亲……同乡之间的互相支持、互相援助就成了非常必要的行动……“秃尾巴老李大战黑龙江”其实不过就是上述精神的传说形式的再现。[29]所以有清一代，“秃尾巴老李”的传说广泛流传于山东各地，其庙宇遍布全省。

传说“秃尾巴老李”被斩断尾巴，离家而去，到了东北的一条大江里，江里住着一条称霸一方的白龙（胶东一带称“白鳝”），为争夺地盘，黑龙大战白龙，一连几天不分胜败。后来，秃尾巴老李托梦给闯关东的山东老乡，求他们在五月初一这天，带着石头、石灰和白面大饽饽到江边助阵，他嘱咐百姓，见江水泛黑就向江里扔饽饽，见江水泛白就向江里撒石灰、扔石头。在百姓的帮助下，黑龙与白龙大战三天三夜，终于赶走了为非作歹的白龙，从此掌管了这条江，“黑龙江”因此得名。黑龙从此保佑黑龙江一带风调雨顺、五谷丰登。据说黑龙江一带若有灾害，只要对着黑龙江大喊三声“秃尾巴老李”，灾害就会减轻；船过江时，船老大一定要问：“船上有山东老乡吗？”如果有，就开船，如果没有，就要等。遇见个穿“蚕鞋”的，就会很客气地让上船。“蚕鞋”俗称“牛鼻子鞋”，是山东人常穿的一种鞋。黑龙至孝，一年一次回山东给母亲上坟。“汶上县下雹子（冰雹），一年一回”，这句俗语本是说自然现象和规律，因为每年的五、六月份，汶上、梁山一带都要下一场冰雹。在汶上县关于“秃尾巴老李”的传说中，这场冰雹是老李从东北回来给母亲上坟带来的。因东北天冷，老李是龙王，离不了水，无论到那里都要随身带的水冻成了冰块，所以从东北飞回汶上时，他身上带的冰块就变成了冰雹，落了下来。在山东，但凡有“秃尾巴老李”传说的地方，每当夏季多雨季节，乌云从东北方向的天空涌来，要下大雨时，人们便说“秃尾巴老李回来给他娘上坟了”或者“秃尾巴老李回娘家来了”。

潍河流域的昌邑、高密、诸城、安丘、昌乐等地的人认为黑龙的生日在农历五月初。文登地区、胶东其他地区认为黑龙的生日是六月初八，龙母的生日是三月初二，而“秃尾巴老李”大战小白龙是在五月初一（大部分地方并没有这样一个确切的日期）。后来，当地人们把黑龙的生日与端午节五月初五结合起来，并演化出端午祭黑龙、吃粽子的风俗。因此，每到五月初一，胶东一带就过“小端午”，纪念“秃尾巴老李”；五月初五过“大端午”，纪念屈原。

其实，从山东各地“秃尾巴老李”故事的流变来看，端午节自古有之，当“秃尾巴老李”的传说因为“闯关东”而成为山东人精神生活中一个重要内容的时候，人们就把二者结合起来：1.端午节进一步本地化（从屈原所在的楚国迁移到土生土长的山东，经历了一个由“陌生—熟悉”“疏远—亲近”的过程）、生活化（将传统的节日内容进一步和当地的“龙王”信仰及庙会等社会活动结合起来，经历了一个“传统—生活”“游离—投入”的过程）；2.“秃尾巴老李”的故事内容因为这样的结合而不断被丰富，端午节的一些风俗进一步重塑了这个故事。我们通过故事的演化看到，往河水中投粽子（食物）、撒石灰以及五月初一大战小白龙这样的细节其实就是端午节风俗的投射。

诚如刘铁梁所说：“地方化是传说的生命延续的表征，没有地方化的传说是无法流传的。”[30]前期，河神崇拜和祈雨风俗赋予了“秃尾巴老李”强大的生命力；后期，“闯关东”又赋予了“秃尾巴老李”这个故事更强大的生命力——它又反过来影响了山东本土。其实，端午前后，山东进入雨季，人们自然会联想到“秃尾巴老李”回乡上坟的故事，二者的结合也有自然环境的因素。

二、秃尾巴老李与水神

鲁西南一带也盛行“秃尾巴老李”的故事传说，主要流传的故事有两种。其一，和青岛、烟台、临沂等地大致相同，不外乎“奇孕、异生、断尾、离家、孝母、显灵，龙战、佑乡、返乡”的脉络，大同小异。其二，因为菏泽、济宁等地千百年来对黄河、运河治理的依赖，当地人民把“秃尾巴老李”的故事和当地的水神信仰结合在了一起。

水神信仰是运河沿线地区特别是黄淮流域一带的古老风俗。鲁西南一带的水神，一类是黄河神——无处不在的龙王，一类则是由治水有功的官员和河兵转变为河神的大王与将军。这些神大多在明清之际兴起，而其时京杭大运河是南北漕运的通道，运河与黄河关系密切，所以黄河水神也常常就是运河的水神。[31]

“秃尾巴老李”传说最独特的分支当属菏泽焦龙王系列传说。焦龙王传说的中心在菏泽市牡丹区王浩屯镇的龙王冯村，流传地区遍及原菏泽县及其南部周边的东明、定陶、曹县、巨野等县，更远者可达河南、江苏、安徽、山西等省部分地区。如果考虑到每年来赶二月二龙王庙会的数十万香客和摊贩，其影响可能远远超出以上范围。[32]

山西……有个姓焦的妇女，在溪沿上洗衣裳，忽然“砰”的一声，从天上掉下来个大白桃，这妇女便伸手捞了上来，吃进肚子里去了。……吃了这个桃，这个姓焦的妇女就出事了，有身孕了。（菏泽传说）[33]

当地关于焦龙王的记载最早可追溯到清代文学家盛百二[34]在乾隆四十年（1775）所写的《龙湫祠记》：

通固集冯氏得一佣，自称焦二，山西人。初不见其勤动，而功作往往数倍他佣。一日，令灌畦，窃窥之，见其端坐，而畦中水已满。又令其锄蜀黍地，每亩仅留四角、中央五株。冯大骇，责之。曰：“我尚恐其多！”冯曰：“何不并四角去之。”遂去之，留其一。及成熟，比常大数倍。执其秆而摇之，落实得数斗。再摇之，复数斗。主人曰：“足矣！”摇之，即不复落。其奇迹都类此。一日，辞其主人曰“我乃龙也，与君缘尽矣。”乞其黑卫及石槽，谓卫能行雨，槽可贮水。许之。又曰：“君若需雨，但掘地呼我，水出即其验也。自后里中无雹害，所以报君。”言毕而去，回视黑卫及石槽，皆不知所在。至今，近祠周数里不雨雹。后大旱求雨，掘其地尺许，见有青蛇，水涌而出，遂成深潭，大雨随至。于是屡祷辄应。[35]

龙王冯村的焦龙王传说在光绪《东明县志》中也有明确记载：

冯重礼，其先山西襄垣人。明弘治间，迁居东明二十余年，有田夫投宿其家，相貌甚古。诘旦，求为佣工。问其姓名，曰：“吾与公同乡里，襄垣人也。姓焦，愿为公佣。”礼留之，凡委任悉称意旨。一日，命耘田，礼往视，见憩苗下，有小蛇出入口鼻中。正德八年，境内大旱，焦白礼，诣黄河南拾麦。数日回，手持小囊，语礼曰：“麦至矣，可扫房盛贮。”礼笑曰：“囊小，焉用数房！”曰：“请试之。”盈三房，小囊尚未尽。元宵节，邀礼赴山西灯会。礼辞以途远。曰“不难。”遂负礼，令瞑目，须臾即到；会毕，仍负礼归。礼始知非尘凡人也，愈敬重。三年辞去。礼曰：“后见有期乎？”曰：“试看西北雷震，骤风暴雨，即吾至也。相见终属不便，感公谊，附近四十里不受冰雹，乃所以报公者。”言讫，忽昏雾，少项，雷声大作，赴西北去。至今呼为龙王冯家，居民立焦龙王祠祀焉。[36]

这焦龙王又是如何成为“秃尾巴老李”的呢?

突然“格隆隆”一声响雷,吹过来漫天乌云,“嗬啦啦”下起瓢泼大雨。冯重礼家院子里,“扑啦啦”落了一条尺半长的红尾巴大鲤鱼。

这时冯重礼已经去世,他老伴也病倒在床上,整天念叨着想喝鲜鱼汤哩。冯重礼的儿媳妇,正在厨房做饭,听见院里有响声,扭头见院中有条大鲤鱼,就掂起菜刀跑到院里,手起刀落,只听“喀嚓”一声,半空闪出一道红光,鲤鱼不见了,地上只剩下半条鱼尾巴。媳妇忙拾起来,给婆婆做汤喝了。说来也怪,冯重礼的老伴喝了鱼尾巴汤,病就好了,后来活到一百多岁。

您说这鲤鱼是真鱼吗?不是,那是焦三龙王变的,是到冯家洼看望乡亲主人来了。想不到挨了东家一刀,丢了半条尾巴,他本想对少东家发发脾气,又转念一想,少东家也是为了婆母,念她一片孝心,尾巴丢了就丢了吧,反正也没伤着筋骨。打这,焦三龙王不叫焦三龙王了,大伙都叫他“秃尾巴老鲤”,后来传讹了,就叫成“秃尾巴老李”了。[37]

在山东其他地区,不论传说如何,“秃尾巴老李”都是山东人。唯独在“焦龙王”的传说中,龙王来自山西。这大致和元末明初的山西大移民有关。

梁山、汶上一带有这样一个关于“秃尾巴老李”的传说,这个故事和胶东一带的故事已大不一样,很像是从“秃尾巴老李”到“龙王”的一个过渡版本。

在汶上县城西北小汶河北岸,有个草桥村,村里住有一李姓夫妻。二人一向乐善好施,受人尊敬,可惜年过半百,膝下无子,夫妻俩整天盼望生子。盼来盼去,老妇在50多岁那年怀了身孕,十月怀胎,分娩时却生了一个带尾巴的黑面孩。夫妻俩都很吃惊,老妇哭哭啼啼,一个劲地嘟囔自己的命不好,老头也把小孩视为不祥之物。夫妻二人商定后,趁夜间无人,就把这孩子扔到了小汶河边。

原来这孩子是天上职掌下界水旱灾害的黑龙将军,因他生性仁慈,多次没按上帝旨意降灾人间,被罚下界受苦。他探得汶上一带大小汶河不断决口成灾,便投胎善良人家,以带领民众降服水患。不料,他降生时变化不成功,露出了尾巴,差一点身现原形、惊死双亲。所以当他被父亲扔到小汶河边后,他就独身生活在河边,不再回家惊吓父母。他在河边多次喝退暴涨的汶水,为百姓免除了一次又一次的水患。

一年夏天,乾隆皇帝南巡,被向导误引到草桥。这里虽是个小渡口,但船夫早已闻讯驾船远避。皇帝在小汶河边望着水宽浪急的河水,不能过河,怒冠冲天,喝令斩杀向导,并命令当地百姓当日架起桥来,违者与向导同样治罪。众民听后,人人吓得惊慌失措。就在这危难时刻,只听到“哗”的一声巨响,一座大桥架在了河上。乾隆帝又惊又喜,立即收回成命,令大队随行车马起驾过河。当最后几辆载重大车的铁轮刚刚滚过桥尾，听见“咣当”几声巨响，整个桥身落进了水里，车轮沾满了血迹，河水也变成了红色。这之后，人们传说那座桥就是被遗弃的那个长尾巴的小孩变化的。这位为民鞠躬尽瘁的黑龙将军由此丧失了尾巴，成了秃尾巴老李。他常年云游四海，为普天下人民除害兴利。但他没有忘记十个月的孕育之情，每年都回汶上探家一次，奉献一场及时雨。正是：

云游四海不忘家，
赤子丹心真情洒；
天旱地盼及时雨，
兴利除害人人夸。[38]

明清之际，黄河多次改道，经常性的泛滥使得国家不得不用大量的人力、物力治理疏通河道，这之中有名望的河道官员和治水专家会被民众立祠供奉，谓之龙王。同样在梁山、汶上一带，还流传着一个“扔印堵口封龙王”的故事，这是“秃尾巴老李”的另一个版本。这个故事中的老李是心系百姓的治理黄河的官员，为治理黄河献身之后被玉皇大帝封为黄河地区老龙王的治水大王。这些故事中的老李和“大王”完全嫁接在一起。

鲁西南地区多处建有大王庙。《济宁县志》记载当地有河神总祠、金龙四大王庙。[39]菏泽市鄄城县境内的旧城、董口、苏泗庄等有大王庙，其中旧城镇的大王庙规模最大，每年二月二、三月三、五月十八、十一月十八举行盛大香火会，每次会期三天。搭台唱戏，祭祀大王，代代相传，经久不衰。[40]

无论是“龙王”还是“大王”，都是因为黄河和运河的治理而产生的水神崇拜。就其产生和发展演变来讲，它们和“秃尾巴老李”的传说都带有强烈的保护神的色彩。而二者在演化中的叠加看似偶然，实则是一种社会心理的必然。正如程蔷在《中国民间传说》中所说，民众对传说的加工，表面看来似乎是一种集体的不自觉选择，事实上这种选择是有着一定潜在的尺度的，所有选择都是以这种潜在的尺度为依归而展开的。具体来说，民众会选择那些最能体现当地地域要求、传达当地居民心声并具有一定典型意义的事件作为传说再加工的对象。这其中，居民的理想、愿望正是传说的主要尺度。正是因为这种潜在尺度的规定作用，地方传说才得以呈现出自身鲜明的色彩。如果说“黄河大王”与“秃尾巴老李”在形象上的类似和神性上的相仿是二者整合的外在原因，那么作为两者交融必要内核的则是融会在生活、信仰中代代相传的共同的价值取向。[41]

注释

①《唱十二个月》，讲唱者：崔化彩，搜集者：崔明全、崔广慧。见山东省菏泽市三套集成办公室编：《中国民间文学集成·菏泽市民间歌谣谚语卷》，内部资料，1988，第55—57页。

②《十二月歌》，讲唱者：崔化彩，搜集者：崔明全、崔广慧。见山东省菏泽市三套集成办公室编：《中国民间文学集成·菏泽市民间歌谣谚语卷》，内部资料，1988，第110—112页。

③［美］易劳逸著：《家族、土地与祖先：近世中国四百年社会经济的常与变》，苑杰译，重庆出版社，2019，第119页。

④［美］易劳逸著：《家族、土地与祖先：近世中国四百年社会经济的常与变》，苑杰译，重庆出版社，2019，第119页。

⑤五大门也叫"五大仙"，包括狐仙（狐狸）、黄仙（黄鼠狼）、白仙（刺猬）、柳仙（蛇）、灰仙（老鼠），民间俗称"狐黄白柳灰"，多流行于中国北方。

⑥［美］易劳逸著：《家族、土地与祖先：近世中国四百年社会经济的常与变》，苑杰译，重庆出版社，2019，第107页。易劳逸对此的界定是中国人通常所谓的"家庭"的概念。

⑦费孝通：《乡土中国》，人民出版社，2015，第47页。

⑧费孝通：《乡土中国》，人民出版社，2015，第46页。

⑨费孝通：《乡土中国》，人民出版社，2015，第47页。

⑩"十月一"传说流传最广者有二。其一，据《清嘉录》等记载，"十月一，送寒衣"的风俗起源于孟姜女哭长城的故事。传说孟姜女刚结婚，丈夫就被抓去服徭役，修筑长城。秋去冬来，孟姜女千里迢迢，历尽艰辛，为丈夫送衣御寒，谁知丈夫却屈死在工地，还被埋在城墙之下。在农历十月初一这天，孟姜女寻到埋葬丈夫的那段长城，在长城脚下哭祭丈夫，并把带来的棉衣烧掉。后来，人们就有了送寒衣的风俗。其二，来源于蔡莫造纸。传说蔡伦造纸出名后，其兄蔡莫仿造之，因质量不及蔡伦所造之纸，故常常积压。为将积压的纸销出去，蔡莫之妻慧娘想出一个办法：一天，她佯装死去，躺在棺材里，蔡莫悲痛欲绝，大放悲声："慧娘啊，都是我害的你呀，因为我造的纸卖不出去，把你害成这样，我真该死，我要把所有的纸都烧掉！"一边哭，一边把纸抱到慧娘棺材前烧，烧一阵，哭一阵。慧娘竟活了过来，一边从棺材里出来，一边说："阳间钱能行四海，阴间钱能做买卖，不是丈夫把钱送，谁肯放我还阳来。"唱了许多遍又说："刚才我是鬼，现在我是人，我到了阴间地府，阎王让我推磨受苦，丈夫向阎王送了钱，阎王就派好多小鬼帮我推磨，真是有钱能使鬼推磨。三曹官也向我要钱，我把所有的钱都给了他，他就打开地府的后门，放我回来了。"蔡莫装模作样地说："我并未给你送钱啊！"慧娘说："你烧的纸就是阴间的钱。"慧娘这样一说，蔡莫又抱了几捆纸到他父母坟上去烧。在场的人认为烧纸能让死人还阳或在阴间少受罪，都来向蔡莫买纸烧。这样一传十，十传百，蔡莫的纸销了个精光。由于慧娘还阳的日子正好是十月初一，因而每到十月初一，人们就要给死去的人烧纸。"烧纸"风俗确从汉代始，宋俞文豹《吹剑录》载："唐王玙传：'汉以来，丧葬皆瘗钱。后世俚俗稍以纸代钱为鬼事。'……此烧纸、抛珓、焚尸、挽歌之始也。"

⑪《皇览》是三国魏文帝时期桓范、刘劭、王象、韦诞、缪袭等人奉敕所撰集的经传。因供皇帝阅读，故称为"皇

览”。原书在隋唐后已失传。据《魏略》著录，《皇览》分40余部，每部有数十篇，共800万余字。清人孙冯翼辑出佚文一卷，仅存冢墓记等80余条，不及4000字，收入《问经堂丛书》。

⑫赵世瑜：《明清时期华北庙会研究》，《历史研究》1992年第5期，第118页。

⑬高有鹏：《庙会与中国文化》，人民出版社，2008，第3页。

⑭山东省济宁市政协文史资料委员会编：《济宁运河文化》，中国文史出版社，2000，第268—272页。

⑮王云：《明清山东运河区域社会变迁》，人民出版社，2006，第129页。

⑯孔勇、孔茜：《济宁民风民俗》，中国社会出版社，2011，第57页。

⑰吴慧：《中国商业通史》第5卷，中国财政经济出版社，2008，第201页。

⑱孔勇、孔茜：《济宁民风民俗》，中国社会出版社，2011，第71页。

⑲山东省济宁市政协文史资料委员会编：《济宁运河文化》，中国文史出版社，2000，第269页。

⑳胡梦飞：《明清时期山东运河区域庙会习俗考述》，《济宁学院学报》2017年第6期，第114页。

㉑梁钟亭、路大遵修，张树梅纂：《民国清平县志》，见《中国地方志集成·山东府县志辑》第89册，凤凰出版社，2004，第303页。

㉒谢锡文修，许宗海纂：《民国夏津县志续》，见《中国地方志集成·山东府县志辑》第19册，凤凰出版社，2004第416—417页。

㉓参见本章第三节。

㉔周郢：《三月十五泰山老奶奶生日的由来》。

㉕李亦园：《宗教与神话》，广西师范大学出版社，2004，第15页。

㉖袁枚：《子不语》，中国国际广播出版社，1992，第342页。

㉗欧文：《文登县志·详请神龙封号》，清道光十九年刻本。

㉘路遇：《清代和民国山东移民东北史略》，上海社会科学院出版社，1987，第20页。

㉙山曼：《山东人的保护神——秃尾巴老李》，见上海民间文艺家协会、上海民俗学会编《中国民间文化——地方神信仰》，学林出版社，1995。

㉚引自刘铁梁在第五届山东民俗学年会上的讲话。

㉛山曼：《流动的传统：一条大河的文化印迹》，浙江人民出版社，1999。

㉜李然：《山东秃尾巴老李传说与信仰研究》，2010年，博士学位论文，第44页。

㉝中国民间文艺家协会山东分会编：《秃尾巴老李的传说》，内部资料，第133—134页。

㉞盛百二（1720—？），字秦川，号柚堂，浙江秀水（今浙江嘉兴）人。少时读书颖悟，于天文、勾股、律吕、河渠之学，无不精研。乾隆二十一年举人，官山东淄川知县。他为政静而不扰，简而有要，在官一年，以忧去，遂不仕。晚居齐鲁间，主讲山枣、稾城书院十数年，多所造就。工诗，诗格清秀，抒写自如，王昶以为“宗其乡朱彝尊”，沈涛则谓“颇类姜白石”。他著有《柚堂文存》四卷、《皆山阁吟稿》四卷、《柚堂笔谈》四卷、续八卷、《观录》四卷、《问水漫录》四卷、《增订教稼书》二卷、《尚书释天》六卷等。（据《中国文学家大辞典》，中华书局，2006。

㉟陈梦雷编:《古今图书集成·职方典·兖州府部汇考》。

㊱光绪《东明县志·异闻》。

㊲中国民间文艺家协会山东分会编:《秃尾巴老李的传说》,内部资料,第147页。

㊳1991年5月搜集于梁山县志办,讲述人:张广堂,搜集整理:樊兆阳,流传地区:梁山、汶上一带。

㊴民国十五年续修《济宁县志》卷二。

㊵山东省鄄城县文史资料委员会编:《鄄城县志》,1985。

㊶李然:《传说的融合与再造——以鲁西南地区的黄河大王和秃尾巴老李传说为例》,《民俗研究》2008年第3期。

结 语

就在孔子和他的弟子们谈到春游之后的2000多年里，沧海桑田，世事变迁。在他们脚下的这片土地上，一代又一代人出生、死去。黄河一次又一次泛滥。一条运河被开凿出来，无数的船只驶过。无数伟大的人物到来又离去。还有一片水泊浩瀚过重又干涸，留下英雄和传说。文脉不绝如缕，圣人已成宗庙。2000多年后，这块土地上的人们依然会在每一个春天，到先人曾经到过的水岸，也会到他们灵魂的栖息地祭奠。

在这片圣人诞生的土地上，自然环境和人文历史交合，影响了无数个世代的生活。这片土地上的人们有一种将矛盾的事物统一的智慧和修养。儒学的正道与其他文化的交融，土地的固守与运河的开放，圣人的教化与商业的繁华，忠义与反抗，崇文与尚武，质朴与狡黠，刚强与坚韧……都奇妙地集合在他们身上，一如中国人热爱的美玉，既坚硬又温润，既光亮又内敛。

那些习惯和风俗是他们对自我生命的观照，是他们对生命的尊重，是他们对灵魂的追问和祈祷。那些习惯和风俗就是一个招呼，一个手势，一句问候，一种仪式，一个下意识的微小动作；它存在于你的相貌中、你的衣饰中、你的饭菜里，存在于你的房屋中、你的院落中；它存在于那些农具、家什中，甚至存在于那些鸡鸭、猪狗、牛羊等牲畜的生命中；它存在于田野中、屋檐下；它存在于年复一年的耕作、时令和节日中，存在于庄稼的播种、成长和收获中；它存在于婚丧嫁娶中；它存在于集市上、游戏里，存在于那些走街串巷的吆喝中、那些店铺简陋的招牌上……它无处不在，却又消弭于无形。

那些土地、河流、湖泊、圣人的教诲、精彩的故事、尚武的传统、商业的繁盛、文化的交融，共同影响着这片土地上人们的生活，左右着他们的命运。

参考文献

1.王祯撰:《王祯农书》,中华书局,1956。
2.班固:《汉书》,中华书局,1962。
3.刘昫等撰:《旧唐书》,中华书局,1975。
4.欧阳修、宋祁撰:《新唐书》,中华书局,1975。
5.宋濂等撰:《元史》,中华书局,1976。
6.魏源:《魏源集》,中华书局,1976。
7.脱脱等撰:《宋史》,中华书局,1977。
8.胡如雷:《中国封建社会形态研究》,生活·读书·新知三联书店,1979。
9.洪迈撰:《夷坚志》,何卓点校,中华书局工,1981。
10.中国农村惯行调查刊行会:《中国农村惯行调查》,东京岩波书店,1981。
11.刘侗、于奕正:《帝京景物略》,北京古籍出版社,1982。
12.司马迁:《史记》,中华书局,1982。
13.陈元靓编:《岁时广记》(丛书集成初编),商务印书馆,1985。
14.葛洪撰:《西京杂记》,中华书局,1985。
15.柳田国南著:《传说论》,连湘译,紫晨校,中国民间文艺出版社,1985。
16.山东省鄄城县文史资料委员会:《鄄城县志》,1985。
17.宗懔原著,谭麟译注:《荆楚岁时记译注》,湖北人民出版社,1985。
18.张潮辑:《虞初新志》,河北人民出版社,1985。
19.康熙《全唐诗》,上海古籍出版社,1986,影印本。
20.路遇:《清代和民国山东移民东北史略》,上海社会科学院出版社,1986。
21.菏泽地区文化艺术志编纂委员会:《菏泽地区文化艺术志(征求意见稿)(上、下)》,内部资料,1988。
22.山东省菏泽市三套集成办公室:《中国民间文学集成·菏泽市民间歌谣谚语卷》,内部资料,1988。
23.吴晗、费孝通等:《皇权与绅权》,天津人民出版社,1988。
24.许慎撰,段玉裁注:《说文解字注第2版》,上海古籍出版社,1988。
25.中国民间文艺家协会山东分会:《秃尾巴老李的传说》,内部资料,1988。
26.刁书文:《鲁西菜点谱》,山东出版总社聊城分社,1989。
27.菏泽地区文化艺术志编纂委员会:《菏泽地区文化艺术志》,内部资料,1991。
28.王象之:《舆地纪胜》,中华书局,1992。
29.王培荀:《乡园忆旧录》,蒲泽校点,齐鲁书社,1993。
30.李文海等:《中国近代十大灾荒》,上海人民出版社,1994。
31.马克思,恩格斯:《马克思恩格斯选集》,人民出版社,1995。

32.上海民间文艺家民俗学会编:《中国民间文化—地方神信仰》,学林出版社,1995。
33.孟德斯鸠:《论法的精神》,商务印书馆,1997。
34.徐继孺:《曹南文献录》,内部资料,1997。
35.费孝通:《乡土中国　生育制度》,北京大学出版社,1998。
36.郦道元著,杨守敬等疏:《水经注疏》,江苏古籍出版社,1998。
37.许檀:《明清时期山东商品经济的发展》,中国社会科学出版社,1998。
38.于德普主编:《运河文化(山东)文集》,山东科学技术出版社,1998。
39.钟敬文:《民俗学概论》,上海文艺出版社,1998。
40.山曼:《流动的传统:一条大河的文化印迹》,浙江人民出版社,1999。
41.中国戏曲志编辑委员会等:《中国戏曲志》,中国戏曲出版社,1999。
42.安东尼·吉登斯:《现代性的后果》,田禾译,黄平校,译林出版社,2000。
43.克利福德·吉尔兹:《地方性知识阐释人类学论文集》,中央编译出版社,2000。
44.山东省曹县地方志编纂委员会:《曹县志》,中华书局,2000。
45.山东省济宁市政协文史资料委员会:《济宁运河文化》,中国文史出版社,2000。
46.济宁市地方史志编纂委员会编:《济宁市志》,中华书局,2002。
47.吕伟俊等:《山东区域现代化研究(1840—1949)》,齐鲁书社,2002。
48.潘鲁生主编:《福本子》,河北美术出版社,2003。
49.午荣编,李峰整理:《新镌京版工师雕斫正式鲁班经匠家镜》,海南出版社,2003。
50.于德普、梁自洁主编:《山东运河文化文集》(续集),齐鲁书社,2003。
51.本社编选:《中国地方志集成:山东府县志辑》,凤凰出版社,2004。
52.李亦园:《宗教与神话》,广西师范大学出版社,2004。
53.中国人民政治协商会议菏泽市委员会编:《菏泽文史集萃》,中国文史出版社,2004。
54.泰勒:《原始文化》,连树声译,广西师范大学出版社,2005。
55.汪民安等:《现代性基本读本》,河南大学出版社,2005。
56.高建军:《山东运河民俗》,济南出版社,2006。
57.山东黄河河务局编:《山东黄河大事记1946—2005》,黄河水利出版社,2006。
58.王献唐:《炎黄氏族文化考》,青岛出版社,2006。
59.王秀梅译注:《诗经》,中华书局,2006。
60.王云:《明清山东运河区域社会变迁》,人民出版社,2006。
61.杨伯峻译注:《论语》,中华书局,2006。
62.周星主编:《民俗学的历史、理论与方法》,商务印书馆,2006。
63.高有鹏:《庙会与中国文化》,人民出版社,2008。
64.吴慧:《中国商业通史》,中国财政经济出版社,2008。
65.安作璋:《山东通史》,人民出版社,2009。
66.于德普主编:《山东运河文集》(第三集),内部资料,2009。

67.方勇译注:《孟子》,中华书局,2010。
68.孔勇、孔茜:《济宁民风民俗》,中国社会出版社,2011。
69.贾凤英、支建立、刘勇:《菏泽文化通览》,山东人民出版社,2012。
70.鲁西奇:《中国历史的空间结构》,广西师范大学出版社,2014。
71.阎瑛:《鲁西南古民居》,中国社会出版社,2014。
72.张祖陆:《山东地理》,北京师范大学出版社,2014。
73.费孝通:《乡土中国》,人民出版社,2015。
74.卜正民:《纵乐的困惑:明代的商业与文化》,方骏等译,广西师范大学出版社,2016。
75.王中:《圣匠鲁班》,青岛出版社,2016。
76.彭慕兰:《腹地的构建:华北内地的国家、社会和经济(1853—1937)》,马俊亚译,上海人民出版社,2017。
77.易劳逸著:《家族、土地与祖先:近世中国四百年社会经济的常与变》,苑杰译,重庆出版社,2019。
78.乾隆《济阳县志》。
79.乾隆《济宁直隶州志》。
80.道光《文登县志》。
81.光绪《东明县志》。
82.民国十五年续修《济宁县志》。
83.Cohen, Myron L., *House united, house divided: the Chinese family in Taiwan* (New York: Columbia University Press, 1976).
84.Francis Lang-Kwang Hsu, "The Myth of Chinese Family Size," *American Journal of Sociology*, No.5 (1943).

后　记 1

为民俗文化的传续留念，为中华文化的复兴存根。这是泰山出版社出版《中国民俗图志》大型套书的理念。

二十年前，我着手创作孔孟乡俗系列画时，朦朦胧胧地朝着这个路子去奔，但思路是不清晰的。当见到李北山主编这两句话时，我眼前一亮，嗯，这就是我这套乡俗画要奔向的方向。于是，我扑下身子，理正思路，就奔着这两句话创作下去了。

第一批画稿出来，感觉生活的厚度出不来，于是我配上了文字，又感觉太像图片说明，少了乡村的幽默和风趣，我就再加民谣。这样，一幅画、一篇文、一首民谣，三合一，我这套表现孔孟故地农耕时代的乡俗画就有点“传续”和“存根”的味道了。

作品刚成型，便承蒙菏泽牡丹晚报的主编张宗善先生的垂青，得以在《牡丹晚报》连载两年。然后，又得泰山出版社厚待，由李北山先生主编，出版了拙作《孔孟乡俗志》，制作之精，市场运作之好，大大超出我本人的预期。现今，泰山出版社又将我的百幅作品选入本书，又把我的作品推上了更高的传播平台。在此，谨向泰山出版社致以诚挚的敬意和谢意。

我的画艺得益于著名画家孙景全早年的耳提面命，又得益于张一民院长、范曾先生、马海方先生的谆谆教导。在此一并致以深深地感谢。

还有很多对我的创作提供过很多支持的众多朋友、同事及家人，都在此对他们致以谢意。

俗说：一个好汉三个帮。又说：众人烧柴火焰高。这是千古至理。一个人单打独斗，是做不出什么成绩的。

我愿方方面面、上上下下的各路贵人多帮我、多支持我，让我能顺利完成这“传续”和“存根”的伟大任务。

王世会
2019年12月22日

后 记 2

中国素有“左图右史”的传统，南宋史学家郑樵曾说：“古之学者为学有要，置图于左，置书于右；索象于图，索理于书。”这部书中的图绘以独特的绘画语言，表达对土地的感知和对乡土的情怀，它是感性的，它没有社会学、历史学、民俗学所要求的数据，却带有“数据”所无法呈现的东西。在这部书中，图绘是叙事性的，它既是田野调查的必要补充，也是对生活本身的综合表现，是将民俗还原于生活。文字则是解释性的。当下中国，大部分的民俗研究都基于“民俗是什么”的视角。在这部书稿中，我尝试运用发生学的研究方法，来探讨“民俗为什么”的问题。

因此之故，本文从“感时”与“化成”的角度来看待生活习俗，我们由此可知一个地方的乡风民俗就是地域文化在日常生活中的显现——也就是在自然地理环境和人文历史环境这个时空坐标系下的显现。正如民俗学家刘铁梁所指出的，尽管在今天的地方社会空间中，原本作为整体的民俗文化已经在不同程度上被碎片化，但我们应该尽可能地将它们放到一定时空的社会生活和文化传承的场域当中，做出相互联系的理解与认知。从这一角度看，风俗所展现的是对生命的观照和文化的投射，这种展现又反过来成为文化生长的一部分。因此，风俗不是遗产，而是生活；风俗不是一成不变的，而是不断进化的；风俗不是一种人文景观，而是一种文化生态。

这样的研究必是跨学科的，它与心理学、社会学、历史学以及人类学等相关学科与领域的联系尤为密切。本人能力有限，只得勉力为之。希望有专家学者和读者对其中的不足和谬误之处给予指正，提出宝贵的意见。感谢泰山出版社能够以文化传承、文化传播为念，提供这样宝贵的机会！感谢总主编刘晓峰教授的帮助和指导！

李北山

2019年11月29日

作者简介

王世会　山东梁山人，1956年生，天津师范大学美术专业毕业，曾师从李苦禅、范曾习画。北京荣宝斋画院马海方工作室画家。中国民俗学会会员，中国水浒研究会会员，山东美术家协会会员，北京外经学院教授，菏泽学院特聘教授。长年从事孔孟故地乡俗研究与风俗画创作，中央电视一台、四台、七台多次对其艺术成就进行报道，作品多次获国家级、省级大奖，并在十余家国内外报刊进行连载，作品多次应邀赴海外展出。历年发表作品二千余件，出版画集、专著多部，其著作《孔孟乡俗志》曾获山东省新闻出版奖、入围第九届全国书籍设计艺术展（插画奖）。

李北山　山东邹平人，1976年生。先后就读于四川大学、香港大学、法国蒙彼利埃大学。专注于中国传统文化与艺术史研究。近年来主持中华优秀传统文化转换创新项目『孔孟乡俗研究及艺术表现』。著有《宣纸上的中国》《手艺的终结》等著作。作品三次获得中华优秀出版物奖。

图书在版编目（CIP）数据

中国风俗图志. 鲁西南卷 / 刘晓峰，李北山总主编；王世会绘；李北山著. —济南：泰山出版社，2020. 8

ISBN 978-7-5519-0583-1

Ⅰ. ① 中…　Ⅱ. ① 刘… ② 李… ③ 王…　Ⅲ. ① 风俗习惯—山东—图集　Ⅳ. ① K892-64

中国版本图书馆CIP数据核字（2020）第022856号

ZHONGGUO FENGSU TUZHI · LUXINAN JUAN

中国风俗图志 · 鲁西南卷

策　　划　胡　威
绘　　者　王世会
著　　者　李北山
责任编辑　徐甲第
装帧设计　路渊源

出版发行　泰山出版社
　　社　　址　济南市泺源大街2号　邮编　250014
　　电　　话　综　合　部（0531）82023579　82022566
　　　　　　　市场营销部（0531）82025510　82020455
　　网　　址　www.tscbs.com
　　电子信箱　tscbs@sohu.com
印　　刷　东港股份有限公司
开　　本　890毫米 × 1240毫米　16开
印　　张　16.75
字　　数　290千字
图　　片　110幅
版　　次　2020年8月第1版
印　　次　2020年8月第1次印刷
标准书号　ISBN 978-7-5519-0583-1
定　　价　106.00元